Christian A. Schwarz / Christoph Schalk

DIE PRAXIS DER NATÜRLICHEN GEMEINDEENTWICKLUNG

Christian A. Schwarz
Christoph Schalk

Die Praxis der natürlichen Gemeinde-entwicklung

C & P / Koinonia

Die grundlegende Einführung in die natürliche Gemeindeentwicklung:

Christian A. Schwarz
Die natürliche Gemeindeentwicklung
Hardcover, 128 Seiten, durchgehend vierfarbig illustriert, mit über 100 vierfarbigen Fotos und Graphiken
ISBN 3-928093-48-7 (C & P)
ISBN 3-906644-28-6 (Koinonia)
DM/Sfr. 29,80

„Die natürliche Gemeindeentwicklung" ist ab 1998 in 24 verschiedenen Sprachversionen und 45 Ländern erhältlich. Alle fremdsprachigen Titel und Bezugsadressen können Sie im Internet abrufen unter:
http://www.CundP.de/international

Deutsche Ausgabe:
ISBN 3-928093-62-2
C & P Verlag, Diedersbüller Str. 6, D-25924 Emmelsbüll
Tel. 0 46 65 - 8 35, Fax 0 46 65 - 2 52, eMail: Verlag@CundP.de
Internet: http://www.CundP.de

Schweizer Ausgabe:
ISBN 3-906644-33-2
Koinonia-Verlag, c/o Trend 22, Oberholzweg 24, CH-4852 Rothrist
Tel. 0 62 - 7 94 22 66, Fax 0 62 - 7 94 15 51

Druck: Schönbach-Druck, Erzhausen

Inhalt

Was Sie von diesem Buch erwarten können ...

„... und was Sie besser nicht erwarten sollten", so müsste eigentlich die Überschrift dieses einführenden Kapitels weitergehen. Beginnen wir also mit dem zweiten Teil der Aussage, mit all dem, was dieses Buch Ihnen nicht bieten will und bieten kann:

„Dieses Buch ist für Christen und Gemeinden, die sich fragen: ‚Wie geht das denn ganz praktisch?'"

- Es will *nicht* für den Ansatz der natürlichen Gemeindeentwicklung werben, will niemanden, der dem Ganzen skeptisch gegenübersteht, überzeugen.
- Es erläutert *nicht* die Grundlagen der natürlichen Gemeindeentwicklung (dies ist in dem Vorgängerbuch „Die natürliche Gemeindeentwicklung" geschehen).
- Es bietet *nicht* die theologischen Hintergründe, auf denen dieser Gemeindeaufbau-Ansatz beruht (dieser Frage widmet sich ausführlich das Buch „Paradigmenwechsel in der Kirche").
- Es will *nicht* unterhalten, erhebt nicht den Anspruch, amüsant zu lesen zu sein. Es ist bewusst dürr, trocken, vollkommen unapologetisch geschrieben. Es ist ein reines Arbeitsbuch.

Die Funktion dieses Buches im Gesamtsystem

Das, was mancher Leser als Defizit empfinden mag, ergibt sich aus dem Platz, den dieses Buch unter den verschiedenen Materialien zur natürlichen Gemeindeentwicklung einnimmt. Es will interessierten Christen dabei helfen, die Prinzipien, die in dem Vorgängerbuch „Die natürliche Gemeindeentwicklung" beschrieben werden, in ihrer eigenen Ortsgemeinde umzusetzen. Es fängt also da an, wo das Vorgängerbuch aufhört, und es hört da auf, wo die praktischen Arbeitsmaterialien zu den acht Qualitätsmerkmalen beginnen. Es ist für Christen und Gemeinden gedacht, die von diesem Ansatz überzeugt sind und sich nun fragen: „Wie geht das denn ganz praktisch?"
Das, was wir „natürliche Gemeindeentwicklung" nennen, basiert auf dem umfassendsten Forschungsprojekt zum Gemeindewachstum, das bislang durchgeführt wurde: Mehr als 1000 Gemeinden in 32 Ländern auf allen fünf Kontinenten wurden untersucht. In dem vorliegenden Buch sollen indessen nicht die Forschungsergebnisse dargestellt werden. Vielmehr will das Buch helfen, den wichtigsten Ertrag des Forschungsaufwandes für Ihre eigene Gemeinde nutzbar zu machen.

Was vorausgesetzt wird

Dieses Buch setzt ein grundsätzliches Verständnis der wichtigsten Bausteine der natürlichen Gemeindeentwicklung voraus. „Wachstumsautomatismen", „acht Qualitätsmerkmale", „biotische Prinzipien", „spiritualistisches und technokratisches Paradigma", „prinzipien- versus modellorientierter Ansatz", „Minimumstrategie", „65er-Hypothese" – all das sind Beispiele für Begriffe, die in diesem Buch nicht ausführlich erläutert werden. Sie finden Sie an den Stellen, wo sie im Blick auf die praktische Relevanz für Ihre eigene Gemeinde befragt werden, jeweils in einem Kasten kurz definiert und darunter Seitenverweise auf das Vorgängerbuch „Die natürliche Gemeindeentwicklung" (abgekürzt NGE). Ein Beispiel für so einen „Definitionskasten" befindet sich auf dieser Seite: die Erklärung des Begriffs „natürliche Gemeindeentwicklung".

Doppelfunktion

Dieses Buch hat eine doppelte Funktion:

- Es ist erstens ein *Implementation Guide* für die Prinzipien der natürlichen Gemeindeentwicklung insgesamt und wird deshalb sicherlich auch von etlichen Gemeinden benutzt, die sich (noch) nicht mit dem Gedanken tragen, ein „Gemeindeprofil" zu erheben.
- Es ist zweitens das begleitende Buch für jede Gemeinde, die ein solches *Gemeindeprofil* erheben möchte. Es fasst die praktischen Vorschläge zusammen, auf die die individuelle Computerauswertung dann mit den entsprechenden Seitenzahlen hinweist.

***Natürliche Gemeindeentwicklung** zielt auf die Freisetzung des Potentials, das Gott bereits in Ihre Gemeinde hineingelegt hat.*

Ausführlicher: NGE, S. 6-14

Die relativ „dürre", gänzlich unnarrative Darstellungsweise, dazu die Verwendung von Tabellen, Arbeitsblättern und Checklisten, schließlich der Einsatz des Computers im Zusammenhang mit der Erhebung des Gemeindeprofils – all das mag auf manchen unbedarften Leser eine geradezu „technokratische Ausstrahlung" haben. Deshalb erübrigt sich an dieser Stelle vielleicht nicht ganz der Hinweis, dass natürliche Gemeindeentwicklung mit Technokratie nicht nur nichts zu tun hat, sondern sich als bewusste Alternative zu technokratischen Ansätzen im Gemeindeaufbau versteht. Nicht der Einsatz der genannten Arbeitstechniken ist Hinweis auf technokratisches Denken, sondern die Illusion, Gemeinde aus eigener menschlicher Kraft zum Wachstum bringen zu können.

Das Ziel: die Individualität Ihrer Gemeinde entwickeln

Uns ist klar, dass diese Einführung fast schon zu einer „Warnung" geworden ist. Wenn Sie trotzdem weiterlesen – oder besser: weiterarbeiten – wollen, dann müssen Sie schon ziemlich stark motiviert sein. Wenn das aber zutrifft und Sie uns durch die folgenden Kapitel begleiten, werden Sie ein immer besseres Gespür für die Individualität Ihrer eigenen Gemeinde bekommen. Sie werden dann – so hoffen wir – nicht sehnsüchtig nach irgendwelchen Standardrezepten oder erfolgreichen Modellgemeinden Ausschau halten, die es zu imitieren gilt. Vielmehr werden Sie alle Ihre Kraft investieren wollen, das einzigartige Potential, das Gott bereits in Ihre Gemeinde hineingelegt hat, immer besser zur Entfaltung zu bringen.
Ist das einfach? Nein, es ist ein ziemlich schwerer Weg. Wird der Rest der Christenheit Ihnen dafür Beifall klatschen? Nein, Sie können eher vom Gegenteil ausgehen. Ist es lohnend? Unbedingt.

Im Herbst 1997

Christian A. Schwarz / Christoph Schalk
Institut für natürliche Gemeindeentwicklung

Wie Sie Ihr Gemeindeprofil erheben können

Eine verlässliche Diagnose ist Grundlage jeder wirksamen Therapie. Es gibt nicht die eine Wundermedizin, die jedem „Patienten" hilft. Was für den einen richtig ist, kann für den anderen falsch sein. In der natürlichen Gemeindeentwicklung übernimmt die Erhebung des Gemeindeprofils die Aufgabe der Diagnose. Dieser Teil erklärt, warum das so ist und wie Sie praktisch vorgehen können, wenn Sie Ihr Gemeindeprofil erheben wollen.

Teil 1: Das Gemeindeprofil

Warum ein Gemeindeprofil erheben?

„Ohne Diagnose besteht die Gefahr, bei grauem Star eine Brille gegen Kurzsichtigkeit zu verordnen."

Vielleicht haben Sie schon einmal versucht, Gemüse anzubauen, zum Beispiel Tomaten. Was ist alles nötig, um zu einer guten Ernte zu gelangen? Zu einem ganz bestimmten Zeitpunkt im Frühjahr haben Sie die kleinen Tomatenpflänzchen gesetzt. Jede Tomatenstaude bekam einen Stock als Stütze und wurde festgebunden. Sie haben regelmäßig darauf geachtet, dass die Pflanzen genug Wasser und Dünger hatten. Anfangs haben Sie die Pflanzen möglicherweise vor späten Frösten schützen müssen.

Was hat das alles mit natürlicher Gemeindeentwicklung zu tun? Überlegen Sie einmal: Wann gießen Sie Ihre Tomatenpflanzen? Wann düngen Sie? Gießen Sie, wenn Frost angekündigt ist? Oder düngen Sie, wenn der Boden knochentrocken ist? Nein, Sie werden genau zum richtigen Zeitpunkt das Notwendige tun – bei Trockenheit gießen, bei Nährstoffmangel düngen etc. Und um feststellen zu können, was gerade „das Richtige" ist, führen Sie ständig kleine „Analysen" durch: Sie drücken vielleicht einmal Ihren Daumen auf den Boden, um zu sehen, wie trocken er ist. Sie werden regelmäßig einen Blick auf das Thermometer werfen und sich über den Wetterbericht informieren. Als fortgeschrittener Hobbygärtner führen Sie möglicherweise sogar eine echte Bodenanalyse durch, um den Gehalt an Nährsalzen exakt zu bestimmen. Diese „Analysen" geben Ihnen die Informationen, die Sie brauchen, um entscheiden zu können, was jeweils dran ist.

*Aus einem **Gemeindeprofil** geht hervor, wie stark jedes einzelne Qualitätsmerkmal wachsender Gemeinden in Ihrer Situation entwickelt und was Ihr derzeitiger Minimumfaktor ist.*
Ausführlicher: NGE, S. 50-53, 108-109, 120-121

Genau darum geht es auch, wenn Sie die Prinzipien der natürlichen Gemeindeentwicklung in die Praxis umsetzen wollen: Anstatt wild „drauflos zu gärtnern", also unkoordiniert und aus dem Augenblick heraus die Gemeindeentwicklung fördern zu wollen, müssen Sie sich fragen: Was ist im Moment der entscheidende Schlüssel für die weitere Entwicklung unserer Gemeinde?

Erst die Diagnose, dann die Therapie

Stellen Sie sich vor, Sie würden zum Augenarzt gehen, weil Sie kleingedruckte Texte nicht mehr gut erkennen können. Ihr Augenarzt würde Ihnen, ohne Sie untersucht zu haben, seine eigene Brille vor die Nase halten und sagen: „Ja, dieses Problem kenne ich gut. Vor einiger Zeit hatte ich diese Schwierigkeiten auch. Und diese Brille hat mir weitergeholfen. Nehmen Sie sie ruhig mit, die hilft Ihnen bestimmt."

Würden Sie diesem Arzt vertrauen? Sicher nicht. Dennoch erleben wir vergleichbare Szenen in unseren Gemeinden ständig. Es ist erstaunlich, wie oft Menschen einander Rezepte und gut gemeinte Ratschläge „verordnen", ohne sich zuvor um eine Diagnose bemüht zu haben. „Diese berühmte Gemeinde in Chicago führt ihren Gottesdienst jetzt am Mittwochabend durch und seitdem ist alles besser. Das müsstet ihr auch so machen." – „Was ihr braucht, sind Theaterstücke im Gottesdienst." –

„Auf den Gebetsberg kommt es an, dann wird sich eure Stadt bekehren." – „In Lateinamerika löst die geistliche Kampfführung alle Probleme – das solltet ihr auch mal versuchen."
Natürliche Gemeindeentwicklung hat einen anderen Ansatz. Wir haben den Forschungsaufwand der letzten Jahre nicht zuletzt deshalb getrieben, um ein verlässliches Instrument der Diagnose zu entwickeln. Diagnose ist zwar nicht alles, aber ohne sie besteht – um im Bild zu bleiben – die Gefahr, dass bei grauem Star eine Brille gegen Kurzsichtigkeit verordnet wird.

Der Nutzen eines Gemeindeprofils

Das im Rahmen der natürlichen Gemeindeentwicklung verwendete Gemeindeprofil...

- gibt Ihnen einen Überblick über die Stärken und Schwächen Ihrer Gemeinde;
- zeigt Ihnen, wie Sie die begrenzten Kräfte (Mitarbeiter, Zeit, Finanzen etc.) gezielt auf die wesentlichen Punkte konzentrieren können;
- hilft Ihrer Gemeinde, den in Ihrer Situation entscheidenden Ansatzpunkt für die weitere Gemeindeentwicklung zu entdecken;
- basiert auf Untersuchungen von mehr als 1000 Gemeinden auf allen fünf Kontinenten und ist ein wissenschaftlich exaktes Verfahren;
- liefert Ihrer Gemeinde eine „Außenperspektive": Wie steht sie im Vergleich zu anderen Gemeinden da?

Themen herausfinden, die „dran" sind

Bisweilen bekommen wir Seminaranfragen von Gemeinden, die einfach einmal etwas zum Thema „Gaben" hören wollen. Oder über „inspirierende Gottesdienste". Oder irgendein anderes Thema, das im Gesamtsystem der natürlichen Gemeindeentwicklung eine Rolle spielt. Dann müssen wir darauf hinweisen, dass solch ein Seminar zwar informativ und interessant sein kann, dass es wahrscheinlich aber nur wenig zur zukünftigen Gemeindeentwicklung beitragen wird – solange die Diagnose fehlt.
Und da wir nicht tun wollen, wovor wir andere warnen, findet dann solange kein Seminar statt, wie kein Gemeindeprofil erhoben wurde. Sturheit? Sie können gerne unsere alten Brillen haben...

Ihre Gedanken:

• *In diesem Kapitel haben Sie einige Vorteile erfahren, die es mit sich bringt, ein Gemeindeprofil zu erheben. Wenn jemand gleichwohl skeptisch ist, ist es sinnvoll, die Blickrichtung umzukehren und zu fragen: Welche Vorteile hätte es, in unserer Situation kein Gemeindeprofil zu erheben? Schreiben Sie einmal alle Vorteile auf, die Ihnen einfallen!*

Teil 1: Das Gemeindeprofil

Wie Sie praktisch vorgehen sollten

„Jeder, der einen Fragebogen ausfüllt, sollte genau wissen, worum es bei dieser Aktion geht."

Jetzt wird es praktisch: Wie können Sie konkret vorgehen, wenn Sie für Ihre Gemeinde ein Gemeindeprofil erheben wollen?
Mit diesem Buch haben Sie sich das Anrecht auf die für die Erhebung benötigten Fragebögen und die Eingabeversion der Gemeindeprofilsoftware CORE erworben. Entweder liegt dieses Material dem Buch bereits bei – oder Sie können es mit der Postkarte am Ende des Buches kostenlos anfordern.
Zunächst benötigen Sie nur die Fragebögen: 30 Bögen für Mitarbeiter Ihrer Gemeinde, einen Fragebogen für den Pastor. Um das Profil zu erheben, sollten Sie sich an die folgenden Schritte halten:

Schritt 1: roter Fragebogen

Der *rote Fragebogen* ist vom leitenden Pastor der Gemeinde auszufüllen. Sollten Sie in Ihrer Gemeinde mehrere Pastoren haben, ohne dass einem von ihnen eine hervorgehobene Leitungsfunktion zukäme, sollte derjenige Pastor den Fragebogen ausfüllen, der mit den Aktivitäten, die sich auf die Gemeindeentwicklung beziehen, am meisten zu tun hat. Sollte Ihre Gemeinde keinen hauptamtlichen Pastor haben – bzw. keinen Mitarbeiter, der diesen Titel führt –, dann ist der Fragebogen von derjenigen Person innerhalb des Leitungsteams auszufüllen, bei der am stärksten die Fäden zusammenlaufen.

Schritt 2: grüne Fragebögen

Die *grünen Fragebögen* sind von ehrenamtlichen Mitarbeitern der Gemeinde auszufüllen. Unabhängig von der Größe Ihrer Gemeinde sollten dies 30 Personen sein (falls Ihre Gemeinde weniger als 30 Personen umfasst, werden entsprechend weniger Fragebögen ausgefüllt). Sollten Sie Schwierigkeiten haben, 30 Personen für diesen Schritt zu gewinnen, können auch einige Fragebögen weniger ausgefüllt werden. Unter 20 Fragebögen allerdings werden die Ergebnisse merklich ungenauer.

Auf alle Mitarbeiter, die diesen Fragebogen ausfüllen, sollten nach Möglichkeit folgende drei Kriterien zutreffen:

a. Sie sollten nach Ansicht des Pastors zu denen gehören, die am stärksten *im Zentrum des gemeindlichen Lebens* stehen.

b. Sie sollten eine *regelmäßige Aufgabe* in der Gemeinde haben.

c. Sie sollten Mitglied einer *gemeindlichen Kleingruppe* (Hauskreis, Bibelkreis, Aktionskreis etc.) sein.

Es hat sich bewährt, die Fragebögen – ohne Namen – innerhalb eines festgesetzten Zeitraums bei einer Person abgeben zu lassen, die speziell mit dieser Aufgabe betraut worden ist. Am einfachsten ist es, bei einer Veranstaltung, zu der der hier angesprochene Kreis von Mitarbeitern ohnehin beisammen ist, etwa eine halbe Stunde für das Ausfüllen der Fragebögen zu nutzen. In diesem Fall können die Bögen sofort eingesammelt und weitergeleitet werden. Bei dieser Gelegenheit können die Mitarbeiter auch über Sinn, Zweck und Ablauf der Aktion aufgeklärt und aufkommende Fragen gleich besprochen werden. Eventuell können die

Fragebögen auch im Rahmen eines Informationsseminars, das in Ihrer Gemeinde durchgeführt wird, ausgeteilt werden.
Auf jeden Fall sollte jeder, der den Fragebogen ausfüllt, wissen, warum die Gemeinde sich zu dieser Aktion entschlossen hat. Sie sollten die Untersuchung auf keinen Fall ohne eine gewisse Vorinformation der Mitarbeiter durchführen. Die Broschüre „Das 1x1 der Gemeindeentwicklung" (siehe Seite 240) kann dabei eine Hilfe sein. Viele Gemeinden haben gute Erfahrungen damit gemacht, jedem, der einen Fragebogen ausfüllt, ein Exemplar dieser Broschüre zu geben. Die Broschüre fasst auf wenigen Seiten – Lesezeit 20 Minuten – die wichtigsten Prinzipien der Gemeindeentwicklung zusammen und geht insbesondere auf die Bedeutung eines Gemeindeprofils ein.

Schritt 3: Auswertung

Wenn Sie alle 31 Fragebögen ausgefüllt zurückbekommen haben, stehen Ihnen verschiedene Möglichkeiten offen, zu einer Auswertung zu gelangen:

a. Sie können die Fragebögen an die Institution (bzw. den Trainer, Berater etc.) zurückschicken, von der oder dem Sie sie erhalten haben. Die Adresse finden Sie auf dem Infoblatt zu den Fragebögen. Von dort bekommen Sie innerhalb der nächsten zwei bis vier Wochen Ihr Gemeindeprofil mit Hinweisen, was Sie tun können, um im Blick auf Ihren Minimumfaktor Fortschritte zu erzielen. Die Auswertung, die Sie erhalten, nimmt auf den Text des vorliegenden Buches Bezug und macht Vorschläge, was in Ihrer Situation die nächsten Schritte sein könnten.

b. Sie können die Fragebogendaten selbst in die zu diesem Buch gehörige Gemeindeprofil-Software CORE eingeben (siehe Anleitung auf dem Beipackzettel zur Diskette). Wenn Sie dann die Datendatei an die Einrichtung schicken, von der Sie die Fragebögen erhalten haben, geht Ihnen Ihr Gemeindeprofil innerhalb kürzester Zeit zu. Ihr Vorteil: Kürzere Bearbeitungszeiten und niedrigere Kosten.

CORE ist der Name der Computersoftware, mit der für jede Gemeinde ein Gemeindeprofil errechnet werden kann. Die Software enthält u. a. eine Formel, die auf den Ergebnissen aller bisher untersuchten Gemeinden basiert.
Ausführlicher: NGE, S. 109, 122-123

c. Sie können die rechenfähige Vollversion von CORE erwerben. Dann können Sie im Anschluss an die Dateneingabe per Knopfdruck Ihr Gemeindeprofil selbst erstellen und ausdrucken. Dieses Vorgehen ist für Gemeinden sinnvoll, die häufig mit dem Gemeindeprofil arbeiten oder auf sofortige Auswertung Wert legen. Mit der Software ist es sogar möglich, während eines Treffens einführende Informationen über die natürliche Gemeindeentwicklung zu vermitteln, die Fragebögen auszuteilen, ausfüllen zu lassen und noch während der gleichen Veranstaltung das Profil zu erstellen. Darüber hinaus ist der

Erwerb von CORE besonders für Gemeindeverbände und Denominationen geeignet, die die Ortsgemeinden bei praktischen Schritten in der Gemeindeentwicklung unterstützen möchten.

Die jeweils aktuellen Preise und Adressen für diesen Schritt finden Sie auf dem Infoblatt, das den Fragebögen beiliegt.

Schritt 4: Praxis Nun sollten Sie von den Maßnahmen, die Ihnen vorgeschlagen wurden, diejenigen *umsetzen,* die am besten in Ihre Situation passen. Wir empfehlen Ihnen, nach etwa 6-12 Monaten das Gemeindeprofil erneut zu erheben – denn dann können Sie sehen, wie sich Ihr bisheriger Minimumfaktor inzwischen entwickelt hat bzw. was nun der neue Minimumfaktor Ihrer Gemeinde ist.

Ihre Gedanken:

- *Bis wann wollen Sie ein Gemeindeprofil erheben?*

- *Welche Personen in Ihrer Gemeinde müssten für diesen Plan gewonnen werden?*

- *Welche Widerstände könnte es gegen die Erhebung eines Gemeindeprofils geben?*

- *Wie wollen Sie diesen Widerständen begegnen?*

- *Wie wollen Sie die Gemeindeglieder über Inhalt und Nutzen der Fragebogenaktion informieren?*

❑ Seminar/Informationsveranstaltung

❑ Broschüre „Das 1x1 der Gemeindeentwicklung"

❑ Sonstiges:

Das Gemeindeprofil interpretieren

Teil 1: Das Gemeindeprofil

Wenn Sie Ihr Gemeindeprofil berechnet haben, wissen Sie, wie es um das Wachstumspotential Ihrer Gemeinde bestellt ist und wo Sie ansetzen können, damit Ihre Gemeinde verstärkt qualitatives und quantitatives Wachstum erlebt. Das Gemeindeprofil gibt Ihnen Auskunft über die Ausprägung der acht Qualitätsmerkmale (siehe auch Teil 3), die – wie unsere Forschung gezeigt hat – die Bereiche sind, in denen sich wachsende von schrumpfenden Gemeinden deutlich unterscheiden (in Klammern die aus dem Englischen abgeleiteten Abkürzungen, die CORE verwendet):

„Im Gemeindeprofil wird gemessen, wie ‚biotisch' in den einzelnen Bereichen gearbeitet wird."

- *Bevollmächtigende* Leitung (LE)
- *Gabenorientierte* Mitarbeiterschaft (MI)
- *Leidenschaftliche* Spiritualität (SP)
- *Zweckmäßige* Strukturen (ST)
- *Inspirierender* Gottesdienst (WO)
- *Ganzheitliche* Kleingruppen (SM)
- *Bedürfnisorientierte* Evangelisation (EV)
- *Liebevolle* Beziehungen (RE)

Das Profil berechnen

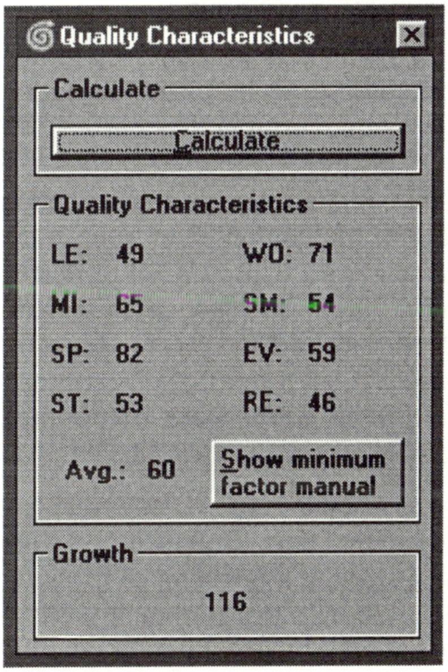

Wenn Sie CORE die Anweisung geben, das Profil zu berechnen (eine exakte Anleitung zur Bedienung von CORE finden Sie auf dem Beipackzettel zum Programm), erhalten Sie die Ergebnisse zunächst als Zahlenwerte (Abb. links). Unter „Avg." finden Sie den Durchschnitt der acht Werte. „Growth" ist ein Wachstumsindex, der aus Ihren Angaben zum Gottesdienstbesuch errechnet wurde – er dient hier lediglich Forschungszwecken, wenn Ihre Daten von einen Gemeinde-Institut analysiert werden. Sie können das Ergebnis aber auch – sofern Sie z. B. über eine Tabellenkalkulation mit Grafikfunktion verfügen – als aussagekräftigeres Balkendiagramm darstellen (siehe Abbildung auf Seite 16). Ein in CORE enthaltenes Makro besorgt den Export der Daten in Ihre Tabellenkalkulation. Sie können sich dann für die Darstellungsform entscheiden, die Ihr Ergebnis am besten verdeutlicht.

Die Zahlen im Detail

Jeder der Profilwerte wurde aus einer Reihe von Fragen des Fragebogens errechnet. Bei den Werten handelt es sich – in der Sprache der Statistiker – um Standardwerte, die auf einen Mittelwert von 50 mit einer Standardabweichung von 15 normiert sind. Praktisch bedeutet das für Ihre Gemeinde:

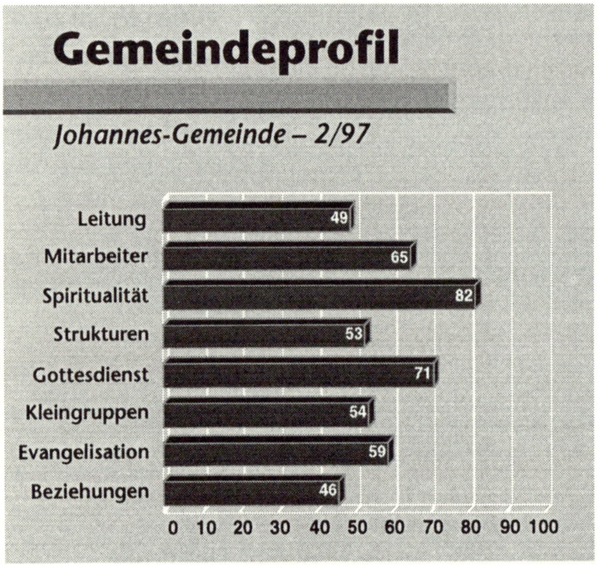

Der Wert 50 bei einem Qualitätsmerkmal ist der „normale" Werte einer durchschnittlichen Gemeinde. Abweichungen von +/- 15 sind üblich.
Wenn sich die Werte Ihrer Gemeinde also in einem Bereich zwischen 35 und 65 bewegen, liegen sie im Normbereich, mal etwas besser, mal etwas schlechter. Allein die Tatsache, dass Ihre Gemeinde einen Minimumfaktor hat, bedeutet nicht, dass Sie hier besonders „schlecht" seien – auch die vorbildlichste Gemeinde hat einen Minimumfaktor. Der Minimumfaktor bezeichnet lediglich denjenigen Bereich, auf den Sie Ihre zukünftigen Gemeindeaufbaubemühungen besonders konzentrieren sollten.

Liegt ein Wert über 65, ist das ein Zeichen von weit überdurchschnittlicher Qualität. Liegt er unter 35, weist das auf starke Probleme hin (oder einen Datenfehler?). Sie sollten dann mit einem unserer lizenzierten Gemeindetrainer Kontakt aufnehmen.
Für eine verantwortliche Gemeindeaufbau-Planung sind diese acht Werte in den meisten Fällen ausreichend. Manchmal ist es aber auch interessant, die Daten intensiver zu analysieren (z. B. auf Mittelwerte, Antworthäufigkeiten, bestimmte Fragen etc.). Da diese Analyse aufgrund der komplizierten wissenschaftlichen Grundlage von CORE nicht in Selbstauswertung möglich ist, sollten Sie bei Interesse mit unserem Institut Kontakt aufnehmen. Wenn Sie uns Ihre CORE-Datei zukommen lassen, können wir auf Wunsch eine detailliertere Analyse erstellen.

Auf die Adjektive kommt es an

Betrachten Sie einmal die oben stehende Abbildung des Gemeindeprofils: Auf den ersten Blick fällt auf: „Spiritualität" und „Gottesdienst" sind von weit überdurchschnittlicher Qualität (und die Bereiche „Beziehungen" und „Leitung" liegen durchaus im Rahmen des Normalen). Allerdings – und das ist das Entscheidende – wird im Gemeindeprofil weder „Spiritualität" noch „Beziehungen" noch „Gottesdienst" noch „Leitung" gemessen. Es wird ausschließlich gemessen, wie „biotisch" in diesen Bereichen gearbeitet wird.
Die Spiritualität dieser Gemeinde ist also ausgesprochen „leidenschaftlich" (und auch dieses Adjektiv ist nur ein Platzhalter für die Umsetzung

aller sechs biotischen Prinzipien in diesem Bereich), der Gottesdienst wird von den Gemeindegliedern als „inspirierend" wahrgenommen. Die Leitung der Gemeinde hingegen ist nicht besonders „bevollmächtigend", die Beziehungen nur durchschnittlich „liebevoll". In allen acht Bereichen, die das Profil misst, kommt es auf die Adjektive an. Eine Leitung hat jede Gemeinde, Mitarbeiter meist ebenfalls, und auch ein Gottesdienst ist nichts Besonderes. Wenn diese Bereiche untersucht werden, ist die entscheidende Frage deshalb immer: *Wie gut* ist die Gemeinde hier? Und das Gütekriterium ist für die natürliche Gemeindeentwicklung immer das Ausmaß des biotischen Arbeitens in diesem Bereich, kurz in den jeweiligen Adjektiven auf den Punkt gebracht.

Biotisch arbeiten:
Kürzel für die kontinuierliche Anwendung der sechs biotischen Prinzipien in jedem Arbeitsbereich Ihrer Gemeinde.
Ausführlicher: NGE, S. 61-82

Ihre Gedanken:

• *Folgendes Qualitätsmerkmal ist der momentane Minimumfaktor Ihrer Gemeinde:*

• *Der Zahlenwert des Minimumfaktors liegt mit* ______________

❑ im Normalbereich (zwischen 35 und 65)

❑ im positiven Extrembereich (über 65)

❑ im negativen Extrembereich (unter 35)

• *Was sind Ihre Gedanken zu diesem Ergebnis? Wie gut können Sie sich damit identifizieren?*

• *Erscheint es Ihnen sinnvoll, mit einem Gemeindeberater Kontakt aufzunehmen oder eine Detailanalyse zu veranlassen?*

Teil 1: Das Gemeindeprofil

Die Fortschritte kontrollieren

„Es macht wenig Sinn, ein Gemeindeprofil nur ein einziges Mal zu erheben."

Manche Gemeinden tun sich erstaunlich schwer, Fortschritte in der Gemeindeentwicklung zu überprüfen. Nach einigen Kämpfen hat man sich vielleicht endlich dazu durchgerungen, ein Gemeindeprofil zu erheben. Man hat die Ergebnisse zur Kenntnis genommen und sich entschlossen, am eigenen Minimumfaktor zu arbeiten. Aber der letzte Schritt, die Erfolgskontrolle, wird beharrlich ausgeklammert: „Wir haben doch schon einmal ein Profil erhoben." – „Das letzte Profil liegt doch erst wenige Monate zurück." – „Wir haben unsere Hausaufgaben gemacht, was soll da jetzt ein weiteres Profil?" Wo immer dieser Schritt aber ausfällt, verschließt sich eine Gemeinde der so wichtigen Erfahrung, ihre Fortschritte in der Gemeindeentwicklung zu kontrollieren.

Konsequenzen fehlender Erfolgskontrolle

Erst kürzlich beriet unser Institut eine Gemeinde, die von der natürlichen Gemeindeentwicklung überaus begeistert war, ein Dreivierteljahr zuvor ein Gemeindeprofil erhoben hatte und – nach eigener Aussage – sehr intensiv am Minimumfaktor arbeitete. Das Problem: Die Gemeinde schrumpfte dennoch stark. Erst ein erneut erhobenes Gemeindeprofil brachte an den Tag, dass der Minimumfaktor immer noch derselbe war, diesmal sogar mit noch niedrigeren Werten als zuvor. Während eines Beratungsgesprächs stellte sich heraus, dass in dieser Gemeinde zwar viel über mögliche Schritte diskutiert wurde (so viel, dass alle den Eindruck hatten, etwas getan zu haben), dass aber tatsächlich nichts umgesetzt worden war.

***Erfolgskontrolle** bedeutet innerhalb der natürlichen Gemeindeentwicklung die Überprüfung, in welchem Ausmaß die angewandten Maßnahmen „Frucht getragen" haben. Dies geschieht u. a. durch Erhebung eines weiteren Gemeindeprofils.*

Ausführlicher: NGE, S. 120-121

Aber auch der umgekehrte Fall kommt vor: Eine Gemeinde, die ausgiebig an ihrem Minimumfaktor „gabenorientierte Mitarbeiterschaft" gearbeitet hatte, konnte sichtbare Früchte dieser Bemühungen feststellen. Unter anderem gab es in fast keinem Bereich der Gemeindearbeit mehr Mitarbeitermangel und die Mitarbeiter waren viel motivierter als früher. Gerade wegen dieses offensichtlichen Erfolgs unterließ es die Gemeinde, ein weiteres Profil zur Überprüfung ihrer Maßnahmen zu erheben – die positiven Folgen waren allzu offensichtlich. Doch dann begann die Gemeinde zu schrumpfen. Ratlosigkeit beim Pastor und den leitenden Mitarbeitern. Alles sah doch so gut aus. Ein dann doch erhobenes zweites Gemeindeprofil brachte es ans Licht: Das Qualitätsmerkmal „gabenorientierte Mitarbeiterschaft" war jetzt zwar deutlich besser ausgeprägt, die Qualität im Bereich „zweckmäßige Strukturen" war aber zurückgegangen und zum neuen Minimumfaktor geworden.

Fehler bei der Umsetzung aufspüren

Bei der genaueren Analyse der Situation stellte sich heraus, dass der Gemeinde bei der Arbeit am Bereich „gabenorientierte Mitarbeiterschaft" ein Fehler unterlaufen war: Die Gemeindeleitung hatte zwar den

Gemeindegliedern geholfen, ihre Gaben zu entdecken und hatte Gabenberatung und Vermittlung in Aufgaben angeboten, sie hatte aber zum einen keine Betreuungsstruktur für die Mitarbeiter aufgebaut und zum anderen versäumt, die Mitarbeiter in Teams zusammenzufassen. Jetzt gab es zwar überall in der Gemeinde Mitarbeiter, die eine Aufgabe hatten, die zu ihren Gaben passte; diese Mitarbeiter standen aber überwiegend als Einzelkämpfer da – ohne Team und ohne Ansprechpartner bei Problemen. Vielen fehlten zudem grundlegende Informationen, um die jeweilige Aufgabe ausführen zu können. Alles Faktoren, die dazu beitrugen, dass die Begeisterung wieder nachließ und die Gemeinde sogar zahlenmäßig zu schrumpfen begann. Inzwischen hat die Gemeinde aus diesen Erfahrungen gelernt und überprüft ihre Maßnahmen regelmäßig durch ein Gemeindeprofil.

Wie CORE bei der Erfolgskontrolle hilft

Fortschritte bei der Gemeindeentwicklung können Sie relativ einfach mit der aktuellen Version von CORE überprüfen, indem Sie zwei (oder mehr) Gemeindeprofile miteinander vergleichen (Details zur Softwarebedienung siehe auf dem Beipackzettel zur Programmdiskette). Wenn Sie die Dateien der letzten beiden Profile laden, können Sie sich Veränderungen im Bereich aller acht Qualitätsmerkmalen in Form eines „Plus-Minus-Diagramms" in Ihrer Tabellenkalkulation anzeigen lassen.

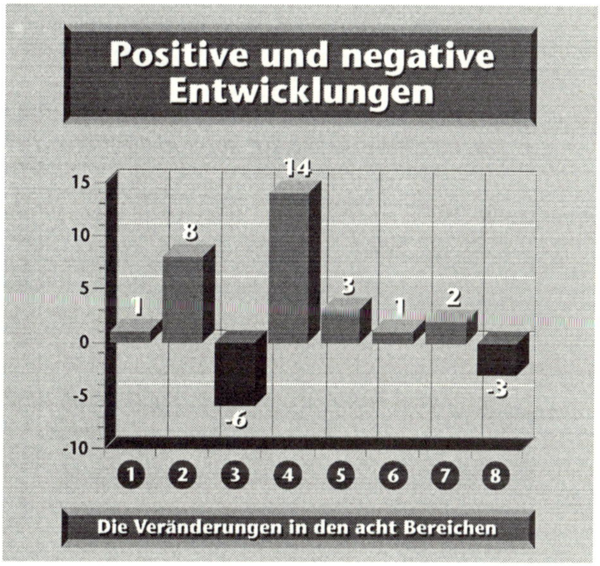

Bei dieser Diagrammform (Abbildung rechts) sehen Sie auf einen Blick, in welchen Bereichen sich die Qualität Ihrer Gemeinde verbessert hat und Ihre Maßnahmen zur Gemeindeentwicklung ganz offensichtlich erfolgreich waren. Sie sehen aber auch die Bereiche, in denen die qualitative Entwicklung rückläufig war.
Übrigens: Wenn Sie nicht mit der rechenfähigen Vollversion von CORE arbeiten, sondern nur die Eingabeversion benutzen und Ihre Daten zum Beispiel von einem Gemeindeberater rechnen lassen, können Sie – sofern Sie über eine Tabellenkalkulation verfügen – dennoch diese grafischen Analysefunktionen nutzen. Lassen Sie sich einfach die gerechneten Dateien zurückgeben – dann können Sie sie mit CORE ohne Einschränkungen grafisch auswerten.

Der Verlauf über mehrere Jahre

Gemeinden sind einem ständigen Wandel unterworfen. Es kommen neue Menschen hinzu, andere gehen; die Christen selbst verändern sich; Umfeldfaktoren wirken auf die Gemeinde ein; die Gesellschaft hinterlässt ihre Spuren; geistliche Strömungen kommen und gehen; Mitarbeiter und Leiter prägen die Gemeinde für eine bestimmte Zeit; Gemeindeaufbau-Programme werden umgesetzt oder auch nicht. Eine Gemeinde ist nie im Status quo festgefroren. Wenn Sie in Sachen Gemeindeentwicklung beständig am Ball bleiben wollen, ist es wichtig, Veränderungen über längere Zeiträume hinweg zu beobachten. Es macht nicht viel Sinn, ein Gemeindeprofil einmalig – als eine Art Werkzeug des Krisenmanagements oder auch nur aus purer Neugier – zu erheben.

Aber auch dann, wenn ein Gemeindeprofil ein zweites Mal zur Überprüfung der anfänglichen Maßnahmen erhoben wird, ist der eigentliche Nutzen dieses Analyseinstruments noch nicht ausgeschöpft. Gemeinde-*entwicklung* geschieht da, wo langfristige Entwicklungsverläufe angestrebt, eingeleitet und kontinuierlich überprüft werden.

Ihre Gedanken:

- *Wann wollen Sie den Erfolg Ihrer Arbeit am Minimumfaktor spätestens überprüfen?*

- *Ist es sinnvoll, dass sich Ihre Gemeinde die rechenfähige Vollversion von CORE zur kontinuierlichen Erhebung des Gemeindeprofils zulegt?*

Warum die Intuition oft trügt

Teil 1: Das Gemeindeprofil

Manche Leute meinen, es ganz genau zu wissen: „In unserer Gemeinde fehlt es an der Liebe!" Oder: „Wenn wir mehr beten und glauben würden..." Wohl die meisten Christen haben das Gefühl, ihre Gemeinde recht genau zu kennen und folglich zu wissen, was im Blick auf die Gemeindeentwicklung zu tun ist. Welche neuen Erkenntnisse sollte da schon die Erhebung eines Gemeindeprofils vermitteln können?

Das Problem ist: Einzelne Gemeindeglieder – und auch der Pastor! – sehen immer nur einen bestimmten Ausschnitt der Realität. Es mag zwar völlig korrekt sein, was sie da sehen, aber es ist eben nur ein Teil des Ganzen. Erst in der vernetzten Zusammenschau vieler Einzelsichtweisen der Gemeinde kann ein Gesamtbild entstehen, das der Wirklichkeit nahe kommt.

„Erst in der vernetzten Zusammenschau vieler Einzelsichtweisen kann ein Bild entstehen, das der Wirklichkeit nahe kommt."

Genau hier setzt das Gemeindeprofil an. Die verschiedenen Wahrnehmungen von 30 Mitarbeitern und dem Pastor werden über eine – recht komplexe – Formel zu einem Ganzen zusammengezogen. Diese „Weltformel" ist ein Extrakt aller bisher untersuchten Gemeinden: über 1000 Gemeinden in über 30 Ländern. In diese Formel gehen Mittelwerte und Standardabweichungen der verschiedenen Länder ebenso ein wie die individuellen Antworten der Gemeindeglieder, für die das Gemeindeprofil erstellt wird.

40.000 (2005)
70

Auf diese Weise bietet das Gemeindeprofil ein exaktes Ergebnis. „Exakt" bedeutet in diesem Zusammenhang übrigens nicht „objektiv" in dem Sinne, dass die Gemeinde unabhängig von den Gemeindemitarbeitern beurteilt würde. Vielmehr ist es ja gerade die subjektive Sichtweise der Gemeinde, die das Verhalten der Mitarbeiter bestimmt. Bei der Erhebung des Gemeindeprofils werden diese unterschiedlichen subjektiven Sichtweisen objektiviert.

Vor einiger Zeit meldete sich bei uns der Pastor einer Gemeinde, der ein Gemeindeprofil hatte erheben lassen. Neben der Auswertung, die er von uns erhielt, hatte ein Gemeindeglied selbst die Antworten der Fragebögen zusammengezählt und war zu einem völlig anderen Ergebnis gekommen. Das ist nicht verwunderlich: Erstens wurden bei dieser „Selbstauswertung" viele Fragen den falschen Qualitätsmerkmalen zugeordnet. Zweitens wurde ein willkürlicher Zahlenschlüssel verwendet. Drittens wurde nicht beachtet, ob Fragen positiv oder negativ formuliert waren (beziehungsweise es wurden positive Fragen für negative gehalten und umgekehrt!). Viertens war die „Weltformel" unbekannt, nach der die Rohwerte in die Profilwerte umgerechnet werden müssen. Und selbst wenn all diese Informationen vorhanden gewesen wären, hätte die Rechenprozedur sicher einige Tage in Anspruch genommen. Das ist der Grund, warum wir in unserem Institut das speziell für diesen Zweck

Mit Hilfe der im Programm enthaltenen Weltformel berechnet CORE für jede Gemeinde ein individuelles Gemeindeprofil. Diese Formel bündelt den Extrakt der Untersuchung von über 1000 Gemeinden und macht ihn für jede Ortsgemeinde nutzbar.

Ausführlicher: NGE, S. 108-109

entwickelte Computerprogramm verwenden, das Sie mit diesem Buch bekommen haben oder mit der Postkarte am Ende des Buches anfordern können.

Eine ähnliche Erfahrung machten wir, als wir kürzlich eine E-Mail von einem Gemeindeberater aus Australien erhielten. Gleich am Anfang schrieb er: „Ich war etwas verwirrt über die Ergebnisse des Gemeindeprofils..." Das Profil passte nicht im Geringsten zu der von ihm untersuchten Gemeinde. Auf Nachfrage stellte sich heraus, dass er nicht die auf der Grundlage der weltweiten Untersuchung entwickelte Software, sondern ein selbst gebasteltes Arbeitsblatt einer Tabellenkalkulation verwendet hatte.

Auch unseriöse Tests kommen an

Nur in den seltensten Fällen fällt es allerdings so krass auf, wenn Fragebogenergebnisse nicht stimmen. Ein Psychologenteam ließ vor einigen Jahren eine Gruppe von Managern einen Persönlichkeitstest ausfüllen. Anschließend wurden die Fragebögen – ohne das Wissen der Manager – gemischt und jeder erhielt als Rückmeldung ein Ergebnis, das ziemlich sicher nicht sein eigenes war. Dennoch konnten sich über 90 Prozent der Manager mit den Ergebnissen identifizieren! Es ist noch kein Beweis für die Güte eines Testverfahrens, wenn die Ergebnisse „gut ankommen". Es gibt – auch im Bereich der Gemeindeanalysen – Tests, die eher Horoskopniveau haben, aber dennoch Anklang finden.

Um nicht falsch verstanden zu werden: Wir sagen keineswegs, dass eine Gemeinde auf jeden Fall die von uns entwickelte Software benutzen muss, um Fortschritte in der Gemeindeentwicklung zu erzielen. Gemeindeentwicklung ist möglich ohne Computerprogramme, ohne Arbeitsbücher, ohne Gemeindeberater. Wenn es Ihnen allerdings darum geht, herauszufinden, welches der acht Qualitätsmerkmale in Ihrer Situation den augenblicklichen Minimumfaktor darstellt, sollten Sie darauf achten, dass Sie eine Methode einsetzen, die auf der Grundlage einer genügend großen Datenbasis entwickelt worden ist. Nur auf diese Weise kann nämlich der Auswertungsschlüssel exakt normiert werden. Fällt dieser Schritt aus, dann besteht die Gefahr, dass Sie Ergebnisse bekommen, die keinerlei Aussagekraft haben. Da wäre es in vielen Fällen hilfreicher, gleich eine radikal-subjektive Selbsteinschätzung vorzunehmen: „Was meint ihr wohl, was unser Minimumfaktor ist?"

Ihre Gedanken:

- *Eine subjektive Selbsteinschätzung der Gemeindeglieder kann – um ein Problembewusstsein zu schärfen – wertvoll sein, sollte aber nicht mit der Erhebung eines Gemeindeprofils verwechselt werden. Was würden Sie aus Ihrer Sicht als den „Minimumfaktor" Ihrer Gemeinde bezeichnen? Stimmt diese Sicht mit dem Ergebnis des Gemeindeprofils überein?*

Die 10 Schritte der Umsetzung

Natürliche Gemeindeentwicklung ist keine einmalige Aktion mit einem statischen Anfangs- und Endpunkt. Vielmehr geht es um einen Prozess, der das gemeindliche Leben langfristig prägt. Wie aber kann ein solcher Prozess in Gang kommen? Und wie kann er am Leben gehalten werden? Dieser Teil soll Ihnen Hilfestellung geben, das „10-Schritte-Programm", wie es im Buch „Die natürliche Gemeindeentwicklung" auf den Seiten 103-125 dargestellt wird, auf das Leben Ihrer eigenen Gemeinde zu beziehen.

Teil 2: Implementierung

Der Schritt vor dem ersten Schritt

„Ihre eigene Zielvorstellung wird in starkem Maße bestimmen, welche praktischen Maßnahmen Sie ergreifen."

Bevor Sie sich den folgenden praktischen Schritten zuwenden, sollten Sie für sich geklärt haben, was eigentlich das Ziel dieses Unternehmens sein soll. Begriffe wie „Gemeindeentwicklung", „Gemeindewachstum" oder „Gemeindeaufbau" sind ja keineswegs eindeutig, sondern werden von unterschiedlichen Christen mit unterschiedlichen Inhalten gefüllt. Was also ist Ihr Ziel, wenn Sie sich verstärkt diesem Thema zuwenden wollen?

1. Ist es Ihr Anliegen, mehr Menschen in die Gottesdienste zu bekommen – egal, mit welchen Mitteln?
2. Wollen Sie in den Grenzen von vorgegebenen Strukturen, die Sie als hinderlich aber nicht veränderbar erleben, zumindest Teilaspekte von Gemeinde Jesu Christi realisieren?
3. Ist es Ihr Anliegen, die Strukturen, die in Ihrer Kirche der Gemeindeentwicklung im Weg stehen, möglichst konsequent zu reformieren?
4. Wollen Sie in einer Gemeinde, die dem Thema „Gemeindeentwicklung" eher skeptisch gegenübersteht, Vertrauen gegenüber diesem Anliegen wecken?
5. Wollen Sie in Ihrer Gemeinde, die in den letzten Jahren stark gewachsen ist, zunehmend Ihr Augenmerk auf die gemeindliche Qualität richten?
6. Möchten Sie, dass Ihre Gemeinde, die heute stagniert oder schrumpft, Wachstum erlebt?
7. Ist es Ihr Ziel, dass Ihre Gemeinde, die Ihnen heute schon relativ gesund erscheint, diese Gesundheit auch in Zukunft bewahrt?
8. Möchten Sie, dass Ihre Gemeinde neuen Gemeinden zum Leben verhilft?
9. Möchten Sie – ohne die Unterstützung einer „Muttergemeinde" – mit der Gründung einer neuen Gemeinde beginnen?

Welches Ziel ist „richtig"?

Immer wieder werden wir gefragt, welche dieser Ziele denn nun – im Sinne der natürlichen Gemeindeentwicklung – „richtig" seien und welche nicht. Die Antwort heißt: Alle genannten Ziele und noch etliche mehr können für Sie „richtig" sein. Für die Erreichung aller dieser Ziele können Sie von den Prinzipien der natürlichen Gemeindeentwicklung Gebrauch machen. Aber es müssen *Ihre* Ziele sein, keine vorgegebenen Leitbilder aus einem Lehrbuch. Ihre individuelle Zielvorstellung wird in starkem Maße bestimmen, welche praktischen Maßnahmen Sie ergreifen, um den Ansatz der natürlichen Gemeindeentwicklung in Ihrer Gemeinde zur Geltung zu bringen. Deshalb sollte eine Klärung dieser Frage unbedingt den praktischen Maßnahmen vorausgehen.
Stellen Sie sich einmal folgende Situation vor. Sie leben in einem gemeindlichen Verband, der von einer zutiefst unmissionarischen Theo-

logie und verkrusteten Strukturen geprägt ist. Bedeutet in einem solchen Umfeld Engagement für die Gemeindeentwicklung, Theologie und Struktur Ihrer Kirche zu attackieren? Oder sollten Sie Ihr Anliegen so zurückhaltend wie möglich formulieren, „Vorgegebenes" bewusst nicht in Frage stellen, um so in Ihrem Umfeld Freiräume für die Entwicklung lebendiger Gemeinde zu schaffen?

Unterschiedliche Ziele – unterschiedliches Vorgehen

Beides sind mögliche Wege. Wie Sie sich verhalten werden, hängt in starkem Maße von Ihrer eigenen Zielvorstellung ab. Wenn Sie sich z. B. Zielvorstellung 3 auf unserer Liste zu eigen gemacht haben, werden Sie in Ihrem kirchlichem Umfeld sicherlich genau jene strukturellen Faktoren, die die Not der Gemeinden mitverursachen, beharrlich an den Pranger stellen. Wenn Sie allerdings von Zielvorstellung 2 ausgehen, wird Ihre Antwort genau umgekehrt ausfallen: Sie werden möglichst wenig Tabuthemen ansprechen, möglichst zurückhaltend vorgehen, möglichst stark Verbindungen zu vorhandenen Traditionen und Lehren suchen. Ihr Ziel ist ja nicht die radiale Strukturveränderung, sondern Sie wollen innerhalb eines vorgegebenen Rahmens möglichst viel für die Erfüllung des Missionsbefehls tun.
Die folgenden zehn Schritte lassen sich bei unterschiedlichen Zielvorstellungen anwenden. Die Art und Weise allerdings, wie Sie von diesen Vorschlägen Gebrauch machen werden, hängt von Ihrem eigenen Leitbild ab.

Ihre Gedanken:

• *Mit welchen der in der Auflistung auf Seite 24 genannten Leitbildern für Gemeindeentwicklung können Sie sich am ehesten identifizieren?*

❐ 1. Steigerung des Gottesdienstbesuchs

❐ 2. In vorgegebenen Grenzen Gemeinde bauen

❐ 3. Gemeindeaufbau-hinderliche Grenzen überwinden

❐ 4. Vertrauen für Gemeindeentwicklung aufbauen

❐ 5. In wachsender Gemeinde Qualitätsfaktoren betonen

❐ 6. Nichtwachsende Gemeinde zu Wachstum führen

❐ 7. Gesundheit der Gemeinde weiterentwickeln

❐ 8. Tochtergemeinde pflanzen

❐ 9. Mit neuer Gemeinde beginnen

• *Haben Sie möglicherweise eine völlig andere Zielvorstellung im Blick auf Gemeindeentwicklung? Dann sollten Sie sie schriftlich formulieren.*

Teil 2: Implementierung

Schritt 1: Geistliche Motivation stärken

„Lehre die Leute die Sehnsucht nach dem weiten, endlosen Meer."

Von Antoine de Saint-Exupéry stammt der Satz: „Wenn du ein Schiff bauen willst, so trommle nicht Leute zusammen, um Holz zu beschaffen, Werkzeuge vorzubereiten, Aufgaben zu vergeben und die Arbeit einzuteilen, sondern lehre die Leute die Sehnsucht nach dem weiten, endlosen Meer."

Schöner kann man kaum formulieren, worum es in diesem ersten Schritt geht. Während die Schritte 2-10 gleichsam damit zu tun haben, „Leute zusammenzutrommeln", „Holz zu beschaffen", „Werkzeuge vorzubereiten", „Aufgaben zu vergeben" und die „Arbeit einzuteilen", setzt der erste Schritt tiefer an: die Sehnsucht nach dem, was Gott mit der eigenen Gemeinde vorhat. Die Schritte 2-10 beginnen da, wo diese Sehnsucht bereits vorhanden ist; es sind nur bedingt die geeigneten Schritte, um diese Sehnsucht zu erzeugen. Die Beschäftigung mit einem Gemeindeprofil z. B. ist ein sehr hilfreiches Mittel, Menschen, die von dieser Sehnsucht bereits erfasst sind, dabei zu helfen, das, was in ihrem Herzen zu wachsen begonnen hat, nun auch praktisch umzusetzen. Sie ist aber kaum dazu geeignet, diese Sehnsucht hervorzurufen.

Ein Dauerbrenner für jede Gemeinde

Die Frage nach der Motivation, mit der wir uns dem Thema Gemeindeentwicklung zuwenden, darf nicht übersprungen werden. Dies ist kein Thema, das in einer Gemeinde irgendwann „abgehakt" wäre. Es gibt Gemeinden, in denen die Christen niemals von dieser Sehnsucht erfasst worden sind. Andere haben vor Jahren mit einer solchen Sehnsucht begonnen, sie aber im Laufe der Zeit zunehmend verloren. Und in wieder anderen Gemeinden ist ein Teil der Christen von tiefer geistlicher Sehnsucht erfasst und fragt sich: Was können wir dafür tun, damit immer mehr Christen davon erreicht werden?

Hilfen außerhalb der Gemeindewachstums-Szene

Zum Glück gibt es innerhalb der Christenheit ein breites Angebot von Hilfestellungen, geistliche Motivation freizusetzen und zu fördern. Die meisten dieser Angebote haben mit dem Thema „Gemeindeentwicklung" nichts oder kaum etwas zu tun. Bisweilen – sogar recht häufig! – finden wir in diesem Zusammenhang sogar Aussagen, in denen der „technische Teil" der Gemeindeentwicklung abgewertet wird. In vielen Fällen wird hier die Sprache des „spiritualistischen Paradigmas" gesprochen. Dennoch: Wenn uns solche Angebote helfen sollten, uns neue geistliche Sehnsucht zu vermitteln, haben sie ihren Zweck erfüllt.

Auf der folgenden Seite finden Sie eine Checkliste mit Vorschlägen, was Sie tun könnten, um möglichst vielen Gemeindegliedern zu neuer geistlicher Motivation zu verhelfen. Nicht alles mag für Sie in Frage kommen. Wahrscheinlich werden Sie sogar auf ganz andere Punkte stoßen, die nicht in dieser Liste verzeichnet sind.

*„**Geistliche Motivation**" betrifft in diesem Zusammenhang nicht das Qualitätsmerkmal „Leidenschaftliche Spiritualität", sondern die Motivation, aus der heraus wir uns dem Thema Gemeindeentwicklung überhaupt zuwenden.*

Ausführlicher: NGE, S. 106-107

Ihre Gedanken:

• *Gehen Sie die folgende Liste unter der Fragestellung durch, welche dieser Angebote bzw. Maßnahmen geeignet sein könnten, in Ihrer Gemeinde neue geistliche Sehnsucht zu erwecken. Tragen Sie Konkretionen, die in Ihre Situation passen, in die Liste ein.*

❒ Studium des Gemeindelebens einer Modellgemeinde

✎ *Welche?*

❒ Besuch eines inspirierenden Gottesdienstes außerhalb Ihrer eigenen Gemeinde

✎ *Wo?*

❒ Einladung eines motivierenden Gastreferenten

✎ *Wer?*

❒ Einkehrtagung zu Fragen des persönlichen Glaubens

✎ *Mit wem?*

❒ Predigtreihe über die Sehnsucht Gottes

✎ *Wann?*

❒ Besuch einer christlichen Großveranstaltung

✎ *Welche?*

❒ Begegnung mit einer christlichen Kommunität etc.

✎ *Welche?*

❒ Gemeinsames Studium erbaulicher Literatur

✎ *Welche?*

❒ Seelsorgerliche Angebote in der eigenen Gemeinde

✎ *Welcher Art?*

❒ Sonstiges:

Teil 2: Implementierung

Schritt 2: Minimumfaktoren erheben

„Mit dem Bild von der ‚Minimumtonne' lässt sich diese Gesetzmäßigkeit relativ leicht vermitteln."

Warum die Erhebung der Minimumfaktoren Ihrer Gemeinde innerhalb der natürlichen Gemeindeentwicklung eine strategische Schlüsselstellung zukommt, wird im Buch „Die natürliche Gemeindeentwicklung" ausführlich dargestellt und soll hier nicht wiederholt werden. Mit Hilfe des Bildes von der „Minimumtonne" lässt sich diese Gesetzmäßigkeit anschaulich illustrieren und auch Menschen vermitteln, die an Grundsatzfragen der Gemeindeentwicklung nicht sonderlich interessiert sind.
Der erste Teil dieses Arbeitsbuches beschreibt, wie Sie an dieser Stelle praktisch vorgehen können, welche Optionen es im Blick auf die Auswertung gibt und wie Sie das Ergebnis interpretieren können. Sowohl in Teil 5 als auch in Anhang 2 finden Sie zudem einige Hintergrundinformationen zur Wissenschaftlichkeit des Erhebungsverfahrens. Wenn Sie darangehen wollen, ein Gemeindeprofil zu erheben, sollten Sie möglichst all diese Informationen präsent haben, da sie dabei helfen, auf Fragen bzw. Missverständnisse eingehen zu können.

*Als **Minimumfaktoren** werden die Qualitätsmerkmale einer Gemeinde bezeichnet, die am schwächsten entwickelt sind und das Wachstum der Gemeinde am stärksten blockieren.*
Ausführlicher: NGE, S. 49-60, 108-109

Die folgenden Schritte dieses Kapitels setzen voraus, dass Sie den Minimumfaktor (bzw. die Minimumfaktoren) Ihrer Gemeinde bereits kennen. Natürlich brauchen Sie mit dem Studium der nächsten Seiten nicht zu warten, bis Sie Ihr Gemeindeprofil vorliegen haben. Es ist sinnvoll, sich bereits im Voraus Gedanken über das weitere Vorgehen zu machen. Konkretisieren können Sie viele der folgenden Schritte allerdings erst, nachdem Sie Ihren Minimumfaktor festgestellt haben.

Ihre Gedanken:

- *Tragen Sie hier ein, was sich bei der Erhebung Ihres Gemeindeprofils als Minimumfaktor Ihrer Gemeinde herausgestellt hat. Wenn es mehrere Qualitätsmerkmale sind, die von der Punktwertung her dicht beieinander liegen, kann es unter Umständen sinnvoll sein, zwei (aber nicht mehr!) Punkte einzutragen, auf die Sie fortan Ihre Energien in besonderer Weise konzentrieren wollen.*

Wann wurde das Gemeindeprofil erhoben?

Was hat sich dabei als Minimumfaktor (bzw. Minimumfaktoren) herausgestellt?

Schritt 3: Qualitative Ziele setzen

Teil 2: Implementierung

Zusammen mit Ihrem Gemeindeprofil erhalten Sie Hinweise auf praktische Maßnahmen, die Sie im Bereich Ihrer Minimumfaktoren ergreifen können. Diese Vorschläge sind allerdings – eine Konsequenz des prinzipienorientierten Ansatzes der natürlichen Gemeindeentwicklung – relativ allgemein gehalten. So soll verhindert werden, dass Gemeinden sich durch Methodenpakete quälen, die einfach nicht zu ihnen passen. Wenn Sie sich einerseits die Situation in Ihrer Gemeinde vor Augen halten, andererseits „Checklisten" mit möglichen Maßnahmen, die Sie ergreifen könnten, werden Sie selber – möglicherweise mit Hilfe eines Gemeindeberaters – überlegen müssen, was davon auf welche Weise bzw. mit welcher Abwandlung umgesetzt werden sollte. Sie sollten im Blick auf jede Maßnahme konkrete Ziele formulieren, was als Ergebnis am Ende herauskommen soll. Also z. B. nicht: „Grundkurs Evangelisation durchführen", sondern: „10 Prozent der Kursteilnehmer sollen bis Ende des Jahres die Gabe der Evangelisation entdeckt haben und mit jedem Teilnehmer des Kurses soll ein persönliches Gespräch geführt worden sein, wie er seine jeweiligen Gaben besser als bisher einsetzen kann, damit der Missionsbefehl erfüllt wird."

„Formulieren Sie für jede Maßnahme, was als konkretes Ergebnis herauskommen sollte."

Beispiele für qualitative Ziele

Auf Seite 111 des Buches „Die natürliche Gemeindeentwicklung" finden Sie zu jedem Qualitätsmerkmal ein Beispiel für die Formulierung solcher qualitativen Ziele. Immer geht es um Maßnahmen, die dabei helfen sollen, im Bereich eines oder mehrerer der acht Qualitätsmerkmale konkrete Fortschritte zu erzielen.

Ihre Gedanken:

*Als **qualitative Ziele** werden innerhalb der natürlichen Gemeindeentwicklung präzise, terminierte, überprüfbare Ziele genannt, die sich auf die Steigerung der Qualität der Gemeinde beziehen.*
Ausführlicher: NGE, S. 110-111

- *Formulieren Sie auf dem Arbeitsblatt, das Sie auf der nächsten Seite finden, zu Ihrem Minimumfaktor vielleicht zunächst einmal „spielerisch" – etwa fünf verschiedene qualitative Ziele. Lassen Sie sich dabei von den Vorschlägen, die Sie im dritten Teil dieses Buches zu Ihrem Minimumfaktor finden, anregen; aber achten Sie darauf, dass Sie die Ziele so formulieren, dass sie zu Ihrer individuellen Situation passen.*

Beachten Sie bei der Formulierung die Kriterien, die für qualitative Ziele gelten: a) ein auf konkrete Fortschritte in der Gemeindeentwicklung gerichteter Inhalt, b) Terminierung, c) Überprüfbarkeit des Ergebnisses.

Denken Sie an dieser Stelle bitte noch nicht an Hindernisse, die möglicherweise der Erreichung dieser Ziele im Wege stehen könnten. Eine zu frühe Konzentration auf hinderliche Umstände ist einer der stärksten Blockaden, neue, kreative Lösungen zu finden.

Teil 2: Implementierung

Arbeitsblatt: Qualitative Ziele

Von der Erreichung folgender Ziele ist eine deutliche Qualitätssteigerung im Bereich unseres Minimumfaktors zu erwarten:

Ziel 1: ______________________________

____

Terminierung: ______________________________

Überprüfung: ______________________________

Ziel 2: ______________________________

____

Terminierung: ______________________________

Überprüfung: ______________________________

Ziel 3: ______________________________

____

Terminierung: ______________________________

Überprüfung: ______________________________

Ziel 4: ______________________________

____

Terminierung: ______________________________

Überprüfung: ______________________________

Ziel 5: ______________________________

____

Terminierung: ______________________________

Überprüfung: ______________________________

Schritt 4: Hindernisse identifizieren

Teil 2: Implementierung

Wenn Sie sich auf den Weg machen, qualitative Ziele für die Gemeindeentwicklung in die Praxis umzusetzen, werden Sie auf Hindernisse stoßen. Diese Hindernisse können zum einen in äußeren Faktoren bestehen (fehlende Räumlichkeiten etc.); in den meisten Fällen haben sie allerdings etwas mit Widerständen zu tun, die Ihnen in Form von anderen Christen begegnen.
Ein Teil dieser Widerstände beruht schlicht auf Uninformiertheit. Es ist erstaunlich, wie viel Skepsis sich in Luft auflöst, wenn man sich nur genügend Zeit nimmt, die Prinzipien der natürlichen Gemeindeentwicklung anderen Menschen im Zusammenhang zu erklären!

„Paradigmatische Blockaden lassen sich weder durch Information noch Seelsorge auflösen."

Widerstände kategorisieren

Aber – leider – gehört nur ein Teil der Schwierigkeiten, denen Sie begegnen werden, zu dieser Kategorie. Ein erheblicher Teil von Widerständen beruht auf psychologisch-zwischenmenschlichen Problemen, ein weiterer Teil auf „paradigmatischen Blockaden". Es lässt sich zeigen, dass viele der (meist theologisch artikulierten) Widerstände gegen die natürliche Gemeindeentwicklung in letzter Analyse etwas damit zu tun haben, dass Christen von dem geprägt sind, was wir als „spiritualistisches" bzw. „technokratisches" Paradigma bezeichnen. Das ist der Grund, warum diesem Problem im Buch „Die natürliche Gemeindeentwicklung" relativ viel Raum gewidmet wurde.
Blockaden, die aus Uninformiertheit erwachsen, sollten nicht auf seelsorgerlichem Weg angegangen werden; andererseits wäre es eine Illusion, psychologisch-zwischenmenschliche Probleme mit reiner Informationsvermittlung lösen zu wollen. Deshalb ist es wichtig, bei jedem Hindernis genau zu analysieren, zu welcher Kategorie es gehört.

Vom Umgang mit paradigmatischen Hindernissen

Und schließlich die bittere Wahrheit: Paradigmatische Blockaden lassen sich weder durch Information noch durch Seelsorge auflösen. Zwar kann jeder Christ, der *bei sich selbst* die Spuren eines fragwürdigen Paradigmas festgestellt hat, dafür sorgen, dass es in seinem eigenen Leben zu einem „Paradigmenwechsel" kommt; dies gehört aber nicht zu den Dingen, die wir bei anderen Menschen bewirken können.
Wo immer Sie spüren, dass bestimmte Blockaden primär paradigmatische Ursachen haben, sollten Sie erst gar nicht den Versuch machen, andere zu einem „Paradigmenwechsel" führen zu wollen. Alle methodischen Vorschläge in der Managementliteratur, wie man bei anderen Menschen einem Paradigmenwechsel „machen" kann, sind entweder unrealistisch (da wird in Büchern bisweilen etwas versprochen, was praktisch einfach nicht funktioniert); oder aber die so wichtige Grenzlinie zur Manipulation – die Steigerung von Manipulation heißt Gehirnwäsche – ist überschritten. Menschen reagieren allergisch darauf, wenn sie spüren, dass sie manipuliert

*Mit **spiritualistischem Paradigma** ist ein Denkmodell gemeint, das die Bedeutung von Organisation, rationalem Denken und empirischen Fragestellungen geistlich abwertet.*

Ausführlicher: NGE, S. 90-91, 94-95, 98-99, 112-113

Technokratisches Paradigma *bezeichnet die Illusion, durch Anwendung bestimmter Methoden sei Gemeinde Jesu Christi „machbar". Technokratisches Denken kann sich sowohl in einer traditionalistischen als auch in einer „Gemeindewachstumsvariante" zeigen („Folge nur dieser Methode...").*
Ausführlicher: NGE, S. 88-89, 94-95, 98-99, 112-113

werden sollen – und diese allergische Reaktion kann durchaus ein Zeichen geistiger Gesundheit sein.
Kurz: Seelsorgerliche Probleme sollten auf seelsorgerlicher Ebene angegangen werden, Informationsdefizite mittels besserer Aufklärung. Und paradigmatische Blockaden? Wenn es um andere Christen geht, sollten wir das Wunder eines „Paradigmenwechsel" getrost Gott überlassen. Solche Wunder geschehen tatsächlich immer wieder einmal; aber die Wahrscheinlichkeit, dass sie geschehen, nimmt nach unserer Erfahrung in dem Maße ab, wie wir in diese Richtung bewusst auf andere Menschen einzuwirken versuchen.

Umgekehrt: Je mehr Kraft wir in die Qualität zwischenmenschlicher Beziehungen investieren, je besser seelsorgerliche Prozesse in unserer Gemeinde laufen, je höher der Kenntnisstand im Blick auf die natürliche Gemeindeentwicklung ist, desto eher wird unsere Gemeinde ein Boden sein, auf dem es immer wieder zu unerwarteten Paradigmenwechseln kommt!

Ihre Gedanken:

- *Nehmen Sie sich zunächst einmal eines der qualitativen Ziele vor, die Sie auf Seite 30 notiert haben und tragen Sie es in die erste Zeile der nächsten Seite ein. Formulieren Sie anschließend mögliche Hindernisse, die der Erreichung dieses Zieles im Wege stehen (bzw. stehen könnten). Versuchen Sie, die einzelnen Hindernisse einer der folgenden Kategorien zuzuordnen: a) Uninformiertheit, b) Psychologisch-zwischenmenschliches Problem, c) Paradigmatische Blockade, d) Sonstiges.*

Beispiel: Ein zu erwartender Machtkonflikt würde zur Kategorie b gehören; der Hinweis auf die „zu hohen Kosten" der Maßnahme möglicherweise zu Kategorie a; der Einwand „Das ist doch ungeistlich" wahrscheinlich zur Kategorie c; die Krankheit eines Mitarbeiters wäre unter „Sonstiges" einzuordnen. Real wird es in vielen Fällen so sein, dass die unterschiedlichen Kategorien in ein- und demselben Hindernis zusammenspielen; aber gerade dann ist es hilfreich, einen Blick für die verschiedenartigen Wurzeln zu bekommen, aus denen sich der artikulierte Widerstand speist.

Notieren Sie in einem nächsten Schritt, was getan werden könnte, um dem jeweiligen Hindernis zu begegnen. Verfahren Sie in gleicher Weise mit den weiteren Zielen, die Sie auf Seite 30 formuliert haben. Sie finden das entsprechende Arbeitsblatt auf der folgenden Seite als Kopiervorlage.

Arbeitsblatt: Umgang mit Hindernissen

Teil 2: Implementierung

Beschreibung des Zieles, das erreicht werden soll:

____

____

Hindernis 1: ______________________________

Art des Hindernisses:

- ❐ Uninformiertheit
- ❐ Psychologisch-zwischenmenschliches Problem
- ❐ Paradigmatische Blockade
- ❐ Sonstiges:

Mögliche Maßnahmen, diesem Hindernis zu begegnen:

____

____

Hindernis 2: ______________________________

Art des Hindernisses:

- ❐ Uninformiertheit
- ❐ Psychologisch-zwischenmenschliches Problem
- ❐ Paradigmatische Blockade
- ❐ Sonstiges:

Mögliche Maßnahmen, diesem Hindernis zu begegnen:

____

____

Hindernis 3: ______________________________

Art des Hindernisses:

- ❐ Uninformiertheit
- ❐ Psychologisch-zwischenmenschliches Problem
- ❐ Paradigmatische Blockade
- ❐ Sonstiges:

Mögliche Maßnahmen, diesem Hindernis zu begegnen:

____

____

Teil 2: Implementierung

Schritt 5: Biotische Prinzipien anwenden

„Die biotischen Prinzipien verhelfen uns zu so etwas wie einem ‚sechsten Sinn' – ein Gespür für Gottes Wachstumsautomatismen."

Wir dürfen nie vergessen: Bei der natürlichen Gemeindeentwicklung geht es nicht darum, aus menschlicher Kraft das Wachstum der Gemeinde zu bewirken. Vielmehr sollen alle unsere Maßnahmen darauf gerichtet sein, Gottes Wachstumsautomatismen besser als bisher zur Geltung kommen zu lassen. Im Buch „Die natürliche Gemeindeentwicklung" wird ausführlich dargestellt, warum wir Menschen an der Qualität der Gemeinde sehr wohl arbeiten können, während die Quantität (höherer Gottesdienstbesuch, Mitgliederzahlen, Bekehrungen) zu dem Bereich gehört, der sich menschlicher Machbarkeit entzieht.
Hier zeigt sich der negative Einfluss der beiden theologischen Paradigmen, die in der Christenheit so weit verbreitet sind. Während „Spiritualisten" auch die Qualität der Gemeinde zu einem Bereich erklären, der sich menschlichen Gestaltungsmöglichkeiten entzieht, neigen „Technokraten" dazu, das quantitative Wachstum als menschlich machbar zu betrachten. Vertreter beider Lager können von ihren Denkvoraussetzungen her gar nicht verstehen, was es mit dem Begriff „Wachstumsautomatismus" – Schlüsselbegriff der natürlichen Gemeindeentwicklung – auf sich hat. Es ist unsere Erfahrung, dass sich die geistliche und strategische Bedeutung dieses Konzeptes erst dann erschließt, wenn Menschen in einem neuen, zweipoligen, biotischen Paradigma zu denken beginnen.

***Biotische Prinzipien** sind der Welt des Lebendigen (griech. bios = Leben) entlehnte Gesetzmäßigkeiten, deren bewusste oder unbewusste Anwendung sich in wachsenden Gemeinden nachweisen lässt.*

Ausführlicher: NGE, S. 61-82, 114-115

Wie Gottes Wachstumsautomatismen – in der Schöpfung wie in der Gemeinde – funktionieren, lässt sich am besten anhand der biotischen Prinzipien studieren, die den zunächst so abstrakt klingenden Begriff „Wachstumsautomatismus" in den Alltag gemeindlicher Entscheidungsprozesse umsetzen. Im vierten Teil dieses Arbeitsbuches finden Sie ein Trainingsprogramm, mit dessen Hilfe Sie Ihre Fähigkeiten steigern können, Entscheidungen im Einklang mit den biotischen Prinzipien zu treffen. Dieses Training ist so konzipiert, dass Sie es sowohl für sich allein als auch mit einer Gruppe von Christen – etwa der Gemeindeleitung – durchführen können. Wer das Training absolviert hat, wird fortan auch bei realen Entscheidungssituationen besser in der Lage sein, im Sinne der natürlichen Gemeindeentwicklung zu entscheiden. Im Laufe der Zeit entwickelt sich so etwas wie ein „sechster Sinn", ein immer besseres Gespür für Gottes Wachstumsautomatismen.

Ihre Gedanken:

- *Wann planen Sie, das genannte Trainingsprogramm durchzuführen? Mit wem?*

Schritt 6: Stärken ins Spiel bringen

Teil 2: Implementierung

Es ist ein ungeheuer kraftvolles Prinzip, die Stärken einer Gemeinde für die Arbeit am Minimumfaktor nutzbar zu machen. Natürlich lässt sich nicht alles, was Sie in Ihrer Gemeinde als „Stärke" ausfindig machen, unmittelbar für eine Qualitätssteigerung im Bereich Ihres Minimumfaktors einsetzen. Aber es ist viel Mühe wert, alle Bereiche des gemeindlichen Lebens sorgfältig auf (möglicherweise verborgene) Stärken hin zu befragen, die für diesen Zweck genutzt werden könnten.
In dem Maße, wie es Ihnen gelingt, die Energie, die sich hinter Ihren gottgegebenen Stärken verbirgt, auf die am schwächsten entwickelten Qualitätsmerkmale Ihrer Gemeinde zu beziehen, werden Sie erleben, wie sich vieles in der Gemeindeentwicklung „ganz von selbst" zu bewegen scheint.

„Wenn Sie dieses Prinzip anwenden, werden Sie erleben, wie sich vieles ‚ganz von selbst' zu bewegen scheint."

Ihre Gedanken:

Der Begriff ***Maximumfaktoren*** *bezeichnet diejenigen Qualitätsmerkmale einer Gemeinde, die am stärksten entwickelt sind.*
Ausführlicher: NGE, S. 56-57, 116-117

- *Tragen Sie in der folgenden Aufstellung unter jedem der aufgelisteten Punkte ein, was Sie für die Stärken Ihrer Gemeinde halten.*

❒ Die **Maximumfaktoren** Ihrer Gemeinde (gemäß Gemeindeprofil):

❒ Aspekte des **Frömmigkeitsstils** Ihrer Gemeinde, die sich positiv auf die Arbeit an Minimumfaktor auswirken könnten:

❒ **Kontextuelle Faktoren** (d. h. Faktoren in der Umgebung Ihrer Gemeinde), die für die Arbeit am Minimumfaktor genutzt werden könnten:

❒ **Geistliche Gaben** unter den Christen, die für die Arbeit am Minimumfaktor besonders benötigt werden:

❒ **Sonstige Stärken**, die für die Arbeit am Minimumfaktor relevant sein könnten:

- *Schreiben Sie auf, was konkret getan werden könnte, um diese Stärken konkret für die Arbeit an Ihrem Minimumfaktor zu nutzen.*

Teil 2: Implementierung

Schritt 7: Biotische Materialien einsetzen

„Das Thema Gemeindeentwicklung wird hier bewusst vom alltäglichen Leben der Christen her angegangen."

Die strategische Arbeit der Gemeindeleitung ist das eine, das praktische Leben der Gemeindeglieder in ihrem Alltag etwas anderes. Um diese Prozesse an der Basis zu unterstützen, ist unser Institut dabei, für alle acht Qualitätsmerkmale Arbeitsmaterialien zu entwickeln, die das Ziel haben, die Qualität in jedem Bereich zu stärken und dabei konsequent die Prinzipien der natürlichen Gemeindeentwicklung anzuwenden. Während „Die natürliche Gemeindeentwicklung" und „Die Praxis der natürlichen Gemeindeentwicklung" relativ komprimiert und unnarrativ geschrieben sind, von zahlreichen Fachwörtern Gebrauch machen und mit wissenschaftlichen Forschungsergebnissen operieren, ist das Konzept der acht praktischen Bücher ein gänzlich anderes: Hier stehen zwar überall die Prinzipien der natürlichen Gemeindeentwicklung im Hintergrund, dies wird jedoch in den Büchern selbst so gut wie nie thematisiert. Das Fachvokabular der natürlichen Gemeindeentwicklung („biotische Prinzipien", „Minimumfaktor" etc.) wird weitgehend vermieden. Statt die einzelnen Punkte mit Forschungsergebnissen zu beweisen, wird hier bewusst narrativ – also mit Geschichten, Anekdoten, Erfahrungsberichten – gearbeitet. In allen Büchern dieser Reihe steht der einzelne Christ mit seinen Bedürfnissen im Mittelpunkt. Das Thema Gemeindeentwicklung wird hier bewusst nicht aus dem Blickwinkel der Gemeindeleitung angegangen („Wie können wir die Qualität unseres Minimumfaktors steigern?"), sondern vom alltäglichen Leben der Christen her („Wie kann ich persönlich in diesem Bereich Wachstum erleben?").

*Mit **biotischen Materialien** sind Arbeitshilfen gemeint, die den Ansatz der natürlichen Gemeindeentwicklung für die alltägliche Gemeindearbeit „durchbuchstabieren".*
Ausführlicher: NGE, S. 118-119

Die Arbeitsmaterialien dieser Reihe sind so konzipiert, dass sie sich besonders für die Arbeit in Kleingruppen eignen. Unsere Beobachtung von Gemeinden, die sich auf diese Prozesse eingelassen haben, spricht ihre eigene Sprache: In den meisten Fällen, in denen es gelang, mehr als 50 Prozent der Gottesdienstbesucher in derartige Wachstumsprozesse zu integrieren, konnten wir feststellen, dass der bisherige Minimumfaktor zum neuen Maximumfaktor wurde.

Ihre Gedanken:

- *Folgendes Arbeitsmaterial zur natürlichen Gemeindeentwicklung könnte für die Arbeit an unserem Minimumfaktor hilfreich sein:*

- *Welche Gruppen in der Gemeinde sollten dafür gewonnen werden, mit diesen Materialien zu arbeiten?*

Schritt 8: Fortschritte kontrollieren

Teil 2: Implementierung

Um die Prinzipien der natürlichen Gemeindeentwicklung langfristig in das gemeindliche Leben zu integrieren, ist es von entscheidender Bedeutung, dass unter den Verantwortungsträgern Ihrer Gemeinde regelmäßiges „Feedback" zum Lebensstil wird. Es sollte kein Gottesdienst, keine gemeindliche Veranstaltung, keine Aktion vergehen, ohne dass die Beteiligten sich hinterher fragen: „Was könnten wir beim nächsten Mal besser machen?" Dass derartige – positive wie negative – Rückmeldungen in vielen Gemeinden ganz ausfallen, ist ein großes Problem. Fehlendes Feedback frustriert die motiviertesten Mitarbeiter, tabuisiert einen kritisch-liebevollen Umgang miteinander und institutionalisiert schließlich gemeindliche Mittelmäßigkeit.

„Fehlendes Feedback frustriert Mitarbeiter und institutionalisiert gemeindliche Mittelmäßigkeit."

Im ersten Teil dieses Arbeitsbuches (Seiten 10-22) beschreiben wir, wie Sie die regelmäßige Erhebung des Gemeindeprofils als Mittel der „qualitativen Erfolgskontrolle" einsetzen können. Auch hier lautet der Schlüssel „regelmäßig". Der Schritt von einer aktionsorientierten zur prozessorientierten Gemeindeentwicklung wird nur in dem Maße gelingen, wie unterschiedliche Systeme der Erfolgskontrolle fest im gemeindlichen Alltag verankert werden.

*Einer der einfachsten Wege, Fortschritte in der Gemeindeentwicklung zu kontrollieren, besteht in der Erhebung eines **neuen Gemeindeprofils**, das mit dem vorangegangenen verglichen wird.*

Ausführlicher: NGE, S. 120-121

Ihre Gedanken:

- *Hier finden Sie einige Beispiele für Systeme der Erfolgskontrolle. Kreuzen Sie an, welche davon in Ihrer Gemeinde zur Anwendung kommen (sollen). Bei den Punkten, die Sie nicht ankreuzen, schreiben Sie bitte auf, welche Vorteile es für die Gemeindeentwicklung hat, das genannte System nicht zur Anwendung zu bringen.*

❑ Erhebung eines neuen Gemeindeprofils

❑ Beobachtung der Gottesdienstbesucher-Entwicklung

❑ Regelmäßiges Durchgehen der „Checklisten" zu den einzelnen Qualitätsmerkmalen im dritten Teil dieses Buches

❑ Feedback-Gespräche nach jeder gemeindlichen Veranstaltung

❑ Feedback-Gespräche mit jedem Mitarbeiter

❑ Sonstiges:

Teil 2: Implementierung

Schritt 9: Neuen Minimumfaktoren zuwenden

„Immer ist eines der acht Qualitätsmerkmale der aktuelle Minimumfaktor Ihrer Gemeinde."

Bisweilen werden wir gefragt, wie lange sich denn eine Gemeinde mit natürlicher Gemeindeentwicklung beschäftigen müsse. Diese Frage zeigt, wie stark unser Denken auf gemeindliche Aktionen, Programme und Modelle fixiert ist.
Sollte eine Zeit denkbar sein, in der sich die Gemeinde nicht mehr damit beschäftigt, Menschen zum Dienst zu bevollmächtigen, die Gaben der Christen zum Einsatz zu bringen, die Freude im Glauben zu fördern, die gemeindlichen Strukturen zu reformieren, die Gottesdienste zu verbessern, die Kleingruppen zu multiplizieren, die Evangelisationsbemühungen zu intensivieren, der Liebe unter den Christen Raum zu geben? Alles das gehört zum Grundauftrag jeder Gemeinde – bis zur Wiederkunft Jesu.

Natürliche Gemeindeentwicklung ist nicht aktions-, sondern ***prozessorientiert****. Alle Maßnahmen sind darauf gerichtet, langfristige, organische, sich selbst organisierende Entwicklungsprozesse einzuleiten.*
Ausführlicher: NGE, S. 122-123

Immer sind es bestimmte Bereiche, die die besondere Aufmerksamkeit der Gemeindeleitung verdienen. Immer ist eines der acht Qualitätsmerkmalen der aktuelle Minimumfaktor Ihrer Gemeinde. Immer geht es darum, im Bereich dieses Minimumfaktors qualitatives Wachstum zu erleben. Deshalb kann es nie darum gehen, dass die natürliche Gemeindeentwicklung irgendwann „abgeschlossen" wäre. Wohl aber kann eine Phase eintreten, in der sich eine Fülle von Schwierigkeiten und Widerständen, die sich in der Anfangsphase mit diesem Ansatz verbinden, erledigt haben und die Gemeinde dankbar erlebt, dass vieles, was anfangs nur mit großer Kraftanstrengung umzusetzen war, nun anscheinend „ganz von selbst" geschieht.
Das ist der Schlüssel: Je stärker wir bei allen Maßnahmen darauf achten, das Prinzip der „Selbstorganisation" zur Geltung kommen zu lassen, desto wahrscheinlicher wird es, dass mittelfristig „sich selbst tragende Wachstumsstrukturen" entstehen, die auch den Wechsel charismatisch begabter Leiter überdauern.

Ihre Gedanken:

- *Was ist der neue Minimumfaktor Ihrer Gemeinde?*

- *Welche Maßnahmen wollen Sie ergreifen, um in diesem Bereich Fortschritte zu erzielen?*

Schritt 10: Das Leben reproduzieren

Teil 2: Implementierung

Nicht jede Gemeinde wird sich reproduzieren – sprich: neuen Gemeinden zum Leben zu verhelfen –, aber jede Gemeinde, die das nicht tut, sollte gute Gründe für diese Entscheidung haben. Genauso, wie es in Gottes Schöpfung die Regel ist, dass sich Leben, sofern es gesund ist, fortpflanzt und auf diese Weise multipliziert, sollte dies auch für Gemeinden der Regelfall sein.

Im Buch „Die natürliche Gemeindeentwicklung" haben wir gezeigt, dass es für den allergrößten Teil der Gemeinden weder möglich noch erstrebenswert ist, auf die Größe einer Megagemeinde zu wachsen. Die „große Gemeinde" sollte im Normalfall nicht unser Leitbild sein. Gerade im Lichte dieser Forschungen stellt sich die Herausforderung der kontinuierlichen Multiplikation von Gemeinden mit neuer Dringlichkeit.

Gemeinden mit 1000 oder mehr Gottesdienstbesuchern – das wird und sollte die Ausnahme sein. Gemeinden mit vielleicht 100 bis 200 Gottesdienstbesuchern, die fortwährend neuen Gemeinden zum Leben verhelfen – das sollte die Regel sein. Und es ist nachweislich der effektivste Beitrag, den eine Gemeinde zur Weltevangelisation leisten kann.

„Gemeinden mit 100 bis 200 Besuchern, die neuen Gemeinden zum Leben verhelfen – das sollte die Regel sein."

Ihre Gedanken:

- *Im Folgenden finden Sie eine Zusammenstellung unterschiedlicher Situationen, in die verschiedene Gemeinden, die sich auf die Praxis der natürlichen Gemeindeentwicklung eingelassen haben, geraten. Wann immer eine dieser Situationen auf Sie zutrifft, könnte dies ein Hinweis sein, dass die Pflanzung neuer Gemeinden für Sie der nächste Schritt ist.*

***Gemeindepflanzung** ist innerhalb der natürlichen Gemeindeentwicklung kein Kampfbegriff gegen bestehende Kirchen, sondern die normale und erstrebenswerte Folge eines organischen Entwicklungsprozesses.*

Ausführlicher: NGE, S. 124-125

- ❒ Ihre Gemeinde verdankt Ihre Entstehung einem noch nicht allzu lange zurückliegenden Gemeindegründungsprojekt, das ganz offensichtlich „geglückt" ist.
- ❒ Ihre Gemeinde hat zwar eine überdurchschnittliche Qualität (alle Werte über 50), ist aber offensichtlich an eine „natürliche Wachstumsbarriere" gestoßen. Das quantitative Wachstum stagniert.
- ❒ Sie haben sich bewusst entschieden, eine „kleine Gemeinde" zu bleiben, wollen aber weiter daran mitarbeiten, dass immer mehr Menschen von der Liebe Gottes erreicht werden.
- ❒ Alle acht Werte Ihres Gemeindeprofils liegen bei 65 oder höher (ein solches Gemeindeprofil zeugt in der Regel von einer starken Gemeindegründungs-Potenz!).

Wie Sie an Ihren Minimumfaktoren arbeiten können

Mit Hilfe des Gemeindeprofils haben Sie festgestellt, welches der acht Qualitätsmerkmale wachsender Gemeinde Ihr derzeitiger Minimumfaktor ist. Was aber können Sie tun, um die Qualität in diesem Bereich zu steigern? In diesem Teil finden Sie zu jedem Qualitätsmerkmal praktische Vorschläge.

Teil 3: 8 Qualitätsmerkmale

Die Individualität Ihrer Gemeinde

„Nicht jeder Vorschlag ist genau zu dieser Zeit in Ihrer Situation der richtige Schritt."

Die Vorschläge in den folgenden Kapiteln gehen davon aus, dass Sie Ihr Gemeindeprofil bereits erhoben haben und nun Ihr besonderes Augenmerk auf Ihren Minimumfaktor richten wollen. Wir haben bewusst vermieden, für die Arbeit an den einzelnen Qualitätsmerkmalen ein statisches Schritt-für-Schritt-Programm zu formulieren, da dies der Individualität der unterschiedlichen gemeindlichen Situationen unmöglich gerecht werden könnte. Sie müssen also die einzelnen Vorschläge selbst „individualisieren", d. h. auf die konkrete Situation Ihrer Gemeinde beziehen. Und Sie werden auswählen müssen: Nicht jeder Vorschlag ist genau zu dieser Zeit auch in Ihrer Situation der richtige Schritt. Was Sie von den angegebenen Vorschlägen aufgreifen und in welcher Reihenfolge Sie es aufgreifen, hängt von mannigfachen Faktoren ab, zum Beispiel:

Die Punktzahl des Minimumfaktors

- *Wie stark oder schwach ist Ihr Minimumfaktor entwickelt?* Liegt der Wert unter 35, dann werden wahrscheinlich die meisten der vorgeschlagenen Maßnahmen für Sie „Neuland" sein. Sie werden gründlich auszuwählen haben, für welche Maßnahmen im Augenblick die größte Offenheit besteht. Und Sie werden besonders viel Zeit für die Arbeit in diesem Bereich ansetzen müssen. Oder ist Ihr Minimumwert über 65? Dann sind Sie sogar im Bereich Ihres Minimumfaktors ein Modell für andere Gemeinden! Gleichwohl ist dies der Bereich, auf den es sich gerade für Sie lohnt, Ihre besondere Aufmerksamkeit zu richten. Viele der vorgeschlagenen Maßnahmen werden Sie längst umgesetzt haben. Bei Ihrer Weiterarbeit an diesem Qualitätsmerkmal wird es nicht so sehr darum gehen, etwas völlig Neues einzuführen, sondern das Bestehende kritisch zu überprüfen, zu erneuern, zu reformieren. Die angegebenen Checklisten sollten Sie dann unter der Frage durchgehen: Was könnten wir in diesem Bereich in Zukunft noch besser machen?

Prägung der Gemeinde

- *Welche Prägung und welchen Frömmigkeitsstil hat Ihre Gemeinde?* Z. B. wird Ihre Arbeit am Minimumfaktor „Leidenschaftliche Spiritualität" anders aussehen, wenn Sie in einer nichtcharismatisch geprägten Baptistengemeinde beheimatet sind, als wenn es sich um eine Pfingstgemeinde handelt. Und die Möglichkeiten, im Blick auf das Qualitätsmerkmal „Zweckmäßige Strukturen" Fortschritte zu erzielen, haben viel damit zu tun, ob Sie in einer seit Hunderten von Jahren bestehenden lutherischen Gemeinde arbeiten oder ob die Erhebung des Gemeindeprofils Teil eines Gemeindegründungsprojektes ist. Auch hier gilt: Die grundlegenden Prinzipien sind in allen Situationen die gleichen – die Umsetzung dieser Prinzipien wird erheblich variieren.

Vorerfahrungen mit natürlicher Gemeindeentwicklung

- *Was ist Ihre Vorerfahrung im Blick auf natürliche Gemeindeentwicklung?* Arbeiten Sie bereits seit Jahren bewusst anhand dieser Prinzipien oder ist das Ganze für Sie zunächst etwas „Neues"? Im ersten Fall werden Sie unmittelbar in die Praxis einsteigen können. Sie haben ja bereits mindestens einmal Ihre Energie auf Ihren damaligen Minimumfaktor gelenkt und ganz offensichtlich Fortschritte erzielt. An diese „Erfolgserlebnisse" können Sie anknüpfen. Im zweiten Fall werden Sie wahrscheinlich relativ viel Zeit für „Vorinformationen" ansetzen müssen: Was ist überhaupt ein Minimumfaktor? Warum so ein Gemeindeprofil? Was verbirgt sich hinter den acht Qualitätsmerkmalen insgesamt? Oder noch grundsätzlicher: Warum überhaupt Maßnahmen zur Gemeindeentwicklung? Reicht es nicht, wenn gepredigt und Seelsorge geübt wird? etc.

*Als **allgemein gültige Prinzipien** gelten in der natürlichen Gemeindeentwicklung nur solche Faktoren, von denen sich beweisen lässt, dass sie universell in einer positiven Beziehung zu quantitativem Wachstum stehen und deren praktische Anwendung zum Gemeindewachstum beiträgt.*

Ausführlicher: NGE S. 16-19, 58-60

Keine Veränderung im Blick auf Minimumfaktor

- *Kam bei erneuter Erhebung des Gemeindeprofils der gleiche Minimumfaktor heraus wie beim letzten Mal?* Es kann sein, dass Sie mit Hilfe des Gemeindeprofils einen bestimmten Minimumfaktor feststellen, einige Zeit daran arbeiten, das Gemeindeprofil erneut erheben und dabei merken: Es ist immer noch der gleiche Minimumfaktor. Dies ist ein Hinweis darauf, dass Sie Ihre Arbeit weiter auf Ihren bisherigen Minimumfaktor konzentrieren sollten. Sie sollten sich erneut jede vorgeschlagene Maßnahme anschauen und sich fragen: Was haben wir davon wirklich umgesetzt? Besonders in dieser Situation wird sich die „Checkliste", die Sie am Ende jedes Kapitels zu den einzelnen Qualitätsmerkmalen finden, als hilfreich erweisen.

„Zweite Runde" bei bereits bearbeitetem Minimumfaktor

- *Wenden Sie sich einem Qualitätsmerkmal erneut zu, nachdem Sie zwischenzeitlich an anderen Qualitätsmerkmalen gearbeitet hatten?* Dieser Fall tritt in der Regel erst ein, wenn Sie schon seit längerer Zeit mit Hilfe des Gemeindeprofils arbeiten. Sie hatten vielleicht vor vier Jahren den Minimumfaktor „Leidenschaftliche Spiritualität", haben erfolgreich daran gearbeitet, sich zwischenzeitlich den Bereichen „Zweckmäßige Strukturen" und „Liebevolle Beziehungen" zugewandt und bekommen nun als Ergebnis des Gemeindeprofils erneut „Leidenschaftliche Spiritualität" als Minimumfaktor heraus. Das wird natürlich Ihren Umgang mit den Vorschlägen, die Sie in diesem Buch finden, beeinflussen. Vielleicht sind einige der damals ergriffenen Maßnahmen wieder in Vergessenheit geraten und müssen aufgefrischt werden. Vielleicht hat sich aber auch der Kreis von Christen, um den es hier geht, zwischenzeitlich so stark geändert, dass es Sinn macht, die gleichen Maßnahmen wie damals ein weiteres Mal durchzuführen – diesmal mit anderen Teilnehmern.

Gemeindegröße

- *Handelt es sich um eine große oder kleine Gemeinde?* Es ist ein enormer Unterschied, ob Sie in einer Gemeinde mit 1000 Gottesdienstbesuchern an Ihrem Minimumfaktor arbeiten oder ob Sie es mit einer

Gottesdienstbesucherzahl von 30 Personen zu tun haben. Die Größe Ihrer Gemeinde ist ein wichtiger Faktor, den Sie bei der Auswahl von Maßnahmen, die in Ihrer Situation in Frage kommen, berücksichtigen müssen. Leitungsstruktur, Entscheidungsprozesse, verfügbare Mitarbeiter, Kommunikationswege, Räumlichkeiten, finanzielle Ressourcen und unzählige weitere Faktoren unterscheiden sich bei unterschiedlichen Gemeindegrößen erheblich.

Verfügbarkeit von Arbeitsmaterial

- *Wie viele flankierende Arbeitsmaterialien zur natürlichen Gemeindeentwicklung sind in Ihrem Land bereits erhältlich?* Zu jedem der acht Qualitätsmerkmale entwickelt unser Institut praktische Arbeitsmaterialien, die dabei helfen, in den einzelnen Bereichen im Sinne der natürlichen Gemeindeentwicklung zu arbeiten. Zur Zeit (Januar 1998) liegen in deutscher Sprache sechs der acht Bausteine vor; im Blick auf andere Sprachversionen ist die Entwicklung unterschiedlich. Wenn also im Bereich Ihres Minimumfaktors bestimmte Materialien, auf die die praktischen Vorschläge Bezug nehmen, nicht oder noch nicht verfügbar sind, heißt das nicht, dass Sie nicht mit der Arbeit beginnen könnten. Sie werden die Vorschläge entsprechend abwandeln müssen. Vielleicht kennen Sie auch andere Materialien, die zwar nicht auf Grundlage der natürlichen Gemeindeentwicklung konzipiert wurden, aber gleichwohl für die Arbeit an Ihrem Minimumfaktor – mit einigen Modifikationen – anwendbar sind. Und möglicherweise gibt es von Ihrer Kirche oder Ihrem Gemeindeverband Angebote, die zwar nicht allgemein gültige Prinzipien transportieren, aber in Ihrer speziellen Situation durchaus passen könnten.

Die Vorschläge individualisieren

Kurz: Die Vorschläge auf den folgenden Seiten sollen Ihnen lediglich Leitlinien bieten, anhand derer Sie Ihre eigenen „qualitativen Ziele" (siehe Seite 29) setzen. Dass in diesem Prozess des Individualisierens die Hilfe eines „ortsfremden Mitarbeiters" (Gemeindeberater, Trainer etc.) eine großer Hilfe sein kann, sei hier wenigstens angemerkt. Aufgabe eines Beraters ist ja nicht, eine Gemeinde mit klugen „Ratschlägen" zu bombardieren („Ihr müsst das jetzt so und so machen..."), sondern den Christen vor Ort zu helfen, ihr eigenes, individuelles, zu ihnen passendes Gemeindewachstumsprogramm zu entwickeln.

Zu jedem der acht Qualitätsmerkmale bieten Ihnen die folgenden Seiten vier verschiedene Bausteine:

Testfrage

- Statt einer Definition der einzelnen Qualitätsmerkmale finden Sie jeweils einen Kasten mit einer kurzen Frage, deren Beantwortung Ihnen bereits einen ersten Eindruck vermittelt, wie es im Blick auf dieses Qualitätsmerkmal in Ihrer Gemeinde aussieht. Unter der Testfrage befinden sich Seitenverweise auf weitere Informationen zu diesem Qualitätsmerkmal im Buch „Die natürliche Gemeindeentwicklung".

Biblisches Motto

- In einem weiteren Kasten haben wir unter der Überschrift „Biblisches Motto" einen Bibelvers ausgewählt, in dem der Kern dessen, worum es bei dem jeweiligen Qualitätsmerkmal geht, anklingt. Bitte beachten Sie: Dieser Bibelvers ist weder der biblische „Beweis" für die theologische Legitimität des Qualitätsmerkmals noch bietet er das Wichtigste, was sich von der Bibel her zu diesem Thema sagen ließe. Es handelt sich lediglich um eine biblische *Illustration,* die Ihnen zum Beispiel dort, wo Sie die Qualitätsmerkmale anderen Christen vermitteln wollen, gute Dienste tun kann.

Praktische Schritte

- In der Rubrik „Praktische Schritte" finden Sie einige Vorschläge für Maßnahmen, die Sie in Ihrer Situation ergreifen könnten. Hinter jedem Vorschlag werden Sie eingeladen, diesen Schritt im Blick auf Ihre Situation zu „individualisieren". Es kann sein, dass Sie der entsprechende Vorschlag auf völlig andere Ideen bringt, wie das dahinter stehende Prinzip umgesetzt werden könnte. Je nach gemeindlicher Situation werden Sie unter den verschiedenen Vorschlägen bisweilen eine Auswahl treffen müssen. Wichtig ist, dass die Maßnahmen, für die Sie sich entscheiden, in Form einer „qualitativen Zielsetzung" (siehe Seite 29) von Ihnen aufgegriffen werden.

Checkliste

- Diese Checklisten können Sie zu jedem Zeitpunkt innerhalb des Gemeindeentwicklungsprozesses durchgehen (ganz gleich, ob das jeweilige Qualitätsmerkmal gerade Ihr Minimumfaktor ist oder nicht) und ankreuzen, welche Punkte bereits auf Ihre Gemeinde zutreffen. Hinter jedem Punkt, den Sie ankreuzen, werden Sie gebeten, einzutragen, auf welche Weise diese Maßnahme realisiert worden ist. Es mag sein, dass Sie in dem einen oder anderen Fall zu dem Ergebnis kommen, dass eine der vorgeschlagenen Maßnahme in Ihrer Situation gar nicht ergriffen werden sollte – weder jetzt noch zu einem späteren Zeitpunkt. *Schreiben Sie dann unbedingt hinter diesen Punkt die Vorteile, die es für die Gemeindeentwicklung hat, diese Maßnahme nicht durchzuführen.* Dieser Schritt soll Sie davor bewahren, bestimmte Vorschläge nur deshalb abzulehnen, weil Sie Ihnen unsympathisch oder ungewohnt erscheinen. Es sollte immer gute Gründe – *Vorteile für die Gemeindeentwicklung!* – geben, wenn Sie sich gegen eine Maßnahme entscheiden.

Nicht alles auf einmal

Und schließlich: Lassen Sie sich nicht entmutigen, wenn es anfangs vielleicht nur recht wenige Punkte sein sollten, die Sie auf diesen Checklisten ankreuzen. Es mag sein, dass manche Maßnahmen heute noch nicht dran sind, wohl aber in einem Jahr. Die Checklisten werden Ihnen helfen, diese Punkte auch dann im Blick zu behalten, wenn sie gerade nicht praktisch bearbeitet werden können. Je weiter der Prozess der Gemeindeentwicklung fortschreitet, desto mehr Kreuze werden auf Ihren Checklisten erscheinen.

Teil 3: 8 Qualitätsmerkmale

Arbeitsblatt: Gemeindliche Voraussetzungen

Gehen Sie noch einmal die Beschreibung der unterschiedlichen gemeindlichen Ausgangssituationen auf den Seiten 42-44 durch. Tragen Sie in die folgende Liste stichwortartig ein, wie es im Blick auf die angesprochenen Punkte in Ihrer Gemeinde aussieht, und denken Sie darüber nach, welche Konsequenzen das für die praktische Arbeit an der Qualitätssteigerung des Minimumfaktors haben könnte. Dieser Schritt wird Ihnen helfen, von den vorgeschlagenen Maßnahmen jeweils das auszuwählen, was am besten in Ihre Situation passt.

1. **Punktzahl des Minimumfaktors:**

   Konsequenzen?

2. **Prägung der Gemeinde:**

   Konsequenzen?

3. **Vorerfahrungen mit natürlicher Gemeindeentwicklung:**

   Konsequenzen?

4. **Keine Veränderung bei vorher erhobenem Minimumfaktor:**

   Konsequenzen?

5. **„Zweite Runde" bei bereits bearbeitetem Minimumfaktor:**

   Konsequenzen?

6. **Gemeindegröße:**

   Konsequenzen?

7. **Verfügbarkeit von Arbeitsmaterial:**

   Konsequenzen?

Qualitätsmerkmal 1: Bevollmächtigende Leitung

Teil 3: 8 Qualitätsmerkmale

Testfrage:
Ist der Dienst der Leiter darauf konzentriert, andere Christen zum Dienst zu befähigen?
Ausführlicher: NGE, S. 22-23

Wenn in diesem Bereich der Minimumfaktor Ihrer Gemeinde liegt, werden Sie nur in dem Maße Fortschritte erwarten können, wie die Leiter der Gemeinde bereit sind, an sich selbst und ihrem Leitungsstil zu arbeiten. Wenn das allerdings der Fall ist, gibt es kaum einen anderen Minimumfaktor, wo die Chancen, innerhalb relativ kurzer Zeit weit reichende Fortschritte zu erzielen, so gut sind wie hier. Im Unterschied zu den sieben anderen Qualitätsmerkmalen, die zumeist mit Veränderungsprozessen in der Gemeinde als Ganzer zu tun haben, geht es hier in aller Regel um eine relativ kleine Gruppe von Menschen.

„Dieses Qualitätsmerkmal gehört zu denjenigen, die mit den meisten Ängsten und Tabus belegt sind."

Nach unserer Erfahrung gehört dieses Qualitätsmerkmal zu denjenigen, die mit den meisten Ängsten und Tabus belegt sind: „Hoffentlich kommt das nicht als unser Minimumfaktor heraus!" Diese Ängste beruhen oft auf einem falschen Verständnis der Minimumstrategie. Sie besagt ja nicht (zumindest nicht notwendigerweise), dass die Gemeinde in diesem Bereich besonders „schlecht" sei, sondern lediglich, dass die hier investierten Kräfte die meiste Frucht zu bringen versprechen.

„Bevollmächtigende Leitung" ist interessanterweise gerade in wachsenden Gemeinden mit einem hohen Qualitätsindex ein relativ häufiger Minimumfaktor. Dies liegt daran, dass in schnell wachsenden Gemeinden die Anforderungen, die sich an die Leiter richten, derartig rasant steigen, dass es in diesen Situationen Sinn macht, in den Bereich Leiterschaft ganz besonders viel Kraft zu investieren. Das, was von „bevollmächtigenden Leitern" erwartet wird, ändert sich mit wachsender Gemeindegröße erheblich.

Biblisches Motto:
„... damit die Heiligen zugerüstet werden zum Werk des Dienstes. Dadurch soll der Leib Christi erbaut werden."
Epheser 4,12

Ihre Gedanken:

- *Tragen Sie hier ein, welche der im Folgenden genannten praktischen Vorschläge Ihrer Meinung nach für die Situation Ihrer Gemeinde die größte Relevanz haben:*

Teil 3: 8 Qualitätsmerkmale

Praktische Schritte

„Jeder bevollmächtigende Leiter ist darauf angewiesen, selbst bevollmächtigt zu werden."

Achten Sie darauf, dass bevollmächtigende Leiter darauf angewiesen sind, selbst kontinuierlich bevollmächtigt zu werden.

Jeder Leiter, der sich in andere Menschen investiert, ist auf Mentoren angewiesen, die sich in ihn investieren. Dies können „offizielle", es können aber ebenso gut informelle Beziehungen sein. Je größer die Verantwortung von Leitern ist, desto mehr sind sie darauf angewiesen, dass es Menschen gibt, die sich für ihr geistliches Wachstum interessieren, die daran mitarbeiten, dass das Potential, das Gott in sie hineingelegt hat, mehr und mehr zur Entfaltung kommt. Nur wer die wohltuende Wirkung derartiger Prozesse selbst erfahren hat, wird anderen Menschen zu ähnlichen Erfahrungen verhelfen können.

- *Haben die Leiter Ihrer Gemeinde Mentoren, die sich um ihr geistliches Wachstum kümmern? Wer könnte dafür in Frage kommen, einen solchen Dienst zu tun?*

____

____

Beratung in Anspruch nehmen

Suchen Sie sich einen „ortsfremden Mitarbeiter".

Sie werden es als eine große Hilfe erleben, Ihre Arbeit als Leitungsteam kontinuierlich von einem „ortsfremden Mitarbeiter" begleiten zu lassen. Mit ihm gemeinsam können Sie Fragen der Umsetzung von allgemein gültigen Prinzipien auf die individuelle Situation Ihrer Gemeinde besprechen. Er kann Sie zudem mit Hilfsmitteln versorgen, die in die Situation ihrer Gemeinde passen. Mittlerweile gibt es in verschiedenen Ländern Gemeindeberater, die anhand der Prinzipien der natürlichen Gemeindeentwicklung ausgebildet sind und über Erfahrung in diesen Prozessen verfügen. Über die Adresse, die Sie auf dem Infoblatt zu den Fragebögen finden, können Sie ausfindig machen, wo es derartige Berater in Ihrer Nähe gibt.

- *Folgende Person könnte als ortsfremder Mitarbeiter in Frage kommen:*

____

Eigene Gaben und Grenzen erkennen

Finden Sie heraus, in welchen Bereichen Gott Sie als Leiter begabt hat – und in welchen nicht.

Wie jedem anderen Christen hat Gott auch den Leitern der Gemeinde einige bestimmte Gaben gegeben – und viele Gaben nicht. Auch ein Pastor muss keine „Eier legende Wollmilchsau" sein, weil dies einfach nicht

Gottes Plan entspricht. Wenn sich derartige Erwartungen auf Leiter richten, ist es entscheidend, ihnen entschlossen zu widerstehen. Deshalb ist es für Leiter außerordentlich wichtig, auskunftsfähig über ihre eigenen Gaben und Grenzen zu sein. Da es eine ihrer primären Aufgaben ist, anderen Menschen zu dem Platz in der Gemeinde zu verhelfen, der ihren Gaben entspricht, ist es wichtig, dass sie dieses Prinzip selbst vorleben.

- *Machen Sie als Leitungsteam Ihre Gaben ausfindig (z. B. mit Hilfe des Arbeitsbuches „Der Gabentest", das gegenüber anderen empfehlenswerten Materialien zu diesem Thema den Vorteil hat, dass es mit den übrigen Materialien zur natürlichen Gemeindeentwicklung kompatibel ist). Schreiben Sie hinterher auf, welche Gaben in der Leiterschaft besonders stark vertreten sind.*

Sich ergänzen lassen

Lassen Sie sich durch die Gaben Ihrer Mitarbeiter ergänzen.

Angenommen, ein Leiter findet heraus, dass Gott ihm keine sehr ausgeprägte Organisationsgabe gegeben hat. Dann braucht er dringend Mitarbeiter, die ihn mit dieser Gabe ergänzen. Oder: Er spürt, dass es nicht so sehr seine Sache ist, mit kirchendistanzierten Menschen über den Glauben ins Gespräch zu kommen. Dann stellt sich umso mehr die Herausforderung, diejenigen Christen in der Gemeinde zu mobilisieren, denen Gott die Gabe der Evangelisation gegeben hat. Gott hat keinem Christen alle, aber jedem bestimmte Gaben gegeben, die zum Aufbau des Leibes Christi eingesetzt werden müssen. Je mehr Sie sich auf Ihre Gaben konzentrieren, desto stärker werden Sie spüren, wie sehr Sie auf andere Christen angewiesen sind, die Sie in Ihrer Einseitigkeit ergänzen. Deshalb ist es wichtig, dass jedem Gemeindeglied dabei geholfen wird, seine eigenen Gaben zu entdecken und für den Gemeindeaufbau einzusetzen. Wenn Sie die oben erwähnten Materialien einsetzen, können Sie ohne allzu großen Aufwand ausfindig machen, welche Gaben Gott welchem Mitarbeiter gegeben hat.

- *Schreiben Sie die Gaben auf, die in Ihrem Leitungsteam nicht so stark vertreten sind. Gerade in diesen Bereichen brauchen Sie die Ergänzung anderer.*

- *Schreiben Sie hier auf, auf welche Weise Sie allen Mitarbeitern Ihrer Gemeinde helfen wollen, ihre Gaben ausfindig zu machen:*

____

____

Ziele formulieren

Formulieren Sie als Leitungsteam gemeinsam qualitative Ziele für die Gemeindeentwicklung.

Bevollmächtigende Leitung muss sich auf klare Ziele richten. Sie sollten in der Lage sein, in präzisen Worten anzugeben, worauf Sie Ihre Kräfte in nächster Zeit konzentrieren wollen. Wenn Sie in Zukunft viele Dinge nicht schaffen sollten, braucht Sie das nicht allzu sehr zu bekümmern; wichtig ist, dass Sie einen erheblichen Teil Ihrer Kraft für die Arbeit an Ihren selbst gesteckten Zielen einsetzen. Solche Ziele müssen schriftlich formuliert werden. Das Schreiben vertreibt alle Unklarheit aus den Gedanken. Bitte beachten Sie unbedingt, dass jedes Ziel überprüfbar sein muss. „Wir wollen darauf hinarbeiten, dass unsere Gruppenstunden immer mehr Menschen erreichen" ist eine gute Absichtserklärung, aber kein Ziel. Es gibt keinerlei Maßstab, das Ergebnis zu überprüfen. Ein überprüfbares Ziel dagegen wäre: „Bis April nächsten Jahres richten wir zwei neue Kleingruppen ein, deren Leiter darin geschult sind, das Multiplikationsprinzip in der Hauskreisarbeit anzuwenden." Oder: „Bis Juni nächsten Jahres soll das Qualitätsmerkmal ‚Bevollmächtigende Leitung' nicht mehr Minimumfaktor unserer Gemeinde sein."

- *Innerhalb der nächsten sechs Monate (Datum: ____________________) sollen folgende Ziele erreicht sein:*

____

____

____

____

____

____

____

____

Aktivitäten reduzieren

Reduzieren Sie die Zahl Ihrer Aktivitäten.

Dies ist ein außerordentlich wichtiger Punkt. Es wäre ein Missverständnis zu meinen, in der Gemeindeentwicklung gehe es darum, die Zahl der Aktivitäten und damit den Energieeinsatz grenzenlos zu steigern. Wenn Sie neue Dinge in Angriff nehmen wollen, müssen Sie Altes loslassen. Die Prinzipien der natürlichen Gemeindeentwicklung werden Ihnen helfen, zunehmend einen Blick für Maßnahmen zu bekommen, die mit relativ geringem Energieeinsatz eine große Wirkung für das Reich Gottes erzielen. Wichtig ist, dass Sie als Leiter von Ihrem Terminkalender her in der Lage sind, sich auf die entscheidenden Dinge zu konzentrieren. Deshalb: Streichen Sie möglichst viele Aktivitäten aus Ihrem Programm, die nicht unmittelbar zur Gemeindeentwicklung (insbesondere zu den von Ihnen formulierten Zielen) beitragen.

- *Folgende Aktivitäten werden wir bis zum ____________________ aus unserem Programm streichen:*

____

____

____

____

Biotisches Denken einüben

Führen Sie als Leitungsteam das Trainingsprogramm „Biotisch denken lernen" durch.

Dieses Trainingsprogramm, das Sie auf den Seiten 123 bis 193 finden, ist nicht unbedingt für jeden Christen in der Gemeinde wichtig, wahrscheinlich noch nicht einmal empfehlenswert. Aber diejenigen, die in der Gemeinde leitende Verantwortung tragen, sollten sich ausführlich mit den biotischen Prinzipien der Gemeindeentwicklung beschäftigen. Hier geht es darum, gleichsam spielerisch einzuüben, wie wir bei anstehenden Entscheidungen in Zukunft zunehmend „biotisch" (statt „spiritualistisch" oder „technokratisch") entscheiden können. Wer dieses Training absolviert hat, wird ein besseres Gespür für das Prinzip der geistlichen „Selbstorganisation" bekommen.

- *Bis zu folgendem Termin wird unser Leitungsteam das Trainingsprogramm durchgearbeitet haben:*

____

In wenige Menschen investieren

Investieren Sie sich gezielt in einige wenige Mitarbeiter.

Genauso wie die Aufgabe eines Pastors nicht darin bestehen kann, sich um alle Gemeindeglieder in gleicher Weise zu kümmern (Modell „Pastorenkirche"), kann es auch nicht die Aufgabe von ehrenamtlichen Leitern sein, alle anstehenden Dienste selbst auszuführen. Vielmehr sollten Sie Ihre Kraft primär in einige wenige Christen investieren, die sich dann ihrerseits in weitere Christen investieren. Nur so ist eine fortwährende „Multiplikation" der Arbeit (das zweite biotische Prinzip) möglich. Ziel muss es sein, weitere Christen mit Leitungspotential ausfindig zu machen, die dann darauf vorbereitet werden, ihre Aufgabe nach einer gewissen Zeit selbstständig wahrzunehmen.

- *Um folgende Christen mit Leitungspotential werden wir uns in den nächsten sechs Monaten besonders intensiv kümmern:*

____

____

____

- *Folgendes werden wir tun, um ihr gottgegebenes Potential zu entwickeln und sie auf eine verantwortliche Mitarbeit vorzubereiten:*

____

____

____

Erfolg kontrollieren

Überprüfen Sie die Wirksamkeit der Maßnahmen.

Um herauszufinden, inwieweit die von Ihnen ergriffenen Maßnahmen „Frucht" gebracht haben, sollten Sie nach Ablauf von etwa sechs Monaten erneut das Gemeindeprofil erheben. Auf diese Weise können Sie prüfen, ob Sie sich weiter auf den Bereich „Bevollmächtigende Leitung" konzentrieren oder ob Ihre Bemühungen bereits so erfolgreich waren, dass Sie zu einem weiteren Qualitätsmerkmal (dem neuen Minimumfaktor) fortschreiten sollten.

- *Bis zu folgendem Termin werden wir erneut unser Gemeindeprofil erheben, um unsere Fortschritte kontrollieren zu können:*

____

Checkliste: Bevollmächtigende Leitung

❒ Die Leiter unserer Gemeinde treffen sich mindestens einmal im Quartal mit einem Gemeindeberater/Trainer/Coach zum Austausch über Ziele und Pläne für die Gemeindeentwicklung.

✐ *Mit wem?*

❒ Für die Leiter der verschiedenen Arbeitsbereiche haben wir eine Supervisionsstruktur („Coaching-Struktur") aufgebaut.

✐ *Wie sieht die aus?*

❒ Die Leiter treffen sich mit den Supervisoren mindestens einmal im Quartal.

✐ *Wann das letzte Mal?*

❒ Pastor und Gemeindeleitung haben ihre Gaben entdeckt und wissen, welche Aufgaben zu ihren Gaben passen.

✐ *Beispiele?*

❒ Die Mitglieder der Gemeindeleitung haben Aufgaben, die nicht zu ihren Gaben passen, an andere abgegeben.

✐ *Welche?*

❒ Der Pastor hat Gemeindeglieder mit der Gabe des Helfens gefunden, die ihn an bestimmten Stellen entlasten.

✐ *Wen?*

❒ Die Gemeindeleitung hat einen Plan, wie jedem Christen zu dem Platz in der Gemeinde verholfen werden kann, der seinen Gaben entspricht.

✐ *Wie sieht er aus?*

❒ Die Gemeindeleitung hat kurz-, mittel- und langfristige Ziele für die Gemeindeentwicklung formuliert.

✐ *Beispiele?*

❒ An der Zielfindung sind die Mitarbeiter der Gemeinde beteiligt worden.

✐ *Auf welche Weise?*

❒ Die Leiter der Gemeinde haben für sich selbst einen persönlichen Entwicklungsplan formuliert, wie sie im Glauben wachsen wollen.

✐ *Wie sieht der aus?*

❒ Der Pastor verbringt viel Zeit im Gebet, um von Gott eine Vision für sein persönliches Leben und die Gemeinde zu erhalten.

✐ *Wie viel?*

- ❐ Der Pastor investiert sich ganz besonders in 3-4 Gemeindeglieder mit einer Leitungsgabe, indem er sich regelmäßig mit ihnen trifft und ihre Entwicklung fördert.

  ✎ *In wen?*

- ❐ Aktionen und Veranstaltungen in unserer Gemeinde werden regelmäßig kritisch ausgewertet.

  ✎ *Wann das letzte Mal?*

- ❐ Unsere Gemeindeleitung hat mit Hilfe von Gesprächen und Umfragen die Bedürfnisse der Gemeindeglieder identifiziert.

  ✎ *Ergebnis?*

- ❐ Wir haben herausgefunden, wie die vorhandenen Stärken unserer Gemeinde für die Entwicklung des Qualitätsmerkmals „Bevollmächtigende Leitung" eingesetzt werden können.

  ✎ *Welche Stärken?*

- ❐ Wir haben Hindernisse, die einer Umsetzung der praktischen Maßnahmen im Wege stehen, ausfindig gemacht und sind ihnen auf angemessene Art und Weise begegnet.

  ✎ *Beispiele?*

- ❐ Die Ergebnisse der Maßnahmen, die wir in diesem Bereich ergriffen haben, werden regelmäßig überprüft.

  ✎ *Wann zuletzt?*

- ❐ Die Maßnahmen werden anhand der biotischen Prinzipien bewertet.

  ✎ *Mit welchem Ergebnis?*

- ❐ Es wurde ein Termin festgesetzt, an dem das Gemeindeprofil erneut erhoben werden soll.

  ✎ *Wann?*

- ❐ Sonstiges:

Qualitätsmerkmal 2: Gabenorientierte Mitarbeiterschaft

Testfrage:
Werden Aufgaben in der Gemeinde nach dem Kriterium verteilt, wo die einzelnen Christen ihre geistlichen Gaben haben?
Ausführlicher: NGE, S. 24-25

Wenn Ihre Gemeinde dieses Qualitätsmerkmal als Minimumfaktor ausfindig macht, so bedeutet das nicht, dass Ihre Mitarbeiter „schlecht" arbeiten. Es bedeutet vielmehr, dass in Ihrer Gemeinde nicht „gabenorientiert" genug gearbeitet wird. Dies ist eine der häufigsten Ursachen für eine kolossale Arbeitsüberlastung gerade der engagiertesten Mitarbeiterinnen und Mitarbeiter.

Wenn Sie die praktischen Vorschläge zu den anderen sieben Qualitätsmerkmalen durcharbeiten, wird Ihnen auffallen, dass fast überall das Konzept der geistlichen Gaben eine zentrale Rolle spielt. Dies hat damit zu tun, dass es dabei um nicht weniger geht als um das Wesen des „Leibes Christi": Jeder Christ ist ein Glied an diesem Leib und die Gaben, die er empfangen hat, bestimmen, welche Funktion er nach Gottes Willen ausübt (vgl. „Die natürliche Gemeindeentwicklung", Seite 117). Mit anderen Worten: Ohne dass jedes Gemeindeglied seine geistlichen Gaben entdeckt hat und einsetzt, wird eine Gemeinde in keinem Bereich große Fortschritte erwarten können. Nirgendwo lässt sich der Unterschied zwischen von Menschen ausgedachten (technokratischen) Wachstumsprogrammen und „Gemeindeentwicklung nach Gottes Plan" so deutlich studieren wie hier.

„Nirgendwo lässt sich so gut studieren wie hier, was ‚Gemeindeentwicklung nach Gottes Plan' praktisch bedeutet."

Ihre Gedanken:

- *Tragen Sie hier ein, welche der im Folgenden genannten praktischen Vorschlägen Ihrer Meinung nach für die Situation Ihrer Gemeinde die größte Relevanz haben:*

Biblisches Motto:
„Dient einander, ein jeder mit der Gabe, die er empfangen hat, als die guten Haushalter der mancherlei Gnade Gottes."
1. Petrus 4,10

Teil 3: 8 Qualitätsmerkmale

Praktische Schritte

„Gemeindeentwicklung heißt: Jeder Christ an dem Platz, zu dem Gott ihn berufen hat."

Schaffen Sie über Predigten, Bibelarbeiten, Seminare etc. ein Bewusstsein für das Thema „Gabenorientierte Mitarbeiterschaft".

Obwohl das Konzept der „gabenorientierten Mitarbeiterschaft" für die Gemeindeentwicklung außerordentlich wirkungsvoll ist, wird es noch relativ selten konsequent praktiziert. Gemeindeentwicklung bedeutet letztlich nichts anderes, als Christen dabei zu helfen, den Platz in der Gemeinde zu finden, zu dem Gott sie berufen hat. In dem Maße, wie das gelingt, erlebt die Gemeinde, wie der Leib Christi nach Gottes Plan zu funktionieren beginnt. Auf diese Weise regelt sich vieles andere nahezu „von selbst". Damit das Prinzip der „gabenorientierten Mitarbeiterschaft" mehr und mehr Ihren gemeindlichen Alltag prägt, ist es wichtig, dass auf unterschiedlichen Ebenen darüber informiert wird: Predigten, Bibelarbeiten, Seminare etc. sind dafür geeignete Foren.

- *Innerhalb der nächsten sechs Monate werden wir auf folgenden Wegen dafür sorgen, dass die Gemeindeglieder das Konzept der „gabenorientierten Mitarbeiterschaft" besser verstehen:*

____

____

____

Entdeckungsprozesse starten

Helfen Sie allen Christen, ihre Gaben zu entdecken.

Es ist von entscheidender Bedeutung, nicht bei der Informationsvermittlung stehen zu bleiben. Den Gemeindegliedern muss vielmehr ganz konkret geholfen werden, ihre geistlichen Gaben ausfindig zu machen. Hierzu sind in letzter Zeit etliche Hilfsmittel entwickelt worden, so dass es heute mit relativ wenig Aufwand zu bewerkstelligen ist, allen Christen dabei zu helfen, ihre Gaben zu entdecken. Wir möchten Ihnen das Arbeitsbuch „Der Gabentest" empfehlen, das wir speziell für den Einsatz im Kontext der natürlichen Gemeindeentwicklung konzipiert haben. Jeder, der dieses Arbeitsbuch durcharbeitet, wird als Ergebnis relativ klar die Bereiche vor Augen haben, in denen Gott ihm bestimmte Gaben geschenkt hat. Wenn Sie eine gut funktionierende Kleingruppenarbeit haben, sollten Sie die Arbeitsbücher in Gruppen einsetzen. Zu diesem Zweck ist zum Gabentest ein Leiterhandbuch erhältlich, das praktische Hinweise für die Gestaltung von einer, drei, sechs oder zwölf Einheit(en) zum Thema Gaben gibt. Gruppen, die durch diesen Prozess hindurchgegangen sind, stellen ein enormes Potential für die zukünftige Gemeindeentwicklung dar.

• *Auf folgende Weise werden wir dafür sorgen, dass innerhalb der nächsten sechs Monate jeder Christ seine Gaben entdeckt:*

Ergebnisse auswerten

Lassen Sie sich die Ergebnisse des Gabentests mitteilen.

Etliche Gemeinden haben in ihrer Arbeit die ersten beiden Schritte absolviert – und sich anschließend gewundert, dass nicht viel geschehen ist. Wichtig ist, dass die Gemeindeleitung das Ergebnis des Gabentests erhält, so dass die zukünftige Arbeit zielgerichtet von den Gaben her angegangen werden kann, die Gott der Gemeinde bereits gegeben hat. Lassen Sie sich also von jedem, der den Gabentest gemacht hat, das Ergebnis mitteilen. Werten Sie es aus, indem Sie in einer Tabelle eintragen, wie stark welche Gaben in Ihrer Gemeinde (manifest und latent) vertreten sind (Hinweise, wie Sie dabei vorgehen können, finden Sie innerhalb des Leiterhandbuches). Ein solcher Überblick kann Ihnen wertvolle Einblicke in die spezifische „Berufung Ihrer Gemeinde" vermitteln.

• *Bis zum ____________________ werden wir das Ergebnis des Gabentests für die ganze Gemeinde ausgewertet haben.*

Gabenberater schulen

Bilden Sie Gabenberater aus.

Nun beginnt der spannendste Prozess: Mit jedem, der seine Gaben entdeckt hat, sollte ein persönliches Gespräch geführt werden, in dem es um die eigene Berufung geht. Bei diesen Gesprächen wird einerseits das Ergebnis des Gabentests ausgewertet, andererseits werden Faktoren besprochen, die über die Frage der geistlichen Begabung hinausgehen: zeitliche Belastbarkeit, familiäre Situation, Persönlichkeitsstruktur, Vorlieben, Ausbildung etc. Diese Gespräche sollten von Mitarbeitern geführt werden, die speziell für diesen Dienst geschult worden sind. Innerhalb des Materialpakets „Das Gaben-Netzwerk" ist ein eigenes Handbuch für Gabenberater erhältlich. Wenn Sie davon Gebrauch machen, werden Sie merken, dass diese Aufgabe gar nicht sonderlich kompliziert ist – sofern man richtig darauf vorbereitet wurde.

• *Auf folgendem Wege werden wir einen (bei einer sehr kleinen Gemeinde) oder mehrere Gabenberater ausbilden:*

Gabenberatung anbieten

Bieten Sie fortwährend Gabenberatung an.

Es ist wichtig, dass die Gabenberatung keine einmalige Aktion bleibt, sondern eine „feste Einrichtung" in der Gemeinde wird. Jeder neue Christ, jeder neue Mitarbeiter sollte von diesem Dienst profitieren können. Während der Beratungsgespräche werden Sie feststellen, dass etliche Christen hundertprozentig an dem Platz sind, wohin Gott sie berufen hat – andere dagegen nicht. Es ist wichtig, dass die Gemeindeleitung diesen Menschen hilft, den Platz zu finden, der ihrer Begabung und damit auch ihrer Berufung entspricht. Die Computersoftware Netz-Soft, die als Teil des „Gaben-Netzwerks" erschienen ist, kann bei der Zuordnung von Gaben und Aufgaben hilfreich sein. Für jeden Christen sollte während der Gabenberatung eine schriftliche „Aufgabenbeschreibung" entwickelt werden.

- *Bis zum ________________________ soll eine erste Runde von Gabenberatungsgesprächen abgeschlossen sein und für jede Aufgabe in der Gemeinde eine schriftliche Aufgabenbeschreibung vorliegen.*

Aufgaben reduzieren

Streichen Sie Aufgaben, die wenig zum Gemeindeaufbau beitragen.

In vielen Fällen kommt das Konzept der „gabenorientierten Mitarbeiterschaft" einfach deshalb nicht zum Tragen, weil die Mitarbeiter in zahllose Aufgaben einbezogen sind, die an sich zwar nicht falsch sind, aber für den Gemeindeaufbau relativ wenig austragen. In der natürlichen Gemeindeentwicklung geht es nicht darum, die Zahl der Aktivitäten möglichst stark zu erhöhen, sondern sich auf die „richtigen" Aktivitäten zu konzentrieren. Wenn in Ihrer Situation etliche Mitarbeiter heute schon überlastet sind, dann streichen Sie möglichst viele Aufgaben aus dem gemeindlichen Angebot. Gemeinden, die an diese Frage radikal herangehen, wundern sich bisweilen, wie viele Aufgaben auf einmal zur Disposition stehen und wie viele neue Kräfte für die Gemeindeentwicklung freigesetzt werden.

- *Folgende Aufgaben könnten in unserer Gemeinde gestrichen werden:*

____

____

____

____

____

„Evangelisten" fördern

Schaffen Sie für diejenigen, die die Gabe der Evangelisation haben, besondere Betätigungsfelder.

Machen Sie diejenigen Christen ausfindig, denen Gott die Gabe der Evangelisation gegeben hat. Wir haben bis jetzt ausnahmslos bei jedem Wochenendseminar, in dem wir den Gabentest eingesetzt haben, die von C. Peter Wagner vertretene These bestätigt gefunden, dass es ziemlich genau 10 Prozent der Christen sind, denen Gott die Gabe der Evangelisation gegeben hat. Für die Gemeindeleitung ist es wichtig, diese Menschen zu kennen. Sorgen Sie dafür, dass sie gegebenenfalls aus anderen gemeindlichen Verpflichtungen aussteigen, um ihre gesamte Kraft für die Evangelisation einsetzen zu können. Helfen Sie ihnen dabei, auf kontinuierlicher Basis einen offensiven evangelistischen Dienst wahrzunehmen. Wenn jeder Christ, dem Gott die Gabe der Evangelisation gegeben hat, pro Jahr zwei Menschen zu einem Anfang im Glauben verhilft (was für Christen mit der Gabe der Evangelisation realistisch ist), so wird sich die Zahl der Christen allein durch dieses Engagement innerhalb von vier Jahren verdoppeln!

- *Folgende Christen in unserer Gemeinde haben die Gabe der Evangelisation:*

____

____

____

- *Bis zum ________________ wird mit jedem einzelnen ein Gespräch geführt, in dem ihm geholfen wird, sich stärker als bisher auf das evangelistische Engagement zu konzentrieren.*

Erfolg kontrollieren

Überprüfen Sie die Wirksamkeit der Maßnahmen.

Um herauszufinden, inwieweit die von Ihnen ergriffenen Maßnahmen „Frucht" gebracht haben, sollten Sie nach Ablauf von etwa sechs Monaten erneut das Gemeindeprofil erheben. Auf diese Weise können Sie prüfen, ob Sie sich weiter auf den Bereich „Gabenorientierte Mitarbeiterschaft" konzentrieren oder ob Ihre Bemühungen bereits so erfolgreich waren, dass Sie zu einem weiteren Qualitätsmerkmal (dem neuen Minimumfaktor) fortschreiten sollten.

- *Bis zu folgendem Termin werden wir erneut unser Gemeindeprofil erheben, um unsere Fortschritte kontrollieren zu können:*

____

Checkliste: Gabenorientierte Mitarbeiterschaft

❒ Über die geistlichen Gaben und ihren Einsatz wird in unserer Gemeinde fortwährend gelehrt.

✎ *Wie?*

❒ Mindestens 75 Prozent unserer gemeindlichen Kleingruppen haben sich ausführlich mit der Frage der geistlichen Gaben beschäftigt.

✎ *Auf welche Weise?*

❒ Mindestens 75 Prozent der Gottesdienstbesucher haben ihre geistlichen Gaben entdeckt.

✎ *Wie?*

❒ Mindestens 75 Prozent der Christen, die ihre Gaben entdeckt haben, nehmen auch eine Aufgabe wahr, die zu ihren Gaben passt.

✎ *Wer kontrolliert das?*

❒ Es liegt eine Aufstellung vor, aus der hervorgeht, wie die Gaben in der Gemeinde verteilt sind.

✎ *Wo?*

❒ Den Mitarbeitern wird Mut gemacht, aus Aufgaben, die nicht ihren Gaben entsprechen, auszusteigen.

✎ *Wann zuletzt?*

❒ Es gibt für die meisten (derzeitigen und zukünftigen) Aufgaben in der Gemeinde schriftliche Aufgabenbeschreibungen.

✎ *Wo zugänglich?*

❒ Es gibt Personen in der Gemeinde, deren Hauptaufgabe es ist, die Zuordnung von Gaben und Aufgaben zu koordinieren (Gabenberater).

✎ *Namen?*

❒ Der bzw. die Gabenberater der Gemeinde haben die nötigen methodischen Hilfsmittel, die sie in ihrem Dienst unterstützen.

✎ *Welche?*

❒ Mit jedem Christen, der seine Gaben entdeckt hat, ist mindestens ein persönliches Gespräch über seine Berufung geführt worden.

✎ *Mit wem?*

❒ Diejenigen Christen, denen Gott die Gabe der Evangelisation gegeben hat, werden von einem Mitarbeiter kontinuierlich begleitet.

✎ *Von wem?*

❒ Jedem, der neu in die Gemeinde kommt, wird dabei geholfen, seine Gaben zu entdecken und zur Ehre Gottes einzusetzen.

✎ *Wer kümmert sich darum?*

❒ In gemeindlichen Veranstaltungen geben Christen immer wieder Zeugnis, wie Gott den Einsatz geistlicher Gaben segnet.

✎ *Wann zuletzt?*

❒ Der Pastor bzw. die Pastoren der Gemeinde konzentrieren sich auf diejenigen Aufgaben, zu denen Gott sie auch begabt hat.

✎ *Zum Beispiel?*

❒ Für die einzelnen Gabenbereiche gibt es in unserer Gemeinde genügend Experimentierfelder.

✎ *Beispiele?*

❒ In unserer Gemeinde herrscht ein recht experimentierfreudiges Klima.

✎ *Wie wird das gefördert?*

❒ Unsere Gemeinde vermittelt Schulungs- und Trainingsmöglichkeiten für die unterschiedlichen Gabenbereiche.

✎ *Welche?*

❒ Jeder ehrenamtliche Mitarbeiter hat einen Ansprechpartner („Supervisor"), der für fortwährende Begleitung sorgt.

✎ *Namen?*

❒ Ein großer Teil der Gaben wird bewusst auf den Dienst an Menschen bezogen, die noch keine Christen sind.

✎ *Beispiele?*

❒ Den Christen wird Mut gemacht, in bestimmten Intervallen immer wieder neu ihre Gaben zu testen.

✎ *Auf welchem Weg?*

❒ Den Gemeindegliedern werden Hilfestellungen gegeben, auch im Blick auf die „Frucht des Geistes" (Gal. 5,22) Wachstum zu erleben.

✎ *Welche?*

❒ Wir haben herausgefunden, wie die vorhandenen Stärken unserer Gemeinde für die Entwicklung der „Gabenorientierten Mitarbeiterschaft" eingesetzt werden können.

✎ *Welche Stärken?*

- ❒ Wir haben Hindernisse, die einer Umsetzung der praktischen Maßnahmen im Wege stehen, ausfindig gemacht und sind ihnen auf angemessene Art und Weise begegnet.

  ✏ *Beispiele?*

- ❒ Die Ergebnisse der Maßnahmen, die wir in diesem Bereich ergriffen haben, werden regelmäßig überprüft.

  ✏ *Wann zuletzt?*

- ❒ Die Maßnahmen werden anhand der biotischen Prinzipien bewertet.

  ✏ *Mit welchem Ergebnis?*

- ❒ Es wurde ein Termin festgesetzt, an dem das Gemeindeprofil erneut erhoben werden soll.

  ✏ *Wann?*

- ❒ Sonstiges:

Qualitätsmerkmal 3: Leidenschaftliche Spiritualität

Teil 3: 8 Qualitätsmerkmale

Testfrage:
Ist das geistliche Leben der Christen von intensivem Gebet, Begeisterung und Elan geprägt?
Ausführlicher: NGE, S. 26-27

Eines der interessantesten Ergebnisse unserer Forschungen war, dass das Geheimnis wachsender Gemeinden nachweislich nicht in einem bestimmten Frömmigkeitsstil (etwa „charismatisch" oder „nicht-charismatisch", „liturgisch" oder „unliturgisch" etc.) begründet liegt, sondern darin, mit welchem Grad an Leidenschaft der Glaube gelebt wird. Natürlich gibt es Frömmigkeitsstile, die „von Haus aus" eine größere Affinität zu geistlicher Leidenschaft haben als andere. Aber es lässt sich zeigen: Leidenschaft im geistlichen Leben kann im Rahmen der unterschiedlichsten Frömmigkeitsrichtungen gelebt werden. Und: Der Grad dieser Leidenschaft lässt sich steigern.

„Bei diesem Qualitätsmerkmal geht es nicht darum, Sie für einen bestimmten Frömmigkeitsstil zu gewinnen."

Bei den folgenden praktischen Vorschlägen soll es also ausdrücklich nicht darum gehen, Sie für einen bestimmten Frömmigkeitsstil zu gewinnen. Die Art, wie Sie mit den Vorschlägen umgehen, hängt sehr stark davon ab, was die Prägung Ihrer Gemeinde ist. Ganz gleich aber, welchem Frömmigkeitsstil Sie den Vorzug geben: Bei diesem Qualitätsmerkmal geht es darum, christlichen Glauben als persönliche Begegnung mit Christus ganzheitlich – und das heißt immer auch: sinnenhaft – erfahrbar zu machen. Ohne diese personale Dimension gibt es keine „Frömmigkeitsstile", die diesen Namen verdienen. Wo die personale Christusbeziehung intensiviert wird, können wir erleben, wie geistliche Leidenschaft scheinbar „ganz von selbst" freigesetzt wird.

Biblisches Motto:
„Seid nicht träge in dem, was ihr tun sollt. Seid brennend im Geist. Dient dem Herrn. Seid fröhlich in Hoffnung, geduldig in Trübsal, beharrlich im Gebet."
Römer 12,11-12

Ihre Gedanken:

- *Tragen Sie hier ein, welche der im Folgenden genannten praktischen Vorschläge Ihrer Meinung nach für die Situation Ihrer Gemeinde die größte Relevanz haben:*

Teil 3: 8 Qualitätsmerkmale

Praktische Schritte

„Sind Sie als Leiter neugierig, etwas Neues von Gott zu lernen, oder ist bereits vieles zur Routine geworden?"

Machen Sie sich die Vorbildfunktion von Leitern bewusst.

Eine leidenschaftliche Spiritualität der Gemeinde hat zur unabdingbaren Voraussetzung, dass das geistliche Leben ihrer Leiter von Leidenschaft geprägt ist. Sind Sie selbst neugierig, etwas Neues von Gott zu lernen? Haben Sie eine starke Erwartung, dass Gott in Ihrer Gemeinde eingreifen und Wunder tun wird? Oder ist bereits vieles zur Routine geworden? Als Christen, die für die Leitung der Gemeinde Verantwortung tragen, sollten Sie mindestens zwei hintereinander liegende Tage blockieren, die Sie ausschließlich dem Fasten und Beten widmen. Bitten Sie Gott um eine neue Vision für die Gemeinde. Bitten Sie ihn, dass Ihr eigener Glaube wächst. Bitten Sie ihn, dass Ihnen die zukünftige Arbeit an der Gemeindeentwicklung zunehmend Freude macht. Und bitten Sie ihn vor allem, Ihnen die Prioritäten zu zeigen, auf die es wirklich ankommt.

- *Folgende Tage werde ich gemeinsam mit folgenden Leitern unserer Gemeinde ganz dem Gebet und der Stille vor Gott widmen:*

____

____

____

Gaben ins Spiel bringen

Sorgen Sie dafür, dass sich die Mitarbeiter entsprechend ihren Gaben engagieren.

Das Konzept der „gabenorientierten Mitarbeiterschaft" hat nach unseren Erfahrungen machtvolle Auswirkungen auf die Leidenschaft im geistlichen Leben. Nach einer Umfrage unter den Benutzern des Arbeitsbuches „Der Gabentest" gaben 51 Prozent an, sie seien als Ergebnis der Beschäftigung mit dem Gabentest „glücklicher als vorher". Dies ist auch verständlich: Ein Christ, der Gott im Bereich seiner Begabung und damit seiner Berufung dient, wird seine Aufgabe mit wesentlich mehr Begeisterung ausfüllen können als derjenige, der lediglich „seine Pflicht" tut. Für viele Christen ist das Entdecken ihrer geistlichen Gaben zu einem Schlüsselerlebnis in ihrer geistlichen Existenz geworden. Sie bekamen ein neues, gottgeschenktes geistliches Selbstbewusstsein, das sich auf alle Bereiche ihres Lebens positiv auswirkte.
Auch deshalb ist es eine der vorrangigen Aufgaben der Gemeindeleitung, dafür zu sorgen, dass die Christen ihre geistlichen Gaben entdecken und eine Aufgabe bekommen, die diesen Gaben entspricht. Hinweise zu Arbeitsmaterialien, die Sie zu diesem Zweck einsetzen können, finden Sie im Kapitel über „Gabenorientierte Mitarbeiterschaft" (Seiten 55-62).

- *Bis zum ________________ werden wir folgende Maßnahmen ergreifen, um den Gemeindegliedern zu helfen, ihre geistlichen Gaben zu entdecken und den Platz in der Gemeinde zu finden, der ihren Gaben entspricht:*

____

____

____

Beter rekrutieren

Machen Sie diejenigen Christen ausfindig, denen Gott die Gabe des Gebets gegeben hat.

Ein schöner „Nebeneffekt" des Gabenentdeckungsprozesses wird sein, dass Sie auf Christen aufmerksam werden, denen Gott die geistliche Gabe des Gebets gegeben hat. Diese Christen haben für die Arbeit an Ihrem Minimumfaktor eine Schlüsselfunktion. Es sind Menschen, die es lieben, über längere Zeit im Gebet für bestimmte Anliegen einzustehen und dabei in besonderer Weise erfahren, wie Gott ihre Gebete erhört. Sorgen Sie dafür, dass Menschen mit dieser Gabe genügend Zeit haben, sie auch zu praktizieren (gegebenenfalls werden sie aus anderen gemeindlichen Verpflichtungen aussteigen müssen). Achten Sie darauf, dass sie regelmäßig Gebetsanliegen von anderen Gemeindegliedern erhalten. Und schließlich: Fördern Sie es, dass diese Menschen bei gemeindlichen Veranstaltungen (z. B. im Gottesdienst) von ihrer Gebetsarbeit erzählen.

- *Folgende Personen haben in unserer Gemeinde die Gabe des Gebets:*

____

____

____

____

Seelsorger schulen

Schulen Sie diejenigen Christen, die die Gabe der Seelsorge haben, für ihren Dienst.

Im Blick auf eine größere Leidenschaft im geistlichen Leben ist eine weitere geistliche Gabe von besonderer Bedeutung: die Gabe der Seelsorge. Nach unseren Untersuchungen gehört diese zu den am weitesten verbreiteten Gaben im Leib Christi. Das Problem ist lediglich, dass viele Christen diese Gabe (noch) nicht entdeckt haben und folglich auch nur sehr fragmentarisch einsetzen. Die Beschäftigung mit dem Gabentest wird Sie auf diejenigen Christen aufmerksam machen, denen Gott die Gabe der Seelsorge gegeben hat. Nun ist es wichtig, dass diese für einen kontinuierlichen seelsorgerlichen Dienst geschult werden (entweder von Ihnen, von fachlich kompetenten Gastreferenten oder in Kursen außerhalb der Gemeinde). Seelsorge darf nie etwas sein, was allein dem Pastor oder anderen Hauptamtlichen überlassen ist. Es kommt darauf an, eine Infrastruktur zu schaffen, in der es immer selbstverständlicher wird, dass Christen aneinander Seelsorge üben.

• *Für die nächsten sechs Monate planen wir folgende Schulung für Laien-Seelsorger:*

____

____

Gebetstraining anbieten

Gewinnen Sie die Kleingruppen Ihrer Gemeinde für ein mehrwöchiges „Gebetstraining".

Im Zentrum des praktischen Arbeitsbuches zu diesem Qualitätsmerkmal („Leidenschaft einüben") steht ein mehrwöchiges Gebetstraining. Es gibt zwar viele gute Bücher zum Gebet, die meisten allerdings stehen in der Gefahr, einen bestimmten Aspekt, den der jeweilige Autor als wichtig erkannt hat, absolut zu setzen. Das vorliegende Gebetstraining versucht, von allen diesen guten Impulsen zu lernen, sie dann aber in einen Prozess einmünden zu lassen, der jedem Christen dabei hilft, sein individuelles „Gebetsprofil" zu entwickeln. Also nicht Übernahme bestimmter (angeblich besonders vollmächtiger) Gebetsformen, sondern Einübung in eine personale Gottesbeziehung, die zur eigenen Persönlichkeit passt. Das Gebetstraining ist zudem eingebunden in weitere Prinzipien einer leidenschaftlichen, bewusst „erdverbundenen" Spiritualität, die in christlichen Kreisen allzu oft übersehen werden.

• *Folgende Gruppen in unserer Gemeinde sollten sich dem Trainingsprogramm „Leidenschaft einüben" beschäftigen:*

____

____

____

____

Leidenschaftskiller identifizieren

Machen Sie die Faktoren ausfindig, die in Ihrer Gemeinde geistliche Leidenschaft blockieren.

Die meisten Gemeinden haben im Laufe der Zeit – meist unbewusst – eine Vielzahl von Mechanismen entwickelt, die geistliche Leidenschaft blockieren. Hier ist eine Liste von besonders häufigen „Leidenschaftskillern", wie sie uns in den unterschiedlichsten Gemeinden begegnen. Jeder einzelne Leidenschaftskiller hat interessanterweise einen positiven und verständlichen Ursprung. Hier geht es aber nicht um diesen „wahren Kern", sondern ausschließlich um die negativen Auswirkungen auf unsere Gemeinden:

1. *Puritanismus:* Eine Auffassung, die – als Gegenbewegung zu einem „Lust-und-Laune-Christentum" – das Motto vertritt: keine Bilder, keine Kunst, keine Kultur, keine Musik, lieber fasten als feiern. Puritanisch geprägte Christen halten es für Wachstum im Glauben, wenn ein Mensch von diesen „äußeren Dingen" immer mehr Abstand gewinnt.

2. *Institutionsfeindlichkeit:* Viele Christen sind zwar dafür, dass jeder seine Gaben entdeckt oder das Gebet einen größeren Stellenwert in der Gemeinde einnimmt; aber alles das muss ihrer Meinung nach „ganz spontan" geschehen und darf nicht geplant werden.

3. *Werkgerechtigkeit:* Gesetzliche Tendenzen mannigfacher Spielart, bei denen letztlich immer im Hintergrund steht, wir müssten uns „den Himmel verdienen".

4. *Fatalismus:* Dieser Schicksalsglaube, typisch für viele nichtchristliche Religionen, hat auch in christliche Kreise Einzug gehalten. Man glaubt, dass alles, was wir erleben, von Gott kommt und wir uns in unser Geschick, ob gut oder böse, ergeben müssen, um bei diesem Schicksalsgott zu bleiben.

5. *Minderwertigkeitsgefühle:* In manchen Gruppen wird, indirekt oder auch wörtlich, die Einstellung vermittelt: „Als Christ kannst du nichts – alles, was du anpackst, ist Ausdruck deiner Sünde." So ist nahezu ausgeschlossen, dass christlicher Glaube Spaß machen kann.

6. *Lust und Laune:* Viele verwechseln geistliche Leidenschaft mit einem „Lust-und-Laune-Prinzip". Man wagt gar nicht, von Christen verbindliche Hingabe zu erwarten, weil man befürchtet, das könnte Menschen überfordern. Dabei wird übersehen: Gerade in einem hingegebenen, engagierten Dienst für andere liegt eine der kraftvollsten Quellen zum Lebensglück.

7. *Magische Erwartungen:* Eine weit verbreitete Einstellung, die sich oft hinter äußerlich sehr „fromm" erscheinenden Glaubenspraktiken

verbergen kann. Das Motto heißt immer: „Tue dies oder jenes – in genau der richtigen Form – und das Ergebnis ist dir sicher."

8. *Sucht nach ekstatischen Erfahrungen:* Es gibt die Gefahr eines reinen „Konferenzchristentums", wo eine außerordentliche Erfahrung von der nächsten überboten wird. Wer auf diese Erlebnisse fixiert ist, wird oft blind für die ganz normalen und sehr erdverbundenen Prinzipien, auf deren Grundlage geistliche Leidenschaft im Alltag gedeiht.

• *Gehen Sie die genannten „Leidenschaftskiller" durch und fragen Sie sich: Wie stark trifft jeder einzelne auf unsere Gemeinde (bzw. Teile unserer Gemeinde) zu? Sie können das auf einer Skala von 1-10 deutlich machen (1 = äußerst schwach; 10 = sehr stark). In einem zweiten Schritt fragen Sie sich: Was könnten wir unternehmen, um die bei uns besonders stark vertretenen Leidenschaftskiller zu überwinden?*

1.	Puritanismus	1 -- 2 -- 3 -- 4 -- 5 -- 6 -- 7 -- 8 -- 9 -- 10
2.	Institutionsfeindlichkeit	1 -- 2 -- 3 -- 4 -- 5 -- 6 -- 7 -- 8 -- 9 -- 10
3.	Werkgerechtigkeit	1 -- 2 -- 3 -- 4 -- 5 -- 6 -- 7 -- 8 -- 9 -- 10
4.	Fatalismus	1 -- 2 -- 3 -- 4 -- 5 -- 6 -- 7 -- 8 -- 9 -- 10
5.	Minderwertigkeitsgefühle	1 -- 2 -- 3 -- 4 -- 5 -- 6 -- 7 -- 8 -- 9 -- 10
6.	Lust-und-Laune	1 -- 2 -- 3 -- 4 -- 5 -- 6 -- 7 -- 8 -- 9 -- 10
7.	Magische Erwartungen	1 -- 2 -- 3 -- 4 -- 5 -- 6 -- 7 -- 8 -- 9 -- 10
8.	Sucht nach ekstatischen Erfahrungen	1 -- 2 -- 3 -- 4 -- 5 -- 6 -- 7 -- 8 -- 9 -- 10

Kultur des Lobens entwickeln

Unterlassen Sie Appelle an das schlechte Gewissen.

Eine der gefährlichsten „Fallen" für Leiter, die die Gemeindeentwicklung voranbringen wollen, ist die Versuchung, die „richtigen" Dingen auf dem „falschen" Weg erreichen zu wollen: Sie appellieren an das schlechte Gewissen und die Schuldgefühle der Christen. Auf diese Weise lassen sich Menschen ohne Zweifel kurzfristig für Projekte gewinnen – die langfristigen Konsequenzen sind allerdings eher kontraproduktiv. Arbeiten Sie darauf hin, dass sich in Ihrer Gemeinde eine „Kultur des Lobens" entwickelt. Gehen Sie selbst mit gutem Beispiel voran, indem Sie kontinuierlich Ihren Mitarbeitern für die Dinge, die sie gut machen, Anerkennung aussprechen. Wenn die gesamte Gemeindearbeit nicht von einem positiven Geist getragen ist, wird die Leidenschaft im geistlichen Leben kaum Fortschritte machen können.

• *Schreiben Sie in die linke Spalte die Namen einiger Mitarbeiter und in die rechte Spalte einige der Dinge, die sie in den letzten Wochen gut gemacht haben. Wann sind sie zum letzten Mal dafür gelobt worden?*

Name des Mitarbeiters	**Was hat er gut gemacht?**

• *Sorgen Sie dafür, dass diese Menschen persönlich und auch öffentlich gelobt werden.*

„Äußere" Faktoren überprüfen

Überprüfen Sie alle Veranstaltungen/Programme auf eine positive Atmosphäre.

In Ihrer Situation ist es von besonderer Bedeutung, mehr Aufmerksamkeit auf „äußere" Faktoren (Raumgestaltung, Begrüßung, Atmosphäre etc.) zu legen. Alles das sind Faktoren, die „mitpredigen", wenn das Wort Gottes verkündet wird. Wenn das geistliche Leben der Christen langfristig von Leidenschaft erfüllt sein soll, anstatt als lästige „Pflichtübung" empfunden zu werden, ist es wichtig, diese Leidenschaft mit allen fünf Sinnen erfahrbar zu machen.

• *Gehen Sie die Veranstaltungen bzw. Aktivitäten Ihrer Gemeinde durch und fragen Sie sich: Wie ließe sich die Atmosphäre freundlicher/liebevoller/ positiver gestalten?*

Veranstaltung/Programm	Wie könnte die Atmosphäre positiver gestaltet werden?

Erfolg kontrollieren

Überprüfen Sie die Wirksamkeit der Maßnahmen.

Um herauszufinden, inwieweit die von Ihnen ergriffenen Maßnahmen „Frucht" gebracht haben, sollten Sie nach Ablauf von etwa sechs Monaten erneut das Gemeindeprofil erheben. Auf diese Weise können Sie prüfen, ob Sie sich weiter auf den Bereich „Leidenschaftliche Spiritualität" konzentrieren oder ob Ihre Bemühungen bereits so erfolgreich waren, dass Sie zu einem weiteren Qualitätsmerkmal (dem neuen Minimumfaktor) fortschreiten sollten.

- *Bis zu folgendem Termin werden wir erneut unser Gemeindeprofil erheben, um unsere Fortschritte kontrollieren zu können:*

____

Checkliste: Leidenschaftliche Spiritualität

❒ Der Pastor und die Mitarbeiter unserer Gemeinde haben einen Plan formuliert, wie sie ihr persönliches Gebetsleben intensivieren können.

✎ *Wie sieht der aus?*

❒ Der Pastor nimmt sich mindestens zweimal im Jahr einen Tag Zeit, um im Gebet Gott zu suchen und auf ihn zu hören.

✎ *Wann zuletzt?*

❒ In den Predigten wird die Bedeutung des Gebets immer wieder anhand praktischer Beispiele erläutert.

✎ *Wann zuletzt?*

❒ Im Gottesdienst und in den Kleingruppen wird es gefördert, dass Gemeindeglieder von ihren persönlichen Erfahrungen mit Gott berichten.

✎ *Wann zuletzt?*

❒ Unser Leitungsteam trifft sich regelmäßig zum gemeinsamen Gebet.

✎ *Wann zuletzt?*

❒ 75 Prozent der Gottesdienstbesucher engagieren sich in einer Aufgabe, die ihren Gaben entspricht.

✎ *Wie wurde das überprüft?*

❒ In unserer Gemeinde ist ein regelmäßiger Gebetsdienst entstanden.

✎ *Wie sieht der aus?*

❒ Wir haben alle Christen mit der Gabe des Gebets ausfindig gemacht.

✎ *Namen?*

❒ Wir haben konkrete Möglichkeiten geschaffen, wie sich Christen mit dieser Gabe in die Gemeinde einbringen können.

✎ *Welche Möglichkeiten?*

❒ Christen mit der Gabe des Gebets werden ständig mit Gebetsanliegen aus der Gemeinde versorgt.

✎ *Wer organisiert das?*

❒ Wir haben alle Christen mit der Gabe der Seelsorge ausfindig gemacht.

✎ *Namen?*

❏ Wir haben Christen mit der Gabe der Seelsorge geholfen, passende Aufgaben in der Gemeinde zu finden.

✐ *Welche?*

❏ Wir haben ein Gebetsteam ins Leben gerufen, das für den Pastor und die Gemeinde betet.

✐ *Wann und wo?*

❏ Der Pastor hat zusammen mit der Gemeindeleitung Glaubensziele für unsere Gemeinde formuliert.

✐ *Wie sehen die aus?*

❏ In den Predigten und Kleingruppen wird immer wieder die Bedeutung der Bibel für das tägliche Leben deutlich gemacht.

✐ *Beispiele?*

❏ Unsere Kleingruppen geben ganz konkret Hilfestellung für die Umsetzung von Gottes Wort im Alltag.

✐ *Beispiele?*

❏ In unserer Gemeinde wurden Angebote geschaffen, die zur Einübung der Grundlagen des Glaubens (Gebet, Bibellesen etc.) dienen.

✐ *Welche?*

❏ In unserer Gemeinde werden Gebetspartnerschaften angeregt und unterstützt.

✐ *Auf welche Weise?*

❏ In unserer Gemeinde wird fortwährend ein experimentierfreudiges Klima gefördert.

✐ *Wie?*

❏ Alle Aktionen, Programme und Angebote unserer Gemeinde wurden auf ihre positive Atmosphäre hin überprüft und entsprechende Korrekturen vorgenommen.

✐ *Welche Korrekturen?*

❏ Wir haben herausgefunden, wie die vorhandenen Stärken unserer Gemeinde für die Stärkung der Spiritualität eingesetzt werden können.

✐ *Welche Stärken?*

❏ Wir haben Hindernisse, die einer Umsetzung der praktischen Maßnahmen im Wege stehen, ausfindig gemacht und sind ihnen auf angemessene Art und Weise begegnet.

✐ *Beispiele?*

- ❐ Die Ergebnisse der Maßnahmen, die wir in diesem Bereich ergriffen haben, werden regelmäßig überprüft.

  ✎ *Wann zuletzt?*

- ❐ Die Maßnahmen werden anhand der biotischen Prinzipien bewertet.

  ✎ *Mit welchem Ergebnis?*

- ❐ Es wurde ein Termin festgesetzt, an dem das Gemeindeprofil erneut erhoben werden soll.

  ✎ *Wann?*

- ❐ Sonstiges:

Teil 3: 8 Qualitätsmerkmale

Qualitätsmerkmal 4: Zweckmäßige Strukturen

„Es gibt keine zweckmäßigen Strukturen ‚von der Stange'."

Testfrage:
Sind die gemeindlichen Formen, Ordnungen und Institutionen unter dem Kriterium konzipiert, was für den Gemeindeaufbau hier und jetzt nachweislich am nützlichsten ist?
Ausführlicher: NGE, S. 28-29

Wenn das Qualitätsmerkmal „Zweckmäßige Strukturen" Minimumfaktor Ihrer Gemeinde ist, kann dies extrem unterschiedliche Ursachen haben. Häufig haben sich Gemeinden mit einer Vielzahl von komplexen Formen und Ordnungen auseinanderzusetzen, die zu dem Zeitpunkt, als sie entstanden, sehr zweckmäßig gewesen sein mögen, diese Zweckmäßigkeit aber im Laufe der Zeit zunehmend verloren haben. In anderen Fällen – etwa bei einem Gemeindegründungsprojekt – kann es sein, dass sich einfach noch zu wenig Strukturen herausgebildet haben und deshalb dieses Qualitätsmerkmal als Minimumfaktor erscheint.
Schon diese beiden Beispiele machen deutlich, dass die praktischen Maßnahmen, die Sie ergreifen werden, sehr unterschiedlich ausfallen müssen, um je nach Ausgangssituation die Qualität in diesem Bereich zu steigern. Jede Gemeinde muss selber durchbuchstabieren, wie Strukturen, die in ihrer Situation zweckmäßig sind, aussehen könnten. Es gibt keine zweckmäßigen Strukturen „von der Stange".

Biblisches Motto:
„Der Sabbat ist um des Menschen willen gemacht und nicht der Mensch um des Sabbats willen."
Markus 2,27

Ihre Gedanken:

- *Tragen Sie hier ein, welche der im Folgenden genannten praktischen Vorschläge Ihrer Meinung nach für die Situation Ihrer Gemeinde die größte Relevanz haben:*

Praktische Schritte

Schaffen Sie in Ihrer Gemeinde ein stärkeres Bewusstsein dafür, dass die Strukturfrage geistliche Relevanz hat.

Unsere Untersuchungen haben gezeigt, dass in vielen geistlich stark motivierten Gruppen die Frage nach zweckmäßigen Strukturen nicht ernst genug genommen wird. Dabei gibt es zwei Extreme, die sich beide hinderlich auf die Gemeindeentwicklung auswirken: Einmal ein „morphologischer Fundamentalismus" (Motto: „Die Strukturen, wie wir sie vorfinden, sind unabänderlich"), zum anderen ein geschichtsloser „Spiritualismus" (Motto: „Strukturen sind für geistliche Prozesse unwichtig"). Im ersten Fall ist es das Wort „Zweckmäßig", das auf Widerstand stößt; im zweiten Fall ist der Begriff „Strukturen" das eigentliche Reizwort. Die unterschiedlichen Paradigmen, die die Christenheit so sehr prägen, zeigen hier besonders deutlich ihre Spuren.
In Ihrer Situation ist es wichtig, ein stärkeres Bewusstsein dafür zu schaffen, dass die Frage nach zweckmäßigen Strukturen keineswegs nebensächlich ist, sondern eine wichtige geistliche Bedeutung hat. Es geht darum, die gemeindlichen Strukturen zunehmend so zu gestalten, dass sie die Prozesse der Gemeindeentwicklung möglichst stark unterstützen.

„Die unterschiedlichen Paradigmen, die die Christenheit so sehr prägen, zeigen hier deutlich ihre Spuren."

- *Neigt Ihre Gemeinde stärker zu einem „technokratischen" (z. B. statischer Umgang mit Strukturen, Traditionalismus, morphologischer Fundamentalismus, Konservatismus) oder einem „spiritualistischen" Strukturverständnis (Strukturen sind unwichtig, geistlich irrelevant, Ausdruck menschlichen Machbarkeitswahns etc.)?*

❐ Eher technokratisch

❐ Eher spiritualistisch

❐ Mischung aus beidem

- *Was könnten Sie konkret tun, um in Ihrer Gemeinde ein besseres Verständnis für die geistliche Bedeutung funktionaler Strukturen zu erreichen?*

___

___

___

___

___

Verantwortung übernehmen

Übernehmen Sie die volle Verantwortung für die vorfindlichen Strukturen.

In kaum einem anderen Bereich des gemeindlichen Lebens wird die Verantwortung so häufig auf „andere" abgeschoben wie im Bereich der gemeindlichen Strukturen. Strukturen – das ist für viele das „Vorgegebene", das „Entstandene", vielleicht sogar das „Normative", aber nur für wenige ist es das durch praktische Maßnahmen und mit viel Kreativität innovativ zu Gestaltende. Alle gemeindlichen Strukturen sind (wenn auch bisweilen vor langer Zeit) von Menschen ausgedacht worden und folglich auch nur von Menschen zu ändern. Wenn jemand neu im Leitungsteam einer Gemeinde ist, mag es sein, dass er an der Entstehung dieser Strukturen selbst nicht mitgewirkt hat. Dennoch trägt in jeder Gemeinde das Leitungsteam die volle Verantwortung für die derzeitigen Strukturen. Leiter, die diese Verantwortung an „die Tradition" oder „vorherige Generationen" oder „die Umstände" abschieben wollen, wenden den gleichen Mechanismus an, der seit Adam („Eva gab mir den Apfel") und Eva („Die Schlange war's") so unheilvolle Auswirkungen auf alle Bereiche des Lebens hat. Ein großes Problem besteht darin, dass dieses Abschieben der eigenen Verantwortlichkeit oft mit besonders tiefer Religiosität in Verbindung gebracht wird („Ehrfurcht vor dem Gewachsenen").

- *Wenn das hier beschriebene Problem auch auf Ihre Gemeinde(leitung) zutrifft, kann es hilfreich sein, die dahinter stehende Grundstruktur – das Abschieben von Verantwortung – zunächst an Beispielen zu illustrieren, die nichts mit der Strukturfrage zu tun haben. Der Transfer auf gemeindliche Strukturen sollte dann möglichst von jedem, der in der Gemeinde leitende Verantwortung trägt, selbst geleistet werden. Schreiben Sie sich auf, was getan werden könnte, um diese Prozesse zu fördern:*

____

____

____

____

Gemeindeleitbild formulieren

Legen Sie Ihr Gemeindeleitbild schriftlich fest.

Jede Gemeinde hat eine bestimmte Berufung, eine von Gott gegebene Individualität. Um einen Maßstab zu haben, anhand dessen vorhandene Strukturen überprüft werden können, ist es wichtig, diese Individualität in Form eines Gemeindeleitbilds schriftlich zu fixieren. Falls Sie vor längerer Zeit bereits ein solches Leitbild entwickelt haben sollten, dann fragen Sie sich jetzt erneut: Was macht uns unverwechselbar? Welche drei Adjektive beschreiben das Wesen unserer Gemeinde am besten? Welche Menschen fühlen sich bei uns besonders wohl? Was ist das Attraktivste an unserer Gemeinde? Wenn Sie sich diese Fragen noch nie gestellt haben, sollten Sie es jetzt tun.

Wenn Sie darangehen, ein Gemeindeleitbild zu entwickeln, sollten Sie folgende Punkte beachten:

a. Das Gemeindeleitbild muss unbedingt schriftlich formuliert werden. Das zwingt Sie, präzise zu sein. Und es sollte kurz sein – 35 Worte sind genug. Vermeiden Sie Allgemeinplätze und Füllsel.

b. Verwechseln Sie das Gemeindeleitbild nicht mit einem diplomatischen Papier, in dem sich zwar jeder wiederfinden kann, das aber nichts aussagt. Seien Sie so spezifisch wie möglich.

c. Das einmal gefundene Gemeindeleitbild ist offen für Bearbeitungen und Veränderungen. Wenn Gott Ihnen neue Einsichten schenkt, ändern Sie das, was Sie formuliert haben.

d. Machen Sie das Gemeindeleitbild in der Gemeinde bekannt. Benutzen Sie diesen Text in Predigten und Gemeindeveranstaltungen. Jedes Gemeindeglied soll wissen, wozu Ihre Gemeinde da ist.

- *Unser Gemeindeleitbild lautet:*

Strukturen beim Namen nennen

Machen Sie förderliche und hinderliche Strukturen ausfindig.

In vielen Gemeinden besteht das Problem, dass gemeindliche Strukturen nicht klar beim Namen genannt werden. Sie stehen zwar bei jeder gemeindlichen Entscheidung irgendwie im Hintergrund und beeinflussen so das Leben der Gemeinde, aber keiner weiß so recht, was es mit diesen „Strukturen" eigentlich auf sich hat. Um an Ihren Strukturen arbeiten zu können, ist es eine notwendige Voraussetzung, die hinderlichen und förderlichen Strukturen Ihrer Gemeinde zunächst einmal beim Namen zu nennen.

- *Schreiben Sie zunächst einmal auf, welche gemeindlichen Formen/Institutionen/Ordnungen Ihrer Meinung nach derzeit effektiv dem Gemeindeaufbau dienen:*

____

____

____

____

- *Schreiben Sie hier auf, welche Formen/Institutionen/Ordnungen Ihrer Meinung nach unter dem Aspekt der Effektivität für den Gemeindeaufbau überprüft werden müssten:*

____

____

____

____

- *Schreiben Sie hier auf, welche Formen/Institutionen/Ordnungen Sie für „unabänderlich" halten (Auflagen der Denomination etc.):*

____

____

____

____

Reformziele setzen

Setzen Sie sich überprüfbare Ziele für die Bearbeitung gemeindlicher Strukturen.

Im Lichte Ihres Gemeindeleitbildes geht es darum, Strukturen, die dem übergeordneten Zweck dienen, auszubauen – und solche Strukturen, die ihm eher im Wege stehen, zu ändern bzw. abzuschaffen. Jede Gemeinde muss im Blick auf diesen Prozess ihre eigenen Ziele setzen. Achten Sie bei der Formulierung unbedingt auf Überprüfbarkeit der Maßnahmen. Beispiel: „Wir wollen unsere Strukturen stärker nach dem Willen Gottes ausrichten" ist eine gute Absichtserklärung, aber kein Ziel. Es gibt keinerlei Maßstab zur Überprüfung. Ein überprüfbares Ziel dagegen wäre: „Bis Februar nächsten Jahres werden wir unsere Strukturen so umgestaltet haben, dass das Qualitätsmerkmal ‚Zweckmäßige Strukturen' nicht mehr Minimumfaktor unserer Gemeinde ist."

- *Im Blick auf die Veränderung von Strukturen setzen wir uns für die nächsten sechs Monate folgende Ziele:*

____

____

____

____

Multiplikationspotential erweitern

Überprüfen Sie alle Strukturen auf ihr Multiplikationspotential.

Es gibt nicht *die* angemessene Infrastruktur für den Gemeindeaufbau, die allgemein gültig wäre. Was in einer Situation richtig ist, kann in einer anderen falsch sein. Allerdings gibt es allgemein gültige Kriterien, anhand derer sich jede Art von Struktur überprüfen lässt. Die sechs biotischen Prinzipien beschreiben diese Kriterien. Im Blick auf die Strukturfrage kommt dabei dem Prinzip der „Multiplikation" eine Schlüsselfunktion zu. Überprüfen Sie alle Strukturen daraufhin, inwieweit diese für eine fortwährende Multiplikation der Arbeit förderlich sind – bzw. inwieweit Multiplikation durch die Strukturen behindert wird.
Wie könnten solche Multiplikationsstrukturen konkret aussehen? Vielleicht können Sie sich durch folgende Beispiele anregen lassen: Die Beauftragung von „Bereichsleitern", die selbstständig ein gemeindliches Ressorts zuständig sind und denen jeweils ein Co-Leiter zur Seite steht... oder Schulungssysteme, die es zur Priorität machen, dass die Mitarbeiter das, was sie selbst gelernt haben, anschließend an andere weitergeben (Jüngerschaftsstruktur)... oder ein Evangelisationsmodell, das vorsieht, dass diejenigen, die selber gerade zum Glauben gekommen sind,

nun ihrerseits zum evangelistischen Dienst angeleitet werden... oder ein Finanzsystem, das das Prinzip hat, dass sich neue Arbeitsbereiche von Anfang an selbst tragen. – Hier kann es nicht darum gehen, Ihnen bestimmte Strukturen vorzuschreiben. Sie müssen selber die Form von Strukturen entwickeln, die in Ihrer Situation das größte Multiplikationspotential haben.

- *Folgende gemeindliche Strukturen müssten unter dem Aspekt der Multiplikation modifiziert werden:*

Struktur	**Art der Veränderung**
____________________	____________________
____________________	____________________
____________________	____________________
____________________	____________________
____________________	____________________
____________________	____________________
____________________	____________________

Geistliche Gaben nutzen

Beziehen Sie die vorhandenen Gaben der Christen konsequenter auf die weniger stark entwickelten Qualitätsmerkmale Ihrer Gemeinde.

Eine „zweckmäßige Struktur" soll sicherstellen, dass die Gaben, die Gott der Gemeinde bereits gegeben hat, so für den Gemeindeaufbau eingesetzt werden, dass der geistliche Ertrag möglichst groß ist. Wenn das Neue Testament die Gemeinde als „Leib Christi" beschreibt, dann sind die Christen, die Gott mit jeweils unterschiedlichen Gaben dienen, die Glieder dieses Leibes. Die Struktur der Gemeinde ist in diesem Bild mit dem Zentralnervensystem vergleichbar. Es hat die Aufgabe, dafür zu sorgen, dass die Aktivitäten der einzelnen Glieder untereinander so koordiniert werden, dass der Organismus effektiv arbeiten kann.
Zunächst einmal sollten Sie, falls noch nicht geschehen, allen aktiven Gemeindegliedern dabei helfen, ihre geistlichen Gaben ausfindig zu machen (Hinweise dazu finden Sie im Kapitel über „Gabenorientierte Mitarbeiterschaft", Seiten 55-62). Wenn die Christen darüber nachdenken, welche Aufgaben am besten ihren geistlichen Gaben entsprechen, dann sollten Sie darauf achten, dass möglichst viele der vorhandenen Gaben auf diejenigen Bereiche der Gemeindearbeit bezogen werden,

die im „Gemeindeprofil“ – neben den Strukturen – als am schwächsten entwickelt ausgewiesen sind. Beispiel: Wenn das Qualitätsmerkmal „Bedürfnisorientierte Evangelisation“ relativ schwach entwickelt ist, dann geht es darum, die vorhandenen Gaben der Christen vor allem auf die evangelistische Arbeit der Gemeinde zu beziehen. Egal, welche Gaben ausfindig gemacht wurden – Evangelisation, Seelsorge, Gastfreundschaft, Lehren etc. –, Sie sollten darüber nachdenken, wie Sie diese in den Bereich „Evangelisation“ einbringen können.

- *Bis zum ________________ sollen alle aktiven Gemeindeglieder ihre geistlichen Gaben entdeckt haben. Wir werden folgende Maßnahme ergreifen, um diesen Prozess zu unterstützen:*

____

____

- *Die entdeckten Gaben sollen vor allem auf folgenden Bereich des gemeindlichen Lebens bezogen werden (Tragen Sie hier das Qualitätsmerkmal ein, das im Gemeindeprofil neben „Zweckmäßige Strukturen“ mit der geringsten Punktzahl ausgewiesen ist):*

____

- *Folgende neue Dienste/Aufgaben könnten uns helfen, im Blick auf dieses Qualitätsmerkmal Wachstum zu erleben:*

____

____

- *Folgende Mitarbeiter könnten die erforderlichen Gaben haben, um diese Dienste/Aufgaben wahrzunehmen:*

____

____

Uneffektives streichen

Streichen Sie möglichst viele Programme/Aktivitäten, die wenig für den Gemeindeaufbau austragen.

In der natürlichen Gemeindeentwicklung geht es nicht um Erhöhung des Krafteinsatzes, sondern um Konzentration, d. h. die vorhandenen Kräfte sollen auf den wichtigsten Punkt gelenkt werden. Dies bedeutet, dass die bestehenden Programme, Gruppen und Aktivitäten unter dem

Aspekt geprüft werden müssen, ob die darin investierte Energie wirkungsvoll genug eingesetzt ist. In den meisten Fällen ließen sich viele Aktivitäten streichen, ohne dass der Gemeindeaufbau Schaden nehmen würde. Die Aufforderung, Arbeitsbereiche und Gruppen, die sich gegebenenfalls selbst überlebt haben, „sterben" zu lassen, wird in keiner Gemeinde ganz unumstritten sein. Sie ist aber eine unabdingbare Voraussetzung für einen gesunden Wachstumsprozess. Genauso wie innerhalb eines gewissen Zeitraums fast jede Zelle des menschlichen Körpers durch eine neue ersetzt wird, so muss dies auch in der Gemeinde geschehen: Altes muss sterben, damit Neues entstehen kann. Dies ist eine Gesetzmäßigkeit, die Gott selbst in seine Schöpfung gelegt hat.

- *Folgende Aktivitäten/Gruppen/Programme könnten gestrichen werden, um neue Kräfte für den Gemeindeaufbau freizusetzen:*

____

____

Organigramm erarbeiten

Entwickeln und kommunizieren Sie ein Organigramm, aus dem klar die Zuständigkeiten in der Gemeinde hervorgehen.

Manche Gemeinden haben noch nie ein Organigramm entwickelt, aus dem hervorgeht, welche Arbeitsbereiche es gibt, wer für welche Bereiche zuständig ist und an wen man sich bei aufkommenden Problemen wenden kann. Andere haben dies zwar vor Jahren oder Jahrzehnten getan, es seitdem aber nicht überarbeitet und an die aktuellen Bedürfnisse angepasst. Und wieder andere Gemeinden haben ein hervorragendes und aktuelles Organigramm vorliegen, es ist aber in der Gemeinde weitgehend unbekannt. Wenn Sie darangehen, ein Organigramm von Grund auf neu zu entwickeln, ist es ein überlegenswerter Gedanke, ob Sie nicht die einzelnen Arbeitsbereiche Ihrer Gemeinde – die jeweils von unterschiedlichen Personen geleitet werden – in Anlehnung an die acht Qualitätsmerkmale konzipieren wollen. Es gibt zwar in vielen Gemeinden einen Zuständigen für „Jugendarbeit" oder „Pressearbeit" oder „Finanzen", es spricht aber unter dem Aspekt der Gemeindeentwicklung mindestens ebenso viel dafür, für jeden Arbeitsbereich, der sich hinter den acht Qualitätsmerkmalen verbirgt, jeweils eine zuständige Person zu haben. Schließlich: Ein Organigramm darf keine geheime Verschlusssache sein, sondern muss auf möglichst breiter Ebene kommuniziert werden.

- *Bis zum __________________ werden wir das Organigramm unserer Gemeinde gründlich überarbeiten bzw. ein neues entwickeln.*

• *Das neue Organigramm soll auf folgende Weise in der Gemeinde auf breiter Ebene bekannt gemacht werden:*

____

____

____

Erfolg kontrollieren

Überprüfen Sie die Wirksamkeit der Maßnahmen.

Um herauszufinden, inwieweit die von Ihnen ergriffenen Maßnahmen „Frucht" gebracht haben, sollten Sie nach Ablauf von etwa sechs Monaten erneut das Gemeindeprofil erheben. Auf diese Weise können Sie prüfen, ob Sie sich weiter auf den Bereich „Zweckmäßige Strukturen" konzentrieren oder ob Ihre Bemühungen bereits so erfolgreich waren, dass Sie zu einem weiteren Qualitätsmerkmal (dem neuen Minimumfaktor) fortschreiten sollten.

• *Bis zu folgendem Termin werden wir erneut unser Gemeindeprofil erheben, um unsere Fortschritte kontrollieren zu können:*

____

Checkliste: Zweckmäßige Strukturen

❒ Wir haben alle gemeindlichen Strukturen unter dem Gesichtspunkt ihrer Funktionalität kritisch überprüft.

✐ *Wann?*

❒ Uneffektive Strukturen wurden abgeschafft bzw. verändert.

✐ *Welche?*

❒ Wir haben herausgefunden, welche noch nicht vorhandenen Strukturen sinnvoll wären und konkrete Pläne für die Einführung dieser Strukturen vorbereitet.

✐ *Welche?*

❒ Wir haben ein Gemeindeleitbild entwickelt und daraus konkrete Aktionspläne abgeleitet.

✐ *Welche?*

❒ Unser Gemeindeleitbild wird in der Gemeindearbeit regelmäßig kommuniziert.

✐ *Wann zuletzt?*

❒ Wir haben überprüft, wie viele Gemeindeglieder mit dem Gemeindeleitbild vertraut sind.

✐ *Wie?*

❒ Wir haben alle Strukturen unserer Gemeinde auf ihr Multiplikationspotential hin überprüft.

✐ *Mit welchem Ergebnis?*

❒ Alle Leiter in der Gemeinde haben einen Co-Leiter bekommen.

✐ *Namen?*

❒ Alle Leiter erfahren regelmäßige Betreuung und Begleitung durch einen Supervisor/Coach.

✐ *Namen?*

❒ Für die verschiedenen Arbeitsbereiche unserer Gemeinde gibt es jeweils zuständige Bereichsleiter.

✐ *Namen?*

❒ Wir haben allen Gemeindegliedern geholfen, ihre Gaben zu entdecken.

✐ *Wie?*

❒ Wir haben Gabenberater ausgebildet.

✐ *Wie?*

❑ Die geistliche Bedeutung der Strukturfrage wird in unserer Gemeinde regelmäßig kommuniziert.

✐ *Auf welche Weise?*

❑ Wir haben einen Plan für die Gemeindeentwicklung formuliert.

✐ *Wie sieht der aus?*

❑ Die Mitarbeiter der Gemeinde werden regelmäßig geschult.

✐ *Beispiele?*

❑ Die Mitarbeiterschulung befasst sich mit Inhalten, die sich an den tatsächlichen Bedürfnissen der Mitarbeiter orientieren.

✐ *Welche Bedürfnisse?*

❑ Wir haben ein Organigramm erstellt, das Struktur und Zuständigkeitsbereiche in der Gemeinde deutlich macht.

✐ *Wie sieht das aus?*

❑ Wir haben das Organigramm in unserer Gemeinde bekannt gemacht.

✐ *Auf welche Weise?*

❑ Wir haben herausgefunden, wie die vorhandenen Stärken unserer Gemeinde für die Verbesserung der Strukturen eingesetzt werden können.

✐ *Welche Stärken?*

❑ Wir haben Hindernisse, die einer Umsetzung der praktischen Maßnahmen im Wege stehen, ausfindig gemacht und sind ihnen auf angemessene Art und Weise begegnet.

✐ *Beispiele?*

❑ Die Ergebnisse der Maßnahmen, die wir in diesem Bereich ergriffen haben, werden regelmäßig überprüft.

✐ *Wann zuletzt?*

❑ Die Maßnahmen werden anhand der biotischen Prinzipien bewertet.

✐ *Mit welchem Ergebnis?*

❑ Es wurde ein Termin festgesetzt, an dem das Gemeindeprofil erneut erhoben werden soll.

✐ *Wann?*

❑ Sonstiges:

Teil 3: 8 Qualitätsmerkmale

Qualitätsmerkmal 5: Inspirierender Gottesdienst

„Niemand anderes als der Heilige Geist (lat. spiritus) soll es sein, der die Menschen ‚inspiriert'."

Testfrage:
Ist der Besuch des Gottesdienstes für die Gemeindeglieder eine inspirierende Erfahrung?
Ausführlicher: NGE, S. 30-31

Das „biblische Motto", das wir zu diesem Qualitätsmerkmal ausgewählt haben, macht – auch wenn es im Kontext des Thessalonicherbriefes nicht ausschließlich auf die gottesdienstliche Versammlung gemünzt ist – deutlich, worum es bei diesem Qualitätsmerkmal geht: Der Heilige Geist (lateinisch *spiritus*) soll es sein, der die Menschen „inspiriert". Unsere Arbeit am Gottesdienst sollte folglich darauf ausgerichtet sein, den Heiligen Geist „nicht zu dämpfen". Alle Bestandteile der gottesdienstlichen Versammlung – von der Sitzordnung über die Musik bis hin zur Predigt – sollten immer mehr zu Vehikeln werden, über die Gottes Geist und Gottes Liebe in der Gemeinschaft von Christen spürbar erfahren werden kann.

Biblisches Motto:
„Seid allezeit fröhlich, betet ohne Unterlass, seid dankbar in allen Dingen; denn das ist der Wille Gottes in Christus Jesus an euch. Den Geist dämpft nicht."
1. Thessalonicher 5,16-19

Wenn dieses Qualitätsmerkmal als derzeitiger Minimumfaktor Ihrer Gemeinde erscheint, so kann dies – je nach Prägung der Gemeinde und vorherrschendem theologischem Paradigma – ganz unterschiedliche Ursachen haben. Dementsprechend werden auch die Maßnahmen, die Sie ergreifen, unterschiedlich ausfallen. Ganz offensichtlich ist Ihr Gottesdienst derzeit noch nicht die Art von Versammlung, die sie nach Gottes Willen sein könnte. Bei allem, was Sie in diesem Bereich tun, sollten Sie sich immer fragen: Wie können unsere gottesdienstlichen Versammlungen für die Menschen, die an ihnen teilnehmen, zunehmend zu einer Erfahrung werden, die sie selbst als „inspirierend" erleben?

Ihre Gedanken:

- *Tragen Sie hier ein, welche der im Folgenden genannten praktischen Vorschläge Ihrer Meinung nach für die Situation Ihrer Gemeinde die größte Relevanz haben:*

Praktische Schritte

Teil 3: 8 Qualitätsmerkmale

Bauen Sie einen Gottesdienst-Vorbereitungskreis auf.

Der Gottesdienst sollte von einem Mitarbeiterteam getragen werden, in das sich Christen je nach ihren Gaben einbringen können. Ein gabenorientiertes und inspiriertes Mitarbeiterteam ist der Grundbaustein eines inspirierenden Gottesdienstes. Falls es einen solchen Kreis noch nicht gibt, sollte er schnellstmöglich aufgebaut werden. Falls er schon vorhanden ist, sollten Sie die folgenden Vorschläge innerhalb dieses Kreises gründlich bedenken.

„Ein gabenorientiertes und inspiriertes Mitarbeiterteam ist der Grundbaustein eines inspirierenden Gottesdienstes."

- *Für einen Gottesdienst-Vorbereitungskreis würden folgende Personen in Frage kommen:*

____

____

____

Besuchen Sie gemeinsam inspirierende Gottesdienste anderer Gemeinden.

Andere Gemeinden besuchen

Das, was „Inspiration" bedeutet, ist nur relativ unvollkommen mit Worten zu vermitteln. Man muss es erlebt haben. Finden Sie heraus, an welcher Stelle in Ihrer näheren oder auch ferneren Umgebung wirklich „inspirierende" Gottesdienste gefeiert werden, die eine starke Ausstrahlung haben. Besuchen Sie gemeinsam mit Ihrem Gottesdienst-Vorbereitungskreis diese Veranstaltungen. Bei solchen Besuchen geht es nicht darum, andere Gottesdienstformen zu „kopieren", sondern ein Gefühl für die Dynamik eines inspirierenden Gottesdienstes zu bekommen. Deshalb ist es von Vorteil, wenn die besuchten Gottesdienste möglichst verschiedenartig sind. Gut wäre es, wenn ein Gespräch mit dem dortigen Pastor bzw. mit Mitarbeitern, die für die Gestaltung des Gottesdienstes verantwortlich sind, eingeplant werden kann.

- *Am ________________ werde ich gemeinsam mit verantwortlichen Mitarbeitern unserer Gemeinde den Gottesdienst folgender auswärtigen Gemeinde besuchen:*

____

Prüfen Sie, inwieweit die Predigten mehr Begeisterung vermitteln können.

Predigtpraxis prüfen

Jeder Prediger hat einen anderen Stil – und das ist gut. Es wäre ausgesprochen kontraproduktiv, den Predigtstil eines anderen nachahmen zu wollen. Bei der Predigt es ist vor allem wichtig, dass der Prediger „echt" ist, das heißt, dass er nicht im Blick auf Gestik, Mimik und Wortwahl völlig anders redet, als man es sonst von ihm gewohnt ist. Dennoch gibt es einige Punkte, die unabhängig vom individuellen Predigtstil für jeden Prediger bedenkenswert sind:

1. Gehen Sie stärker auf die *wirklichen Fragen* und Bedürfnisse der Zuhörer ein. Viele Prediger erliegen der Illusion, als seien die Fragen, die *sie* besonders bewegen, auch die dringendsten Fragen der Menschen, zu denen sie sprechen. Die Predigten sollten vom Wort Gottes her praktische Hilfen geben.

2. Sicherlich werden Sie gewohnt sein, zumindest die Hauptthesen dessen, was Sie predigen wollen, schriftlich festzuhalten. Sie sollten es sich aber ebenso zur Angewohnheit machen, vor jeder Predigt präzise zu formulieren, was sich im Leben der Gemeinde durch Ihre Predigt konkret *verändern* soll.

3. Konzentrieren Sie sich auf Themenbereiche, in denen die Gemeinde auch Hilfe zur *konkreten Umsetzung* anbieten kann. Es ist zum Beispiel nur dann sinnvoll, in der Predigt unsere Verantwortung gegenüber bestimmten gesellschaftlichen Fragen zu thematisieren, wenn Ihre Gemeinde etwa ein entsprechendes Projekt anzubieten hat und unmissverständlich deutlich wird, wie der Einzelne daran mitarbeiten kann. Oder: Es ist nur dann sinnvoll, die Christen aufzurufen, in der Liebe zu wachsen, wenn es in der Gemeinde Gruppen gibt, in denen christliche Liebe eingeübt werden kann.

4. Gewöhnen Sie sich an, die Hauptpunkte Ihre Predigten verstärkt mit *Beispielen aus dem eigenen Gemeindeleben* zu illustrieren. Erzählen Sie zum Beispiel von Menschen, die kürzlich in Ihrer Gemeinde zum Glauben gekommen sind. Beschreiben Sie, wie es ein Hauskreis geschafft hat, einen langjährigen Konflikt zu bewältigen. Sie werden schon selbst ein Gespür dafür haben, welche Beispiele ohne Probleme namentlich erwähnt werden können, welche anonym erzählt werden sollten und welche überhaupt nichts auf der Kanzel zu suchen haben.

- *Gehen Sie in Zukunft vor jeder Predigt die Checkliste auf der folgenden Seite durch. Und nehmen Sie die Checkliste erneut zur Hand, wenn Sie gemeinsam mit dem Vorbereitungskreis den Gottesdienst des letzten Sonntags auswerten. Was war besonders gut gelungen? In welchem Bereich sollte die Predigt am nächsten Sonntag unbedingt besser werden?*

Arbeitsblatt: Predigt-Checkliste

Teil 3: 8 Qualitätsmerkmale

1. Welche Fragen, die die Gottesdienstbesucher als dringlich empfinden, spricht die Predigt an?

____

____

____

____

2. Was soll sich als Resultat der Predigt im Leben der Gemeindeglieder konkret verändern?

____

____

____

____

3. Durch welche gemeindlichen Angebote werden die Worte der Predigt unterstützt?

____

____

____

____

4. Durch welche Beispiele aus unserer Gemeinde können die Hauptpunkte der Predigt illustriert werden?

____

____

____

____

Musik überprüfen

Prüfen Sie, inwieweit die Musik inspirierender werden kann.

Kaum ein Faktor trägt so stark zu einer inspirierenden geistlichen Atmosphäre bei wie die Musik. Nun gibt es gerade auf diesem Gebiet die unterschiedlichsten Stile (und bisweilen auch „liturgischen Vorschriften"), so dass wir an dieser Stelle keine allgemein gültigen Modelle bringen können. Generell aber sollte darauf geachtet werden, dass die Musik eine positive, begeisternde Ausstrahlung hat. Nahezu jede geistliche Aufbruchbewegung hat neue Lieder hervorgebracht. Die Offenheit für neue, zeitgemäße Lieder ist eines von zahlreichen Indizien für eine Gemeinde, die im Aufbruch ist.

- *Im Blick auf die Musik im Gottesdienst sind folgende Bestandteile heute schon ausgesprochen inspirierend:*

____

____

____

- *Folgende Bestandteile sind verbesserungsbedürftig:*

____

____

____

- *Folgende Maßnahmen sollten ergriffen werden, um zu dieser Verbesserung zu gelangen:*

____

____

____

Mitarbeiter einbeziehen

Sorgen Sie dafür, dass möglichst viele Menschen aktiv in den Gottesdienst einbezogen werden.

Zwei oder drei *geschulte* „Laien-Liturgen", ein Begrüßungsteam, das die Erstbesucher willkommen heißt und in die Kirche begleitet, Bibellesungen von Konfirmanden, vom Kindergottesdienst vorgetragene Lieder, Ansagen durch einen Ältesten, eine musikalische Solodarbietung eines begabten Gemeindegliedes, Zeugnisse von Christen, die berichtenswerte Erfahrungen mit Gott gemacht haben – all das können Möglichkeiten sein, wie sich unterschiedliche Christen mit unterschiedlichen Gaben aktiv in den Gottesdienst einbringen können. Ein solcher Gottesdienst signalisiert jedem Besucher unmissverständlich: Dies ist nicht die zentrale Redeveranstaltung des Pastors, sondern dies ist eine Feier, die von einer lebendigen Gemeinschaft getragen wird. Wichtig ist allerdings, dass Sie sorgfältig auf die Qualität der Beiträge achten. Es geht nicht darum, möglichst vielen Menschen ein Forum zu geben, sich zu produzieren, sondern einen Gottesdienst zu gestalten, der von den Besuchern als attraktiv empfunden wird.

- *Zusätzlich zu unserer bisherigen Praxis könnten folgende Bereiche des Gottesdienstes von ehrenamtlichen Gemeindegliedern wahrgenommen werden:*

- *Folgendes könnten wir tun, um diesen Gemeindegliedern dabei zu helfen, den Gottesdienst mit qualitativ hochwertigen Beiträgen zu bereichern:*

„Neue" willkommen heißen

Sorgen Sie dafür, dass neue Besucher nicht übersehen werden.

Unterschiedliche Gemeinden haben die verschiedenartigsten Systeme entwickelt, Menschen, die zum ersten Mal oder nur sehr selten den Gottesdienst besuchen, die Teilnahme so angenehm wie möglich zu machen. Allen gemeinsam aber ist, dass Erstbesucher wie Ehrengäste behandelt werden. Es ist ausgeschlossen, dass ein Mensch zum ersten Mal den Gottesdienst besucht, ohne von anderen Christen freundlich angesprochen zu werden. Eine wichtige Funktion haben in diesem Zusammenhang informelle Begegnungen vor oder nach dem Gottesdienst (Kirchenkaffee etc.).
Wie können solche „Begrüßungssysteme" aussehen? Manche Gemeinden machen gute Erfahrungen damit, neue Besucher gleich an der Tür freundlich zu begrüßen und sich mit ihnen bekannt zu machen... ande-

re begrüßen die „Neuen" offiziell im Gottesdienst, indem sie sie aufstehen lassen und ihnen ein kleines „Willkommensgeschenk" überreichen... wieder andere haben einzelne Mitarbeiter damit beauftragt, gezielt auf „Neue" zuzugehen und sich mit ihnen bekannt zu machen.

- *Auf welche Weise werden in Ihrer Gemeinde „Neue" im Gottesdienst ausfindig gemacht?*

___

___

___

- *Was könnte zusätzlich zu dem, was bisher schon geschieht, getan werden, dass diese Menschen sich wohl fühlen und den Wunsch haben, wiederzukommen?*

___

___

___

___

___

___

Feedback institutionalisieren

Führen Sie nach jedem Gottesdienst eine „Feedbackrunde" durch.

Sie sollten sich zur festen Angewohnheit machen, im Gottesdienst-Vorbereitungskreis nicht nur die zukünftigen Gottesdienste zu planen, sondern stets auch den Gottesdienst des letzten Sonntags auszuwerten. Gehen Sie jeden Bereich (Musik, Predigt, Begrüßung, einzelne Beiträge etc.) sehr kritisch durch und fragen Sie sich: Was könnte beim nächsten Mal besser gemacht werden? Schreiben Sie diese Verbesserungsvorschläge unbedingt auf und kontrollieren Sie, ob sie auch ausgeführt werden. Und: Nehmen Sie zu diesen Feedbackrunden von Zeit zu Zeit Menschen hinzu, die nicht zum Vorbereitungskreis, aber zur Zielgruppe der gottesdienstlichen Veranstaltungen gehören. Wenn sich Ihr Gottesdienst z. B. primär an kirchenferne Menschen wendet, sollten Sie gemeinsam mit ihnen die Feedbackrunden durchführen; wenn Sie Familien mit kleinen Kindern ansprechen, sollten diese in den Feedbackrunden vertreten sein. Hilfreich ist es, wenn Sie alles das, was Sie sich im Blick auf die Gottesdienstgestaltung zum Ziel gesetzt haben, in einer auf Ihre spezifische Situation zugeschnittene Checkliste zusammenfassen, anhand derer Sie jeden Gottesdienst überprüfen. Die in diesem Kapitel enthaltenen Gedanken können Bausteine für diese Checkliste liefern.

- *Machen Sie eine Person in Ihrem Gottesdienst-Vorbereitungskreis dafür verantwortlich, für regelmäßige Feedbackrunden Sorge zu tragen. Bitten Sie sie gegebenenfalls, eine entsprechende Checkliste zu erarbeiten. Wer könnte für diesen Dienst in Frage kommen?*

Erfolg kontrollieren

Überprüfen Sie die Wirksamkeit der Maßnahmen.

Um herauszufinden, inwieweit die von Ihnen ergriffenen Maßnahmen „Frucht" gebracht haben, sollten Sie nach Ablauf von etwa sechs Monaten erneut das Gemeindeprofil erheben. Auf diese Weise können Sie prüfen, ob Sie sich weiter auf den Bereich „Inspirierender Gottesdienst" konzentrieren oder ob Ihre Bemühungen bereits so erfolgreich waren, dass Sie zu einem weiteren Qualitätsmerkmal (dem neuen Minimumfaktor) fortschreiten sollten.

- *Bis zu folgendem Termin werden wir erneut unser Gemeindeprofil erheben, um unsere Fortschritte kontrollieren zu können:*

Checkliste: Inspirierender Gottesdienst

❒ Wir haben überprüft, inwieweit unser Gottesdienststil zu unserem Gemeindeleitbild, der Besucherzahl, unserem Frömmigkeitsstil sowie der zu gewinnenden Zielgruppe passt und dort, wo es nötig war, Änderungen vorgenommen.

✎ *Welche Änderungen?*

❒ Wir haben herausgefunden, welche Mitarbeiter Gaben haben, die sie für die Gestaltung des Gottesdienstes einsetzen könnten.

✎ *Namen?*

❒ Wir haben einen Plan entwickelt, wie im Gottesdienst regelmäßig ehrenamtliche Mitarbeiter eingesetzt werden können.

✎ *Wie sieht der Plan aus?*

❒ Wir haben ein Gottesdienstteam aufgebaut, das die Gottesdienste regelmäßig vorbereitet und auswertet.

✎ *Wer gehört dazu?*

❒ Für alle regelmäßigen Mitarbeiter im Gottesdienst (Lesungen, Musik, Predigt, Moderation etc.) bieten wir Schulungen an.

✎ *Wer leitet Schulungen?*

❒ Christen mit der Gabe des Gebets beten gezielt für die Gottesdienste und werden vom Gottesdienstteam mit entsprechenden Informationen versorgt.

✎ *Wann und wo findet dieses Gebet statt?*

❒ Die Einzelelemente des Gottesdienstes (Lieder, Predigt, Sitzordnung, Ansagen etc.) wurden überprüft, ob sie kreativ gestaltet sind und eine positive Atmosphäre verbreiten.

✎ *Ergebnis der Überprüfung?*

❒ Die Predigten werden regelmäßig anhand der „Predigt-Checkliste" überprüft.

✎ *Wann zum letzten Mal?*

❒ Im Gottesdienst wurde Raum für persönliche Zeugnisse geschaffen, die deutlich machen, wie christlicher Glaube den Alltag verändert.

✎ *Inhalt des letzten Zeugnisses?*

❒ Jeder Gottesdienst wird vom Gottesdienstteam anhand einer von uns entwickelten Checkliste kritisch ausgewertet und es werden jede Woche Verbesserungsvorschläge gemacht.

✎ *Art der Checkliste?*

❒ Während der Gottesdienste wird eine qualitativ hochwertige Kinderbetreuung angeboten.

✏ *Namen der Leiter?*

❒ Die Mitarbeiter der Kinderbetreuung werden geschult und von der Gemeindeleitung unterstützt.

✏ *Art der Schulung?*

❒ Im Umfeld des Gottesdienstes haben wir für Gelegenheiten zum geselligen Beisammensein gesorgt.

✏ *Welcher Art?*

❒ Wir haben Mitarbeiter, die in jedem Gottesdienst auf neue Besucher achten und auf sie zugehen.

✏ *Wer?*

❒ Wir haben überprüft, ob die Uhrzeit des Gottesdienstes den Bedürfnissen der Mehrheit der Besucher entspricht.

✏ *Ergebnis?*

❒ Wir haben herausgefunden, wie die vorhandenen Stärken unserer Gemeinde für die Entwicklung des Gottesdienstes eingesetzt werden können.

✏ *Welche Stärken?*

❒ Wir haben Hindernisse, die einer Umsetzung der praktischen Maßnahmen im Wege stehen, ausfindig gemacht und sind ihnen auf angemessene Art und Weise begegnet.

✏ *Beispiele?*

❒ Die Ergebnisse der Maßnahmen, die wir in diesem Bereich ergriffen haben, werden regelmäßig überprüft

✏ *Wann zuletzt?*

❒ Die Maßnahmen werden anhand der biotischen Prinzipien bewertet.

✏ *Mit welchem Ergebnis?*

❒ Es wurde ein Termin festgesetzt, an dem das Gemeindeprofil erneut erhoben werden soll.

✏ *Wann?*

❒ Sonstiges:

Teil 3: 8 Qualitätsmerkmale

Qualitätsmerkmal 6: Ganzheitliche Kleingruppen

„Bisweilen gelten Kleingruppen als eine zwar tolerierte, aber kritisch beargwöhnte Subkultur der Gemeinde."

Testfrage:
Sind die Kleingruppen darauf ausgerichtet, dass den realen Fragen und Bedürfnissen der Teilnehmer ganzheitlich begegnet wird?
Ausführlicher: NGE, S. 32-33

Manche Gemeinden identifizieren das Qualitätsmerkmal „Ganzheitliche Kleingruppen" als ihren Minimumfaktor, weil sie so gut wie keine Kleingruppen anzubieten haben; andere, weil die bestehenden Kleingruppen zu wenig darauf konzentriert sind, den realen Fragen und Bedürfnissen der Teilnehmer ganzheitlich zu begegnen. In wieder anderen Fällen gibt es zwar einige wenige ganzheitliche Kleingruppen, aber diese sind kaum darauf ausgerichtet, sich zu multiplizieren und so immer mehr Menschen einzubeziehen. Bisweilen gelten Kleingruppen auch als eine zwar tolerierte, aber doch eher kritisch beargwöhnte Subkultur der Gemeinde, nicht aber als das mit aller Kreativität anzustrebende Ziel.

Die Ausgangssituation, die Sie in Ihrer Gemeinde vorfinden, bestimmt natürlich in starker Weise, welche praktischen Schritte Sie unternehmen sollten, um die Qualität in diesem Bereich zu steigern. Die Übernahme von erfolgreichen Modellen aus anderen Gemeinden führt nur in den seltensten Fällen weiter. Deshalb haben wir uns im Folgenden bewusst auf solche Elemente von Kleingruppenarbeit beschränkt, von denen sich zeigen lässt, dass die dahinter stehenden Prinzipien für wachsenden Gemeinde rund um den Globus gelten.

Biblisches Motto:
„Sie brachen das Brot hier und dort in den Häusern, hielten die Mahlzeiten mit Freude und lauterem Herzen und lobten Gott und fanden Wohlwollen beim ganzen Volk."
Apostelgeschichte 2,46-47

Ihre Gedanken:

- *Tragen Sie hier ein, welche der im Folgenden genannten praktischen Vorschläge Ihrer Meinung nach für die Situation Ihrer Gemeinde die größte Relevanz haben:*

Praktische Schritte

Teil 3: 8 Qualitätsmerkmale

Sorgen Sie dafür, dass die Kleingruppenleiter für ihre Arbeit geschult werden.

„Die Qualität einer Kleingruppe hängt unmittelbar von der Qualifikation ihrer Leiter ab."

Die Qualität einer Kleingruppe hängt unmittelbar von der Qualifikation ihrer Leiter ab. Deshalb ist es wichtig, dass (a) nur solche Menschen zu Kleingruppenleitern werden, denen Gott die für diesen Dienst notwendigen geistlichen Gaben gegeben hat, und (b) diese Christen für ihren Dienst geschult werden.

a. Die wichtigste Gabe, die ein Kleingruppenleiter mitbringen sollte, ist die geistliche Gabe des „Hirtendienstes". Diese Gabe befähigt Menschen, langfristig Verantwortung für das geistliche und persönliche Wohl einer Gruppe zu übernehmen. Nach unseren Untersuchungen gehört diese Gabe zu den am weitesten verbreiteten Gaben überhaupt – nur dass sie häufig nicht ausgeübt wird, weil immer noch die Anschauung herrscht, der Hirtendienst gehöre zu den klassischen Aufgaben des Pastors. Dabei ist das ein großer Irrtum: Der Pastor braucht keineswegs die Gabe des Hirtendienstes zu haben – ein Hauskreisleiter allerdings ist dringend auf sie angewiesen. Wenn Sie in Ihrer Gemeinde einen Gabenentdeckungsprozess starten (nähere Angaben dazu Seiten 56-58), werden Sie merken, dass es in Ihrer Gemeinde sehr viel mehr Menschen mit dieser Gabe gibt, als Sie bisher für möglich hielten.

b. Die Gabe des Hirtendienstes macht eine Schulung für den Dienst eines Kleingruppenleiters natürlich nicht überflüssig. Jede Gemeinde sollte ein festes System haben, mit dessen Hilfe potentielle Hauskreisleiter auf ihre Aufgabe vorbereitet werden (Themen z. B.: Wie leite ich ein Gespräch? Wie bereite ich eine Bibelarbeit vor? Wie sorge ich dafür, dass sich der Kreis vervielfältigt? Wie lerne ich einen Co-Leiter an?, etc.). Viele Gemeinden bieten diese Schulungen selber an; andere schicken ihre Hauskreisleiter zu auswärtigen Seminaren.

- *Folgende Christen in unserer Gemeinde haben die Gabe des Hirtendienstes:*

____

____

____

____

____

• *Unsere Gemeinde bietet folgende Schulungen für (zukünftige) Hauskreisleiter an:*

____

____

____

Co-Leiter ausbilden

Achten Sie konsequent auf das Co-Leiter-Prinzip.

Der beste Weg, auf kontinuierlicher Basis Leiter für zukünftige Kreise zu schulen, ist der, mögliche Kandidaten zunächst zum Co-Leiter zu ernennen. Der Co-Leiter wird in die Planung und Leitung der Gruppe schrittweise eingeführt, so dass sich in diesem Prozess herausstellen wird, ob Gott ihm die entsprechenden Gaben gegeben hat. Eine der vordringlichsten Aufgaben jedes Leiters sollte es sein, nach einem Co-Leiter Ausschau zu halten, den er „on the job" anlernt, so dass dieser schließlich selbstständig eine Gruppe übernehmen kann.

• *Folgende Personen könnten als Co-Leiter für (ggf. zukünftige) gemeindliche Gruppen in Frage kommen:*

____

____

____

Multiplikation fördern

Fördern Sie eine geplante Multiplikation der Kleingruppen.

Wenn die meisten Christen einer Gemeinde in Kleingruppen von jeweils sechs Personen integriert sind und jede dieser Gruppen pro Jahr nur einen neuen Menschen gewinnt, würde sich die Größe der Gemeinde auf diese Weise innerhalb von fünf Jahren verdoppeln! Sicherlich ist es für jede Kleingruppe ein realistisches Ziel, jährlich einen Menschen neu zu gewinnen. Aber die einzelnen Gruppen können nicht endlos wachsen. Am besten, Sie begrenzen die Zahl der Gruppenmitglieder von vornherein. Acht bis zehn Mitglieder ist die optimale Größe. Was tun Sie aber, wenn diese Zahl erreicht oder bereits überschritten ist? Die meisten Gemeinden unternehmen an dieser Stelle gar nichts – und erleben schlicht, dass das Wachstum von allein aufhört. Andere Gemeinden entscheiden sich an dieser Stelle für eine Gruppenteilung, die oftmals mit großen Schmerzen verbunden ist. Der beste Weg, zu einer ständigen Multiplikation von Gruppen zu gelangen, ist der, innerhalb der Gruppe einige Mitglieder ausfindig zu machen, die als „Pioniere" eine neue Gruppe starten. Das ist einfacher als der schmerzliche Prozess, eine gewachsene Gruppe in zwei Hälften zu teilen. Die Ausrichtung auf Multiplikation hin sollte zum Wesen jeder Kleingruppe gehören. Und: Die Gruppenneugründung sollte, wenn irgend möglich, innerhalb des ersten Jahres erfolgen.

- *In unserer Gemeinde könnte die Multiplikation von Kleingruppen auf folgende Weise gefördert werden:*

____

____

____

Gruppen sterben lassen

Haben Sie Mut, Gruppen sterben zu lassen.

Wer von Reproduktion und Multiplikation redet, muss auch vom Sterben reden. Es ist der Endpunkt eines ganz normalen Wachstumsprozesses. Viele Gruppen – besonders dann, wenn sie schon seit mehreren Jahren bestehen – haben sich längst überlebt und sind kaum noch offen für neue Mitglieder. Aber niemand hat den Mut, die Gruppe zu schließen. Auf diese Weise wird viel Energie gebunden, die sehr viel sinnvoller eingesetzt werden könnte. Die Auflösung einer Gruppe kann besonders in solchen Fällen ein freudiges Ereignis sein, wenn die Gruppe zwischenzeitlich zwei „Kinder", sechs „Enkel" und 15 „Urenkel" in die Welt gesetzt haben sollte. Dies ist Gottes Plan, wie sich Leben vervielfältigt.

- *Folgende Gruppen sollten in unserer Gemeinde geschlossen werden:*

____

____

____

- *Die Mitglieder, die derzeit zu diesen Gruppen gehören, könnten durch folgende Angebote persönlich stärker profitieren und mehr zum Gemeindeaufbau beitragen:*

____

____

Arbeitsmaterialien einsetzen

Versorgen Sie die Gruppen mit geeigneten Materialien für die inhaltliche Gestaltung.

Gruppenleiter müssen sich nicht alle Ideen zur Gestaltung einer Gruppenstunde selbst ausdenken und auch der Gemeindepastor muss keineswegs der „Chefdenker" für alle Gruppen sein. Tausende von Gruppen haben mit Tausenden von Ideen bereits positive Erfahrungen gemacht. Warum soll man sich nicht davon anregen lassen? Wichtig ist allerdings, dass die Materialien, mit denen sich eine Gruppe beschäftigt, daraufhin überprüft worden sind, ob sie nachweislich positive Auswirkungen auf die Gemeindeentwicklung haben. Zu den meisten der acht Qualitätsmerkmale wachsender Gemeinden hat unser Institut unter diesem Aspekt Arbeitsmaterial für Kleingruppen entwickelt. Diese Materialien bieten eine lebendige Verknüpfung von biblischen Impulsen, methodischen Anregungen und praktischen Übungen, die eine Gruppe so zusammenstellen kann, wie es am besten zu ihr passt.

- *Mit folgenden Arbeitsmaterialien sollen unsere Gruppenleiter in Zukunft unterstützt werden:*

____

____

____

____

____

____

____

Unterschiedliche Gruppen schaffen

Sorgen Sie für unterschiedliche Kleingruppentypen.

Eine entscheidende Schwäche vieler Gemeinden ist es, dass sie sich auf einen einzigen Gruppentypus festgelegt haben – und auch noch Wert darauf legen, dass alle Kleingruppen nach dem gleichen Schema ablaufen. Da aber Menschen und ihre Bedürfnisse unterschiedlich sind, sollten auch die Gruppenangebote diese Unterschiede widerspiegeln. Je vielfältiger das Gruppenangebot ist, desto vielfältiger werden auch die Menschen sein, die man auf diese Weise erreicht. Denken Sie darüber nach, wie über unterschiedliche Kleingruppenangebote unterschiedliche Menschen „abgeholt" werden können.

• *Folgende Kleingruppenangebote, die es derzeit in unserer Gemeinde noch nicht gibt, könnten Bedürfnisse von Gemeindegliedern und/oder Außenstehenden abdecken:*

• *Folgende Personen könnten in Frage kommen, diese Gruppen in Zukunft zu leiten:*

Gruppenleiter betreuen

Machen Sie die Begleitung der Gruppenleiter zu Ihrer Priorität.

Die Schulung von Kleingruppenleitern ist keine Angelegenheit, die irgendwann abgeschlossen ist. Ein funktionierendes Kleingruppensystem ist darauf angewiesen, dass die Gruppenleiter ständig begleitet werden und die Arbeit der einzelnen Gruppen untereinander koordiniert wird. In kleinen Gemeinden kann diese zentrale Arbeit durchaus der Pastor tun; in größeren kann es wichtig werden, einen oder mehrere Kleingruppen-Koordinator(en) mit dieser Aufgabe zu betrauen.

• *In unserer Gemeinde werden die einzelnen Kleingruppenleiter auf folgende Weise kontinuierlich begleitet:*

- *Folgendes könnte an dieser Stelle verbessert werden:*

____

____

____

____

Erfolg kontrollieren

Überprüfen Sie die Wirksamkeit der Maßnahmen.

Um herauszufinden, inwieweit die von Ihnen ergriffenen Maßnahmen „Frucht" gebracht haben, sollten Sie nach Ablauf von etwa sechs Monaten erneut das Gemeindeprofil erheben. Auf diese Weise können Sie prüfen, ob Sie sich weiter auf den Bereich „Ganzheitliche Kleingruppen" konzentrieren oder ob Ihre Bemühungen bereits so erfolgreich waren, dass Sie zu einem weiteren Qualitätsmerkmal (dem neuen Minimumfaktor) fortschreiten sollten.

- *Bis zu folgendem Termin werden wir erneut unser Gemeindeprofil erheben, um unsere Fortschritte kontrollieren zu können:*

____

Checkliste: Ganzheitliche Kleingruppen

❏ In unserer Gemeinde wird über die Bedeutung christlicher Kleingruppen regelmäßig gepredigt.

✎ *Wann zuletzt?*

❏ Die Kleingruppenleiter werden auf ihre Aufgaben bezogen geschult.

✎ *Welche Art von Schulungen?*

❏ Es gibt mindestens einmal im Monat ein Treffen für die Leiter der Kleingruppen, in dem Schulung und Austausch stattfinden.

✎ *Wer leitet?*

❏ Jeder Kleingruppenleiter hat einen Co-Leiter bekommen.

✎ *Namen?*

❏ Die Kleingruppenleiter werden angeleitet, wie sie eine Gruppe zur Multiplikation führen können.

✎ *Auf welche Weise?*

❏ Die Kleingruppenleiter haben einen Supervisor/Coach, der sich mindestens einmal im Quartal mit ihnen trifft, um die Arbeit auszuwerten und die nächsten Schritte zu planen.

✎ *Namen?*

❏ Es gibt heute mehr Kleingruppen als vor einem halben Jahr.

✎ *Welche?*

❏ Die Kleingruppenleiter werden regelmäßig über geeignete Materialien zu ihrer Weiterbildung informiert.

✎ *Beispiele?*

❏ Wir haben geprüft, inwieweit die Kleingruppenleiter die entsprechenden Gaben für ihre Aufgabe haben.

✎ *Auf welche Weise?*

❏ Die Gemeindeleitung hat einen Überblick über die Größe aller Kleingruppen: Gruppen mit zwölf oder mehr Teilnehmern werden auf eine Teilung vorbereitet.

✎ *Wann zuletzt?*

❏ In den verschiedenen Kleingruppen wurden die „Pioniere" ermittelt, die für die Neugründung von Kleingruppen eingesetzt werden können.

✎ *Namen?*

- ❏ Kleingruppengründer werden von der Gemeindeleitung gezielt unterstützt.

  ✎ *Wie?*

- ❏ Wir haben ermittelt, welche Bedürfnisse Außenstehende haben, die durch die vorhandenen Kleingruppen noch nicht abgedeckt werden.

  ✎ *Beispiele?*

- ❏ Wir haben Gruppen geschaffen, die speziell auf diese Bedürfnisse eingehen.

  ✎ *Beispiele?*

- ❏ Wir haben herausgefunden, wie die vorhandenen Stärken unserer Gemeinde für die Entwicklung der Kleingruppen eingesetzt werden können.

  ✎ *Welche Stärken?*

- ❏ Wir haben Hindernisse, die einer Umsetzung der praktischen Maßnahmen im Wege stehen, ausfindig gemacht und sind ihnen auf angemessene Art und Weise begegnet.

  ✎ *Beispiele?*

- ❏ Die Ergebnisse der Maßnahmen, die wir in diesem Bereich ergriffen haben, werden regelmäßig überprüft.

  ✎ *Wann zuletzt?*

- ❏ Die Maßnahmen werden anhand der biotischen Prinzipien bewertet.

  ✎ *Mit welchem Ergebnis?*

- ❏ Es wurde ein Termin festgesetzt, an dem das Gemeindeprofil erneut erhoben werden soll.

  ✎ *Wann?*

- ❏ Sonstiges:

Qualitätsmerkmal 7: Bedürfnisorientierte Evangelistion

Teil 3: 8 Qualitätsmerkmale

Testfrage:
Sind Formen und Inhalte der evangelistischen Aktivitäten auf die Bedürfnisse der Menschen bezogen, die gewonnenen werden sollen?
Ausführlicher: NGE, S. 34-35

Viele Gemeinden, die kein Wachstum erleben, glauben, dass doch logischerweise „Evangelisation" ihr Minimumfaktor sein müsse. Sie sehen nicht, dass in vielen Situationen das Wachstum durch Defizite im Bereich ganz anderer Qualitätsmerkmale behindert wird. Umgekehrt: Viele Gemeinden, die in den letzten Jahren schnell gewachsen sind, haben Schwierigkeiten, sich mit einem Gemeindeprofil zu identifizieren, das „Bedürfnisorientierte Evangelisation" als ihren Minimumfaktor ausweist. Wie sonst sollte denn ihr Wachstum erklärbar sein wenn nicht dadurch, dass sie erfolgreich evangelisiert haben? – In beiden Fällen wird nicht gesehen, dass im Blick auf das quantitative Wachstum der Gemeinde „Evangelisation" nur einer von acht notwendigen Bausteinen ist.

„Allen Vorschlägen gemeinsam ist, dass sie Evangelisation in den Kontext einer langfristigen Gemeindeentwicklung stellen."

Wenn Sie „Bedürfnisorientierte Evangelisation" als den Minimumfaktor Ihrer Gemeinde ausfindig gemacht haben, so kann dies einerseits darauf zurückzuführen sein, dass es einfach zu wenige evangelistische Aktivitäten in Ihrer Gemeinde gibt; andererseits kann die Ursache sein, dass die vorhandenen evangelistischen Aktivitäten noch nicht „bedürfnisorientiert" genug ausgerichtet sind. Was immer Ihre Ausgangsposition ist, die folgenden Vorschläge werden Ihnen helfen, die Qualität in diesem Bereich deutlich zu steigern. Alle Vorschlägen gemeinsam ist, dass sie Evangelisation nicht als ein isoliertes Angebot verstehen, sondern in den Kontext einer langfristigen Gemeindeentwicklung stellen.

Biblisches Motto:
„Den Juden bin ich wie ein Jude geworden... Denen, die ohne Gesetz sind, bin ich wie einer ohne Gesetz geworden... Ich bin allen alles geworden, damit ich auf alle Weise einige rette."
1. Korinther 9,20-22

Ihre Gedanken:

- *Tragen Sie hier ein, welche der im Folgenden genannten praktischen Vorschläge Ihrer Meinung nach für die Situation Ihrer Gemeinde die größte Relevanz haben:*

Teil 3: 8 Qualitätsmerkmale

Praktische Schritte

„Sorgen Sie dafür, dass Christen mit der Gabe der Evangelisation gegebenenfalls aus anderen Aufgaben aussteigen."

Machen Sie ausfindig, wer in Ihrer Gemeinde die Gabe der Evangelisation hat.

Für das evangelistische Engagement einer Gemeinde ist es wichtig, sorgfältig zwischen Christen, die die Gabe der Evangelisation haben, und denen, die sie nicht haben, zu unterscheiden. Bei der Auswertung unseres Gabentests haben wir die These bestätigt gefunden, dass es 10 Prozent der Christen sind, denen Gott die Gabe der Evangelisation gegeben hat. Für die Gemeindeleitung ist es wichtig, diese Menschen zu kennen. Wenn sich Ihre Gemeinde auf einen Gabenentdeckungsprozess eingelassen hat (nähere Angaben dazu auf den Seiten 56-58), werden Sie relativ schnell wissen, wer die 10 Prozent in Ihrer Gemeinde sind, die die Gabe der Evangelisation haben. Sorgen Sie dafür, dass diese Menschen – falls nötig – aus anderen gemeindlichen Verpflichtungen aussteigen, um ihre gesamte Kraft für die Evangelisation einsetzen zu können. Helfen Sie ihnen dabei, auf kontinuierlicher Basis einen offensiven evangelistischen Dienst wahrzunehmen.

- *Welche Christen in Ihrer Gemeinde haben die Gabe der Evangelisation?*

- *Wer von ihnen steht schon heute in einem offensiven evangelistischen Dienst, wer noch nicht?*

- *Was könnten Sie tun, damit mehr Christen mit der Gabe der Evangelisation genügend Zeit haben, diese auch konsequent einzusetzen?*

___

___

___

___

Geistliche Gaben für Evangelisation nutzbar machen

Beziehen Sie alle geistliche Gaben verstärkt auf den Bereich Evangelisation.

Nicht nur die Gabe der Evangelisation, sondern ausnahmslos jede andere geistliche Gabe lässt sich für das evangelistische Engagement einer Gemeinde nutzbar machen. In Ihrer Situation ist es von großer Bedeutung, dass jedem Christen dabei geholfen wird, seine jeweiligen Gaben stärker als bisher auf den „Minimumfaktor" – sprich: auf den Bereich „Bedürfnisorientierte Evangelisation" – zu beziehen. In den meisten Gemeinden ist die Praktizierung der Gaben allzu sehr „nach innen" gerichtet, so dass Menschen, die noch keinen Kontakt zur Gemeinde haben, kaum davon profitieren.

- *Auf folgende Weise wollen wir jedem Christen dabei helfen, seine jeweiligen Gaben verstärkt dafür einzusetzen, dass andere Menschen Christus kennen lernen:*

___

___

___

___

Gabenorientiertes Evangelisations-training anbieten

Führen Sie in möglichst vielen Gruppen der Gemeinde einen „Grundkurs Evangelisation" durch.

Um Gemeinden in ihren Bemühungen um eine Form von Evangelisation zu unterstützen, die den unterschiedlichen Gaben der Christen Rechnung trägt, hat unser Institut einen „Grundkurs Evangelisation" entwickelt. Dieser Kurs kann von einzelnen Christen durchgearbeitet werden, eignet sich aber besonders für den Einsatz in Kleingruppen. In diesem Grundkurs werden die Prinzipien der natürlichen Gemeindeentwicklung so konsequent wie möglich auf den Bereich „Evangelisation" bezogen. Der Einsatz des Kurses ist insbesondere dann zu empfehlen, wenn Evangelisation der Minimumfaktor der Gemeinde ist. Wenn Sie von anderem Material Gebrauch machen, sollten Sie sorgfältig darauf achten, dass hier nicht von jedem Christen etwas erwartet wird, was nur von Menschen, denen Gott die Gabe der Evangelisation gegeben hat, erwartet werden sollte. Viele Angebote zu diesem Thema schießen in der gut gemeinten Absicht, Menschen für die Mitarbeit am Missionsbefehl zu motivieren, übers Ziel hinaus. Manipulative bzw. drängerische Evangelisationsmethoden sind mit Vorsicht zu genießen.

- *Folgende Gruppen in unserer Gemeinde könnten dafür in Frage kommen, in den grundlegenden Prinzipien der Evangelisation geschult zu werden:*

___

___

___

___

- *Auf welche Weise könnten diese Gruppen für das Anliegen gewonnen werden?*

___

___

„Erweiterte Familien" ausfindig machen

Helfen Sie den Christen dabei, ihre „erweiterte Familie" ausfindig zu machen.

Die folgenden Hinweise sind für die 90 Prozent der Gemeindeglieder gedacht, denen Gott nicht die Gabe der Evangelisation gegeben hat – denn gerade sie können viel zur Erfüllung des Missionsbefehls beitragen. Als „erweiterte Familie" werden alle Personen im Beziehungsgefüge eines Christen bezeichnet, die derzeit keine persönliches Beziehung zu Jesus und zur Gemeinde haben (Freunde, Verwandte, Kollegen). Kopieren Sie für jeden engagierten Christen in Ihrer Gemeinde Arbeitsblatt 1, das Sie im Anhang auf Seite 220 finden. Sorgen Sie dafür, dass jedes aktive Gemeindeglied eine Kopie dieses Blattes erhält. Sie können zu diesem Zweck z. B. einen Schulungsabend oder ein Seminarwochenende zum Thema „Persönliche Evangelisation" durchführen. Wenn Sie eine gut funktionierende Kleingruppenarbeit haben, können Sie es aber auch im Rahmen der Hauskreise bearbeiten lassen. Auf dem

Arbeitsblatt trägt jeder die Namen der Menschen ein, die zu seiner „erweiterten Familie" gehören. Anschließend unterstreicht er die Namen von zwei Personen, auf die er sich in Zukunft besonders konzentrieren will. Er verpflichtet sich, für diese Menschen täglich zu beten und daran zu arbeiten, die Beziehungen zu ihnen zu vertiefen.

- *Am ____________________ werden wir eine Veranstaltung durchführen, in deren Rahmen jeder aktive Christ seine „erweiterte Familie" ausfindig macht.*

Bewusstsein für potentielle Gemeinde schaffen

Schaffen Sie im Gottesdienst regelmäßig ein Bewusstsein für Ihre „potentielle Gemeinde".

Die „potentielle Gemeinde" setzt sich aus der Gesamtzahl der Menschen in den erweiterten Familien der einzelnen Gemeindeglieder zusammen. Es geht nun darum, dass alle aktiven Gemeindeglieder diese Menschengruppe zunehmend in den Blick bekommen und ihre Verantwortung für sie erkennen. Sie können das z. B. fördern, indem Sie sich die Arbeitsblätter „Meine erweiterte Familie" zurückgeben lassen und in einen überdimensionalen Briefumschlag stecken. Der Umschlag kann anschließend feierlich versiegelt und in den Gottesdienstraum gehängt werden. Dann sollte jeden Sonntag im Gottesdienst für die Menschen, deren Namen der Umschlag enthält, gebetet werden.

- *Ab dem ________________ werden wir in jedem Gottesdienst für die „Mitglieder unserer potentiellen Gemeinde" beten.*

- *Folgendes könnten wir tun, damit die „potentielle Gemeinde" und ihre Bedürfnisse stärker als bisher in unser Denken, Beten und Planen einbezogen wird:*

____

____

Dauerhafte Prozesse etablieren

Reservieren Sie in jeder Gruppenstunde 10 bis 15 Minuten für das Gespräch über die „erweiterten Familien".

Um den Prozess der persönlichen Evangelisation fest in den gemeindlichen Alltag zu integrieren, ist es wichtig, dass er bei den unterschiedlichsten Gelegenheiten thematisiert wird. Nachdem jeder Ch 'st seine „erweiterte Familie" ausfindig gemacht hat, sorgen Sie dafür, dass möglichst in jeder gemeindlichen Gruppe zu Beginn oder am Ende Zeit für einen kurzen Erfahrungsaustausch über dieses Thema ist. Dabei macht es keinen Unterschied, ob es sich um einen Hauskreis, einen Chor oder den Kirchenvorstand handelt. In dieser Zeit des Austauschs sollte gefragt werden: Welche Fortschritte haben die Mitglieder in ihrer Beziehung zu ihrer „erweiterten Familie" gemacht? Wo gibt es Schwierigkeiten? Welche Gebetsanliegen sollten ausgetauscht werden? Welche Angebote sollte die Gemeinde machen, die die Bemühungen der Einzelnen ergänzen? Ein solcher regelmäßiger Erfahrungsaustausch hält das Thema wach und zeigt den einzelnen Gemeindegliedern, dass sie mit ihren Bemühungen nicht allein stehen.

- *Bei folgenden unserer bestehenden Gruppen könnte ich mir vorstellen, dass sie das Gespräch über ihre „erweiterten Familien" zum regelmäßigen Bestandteil ihrer Gruppenstunden machen:*

Bedürfnisorientierte Angebote entwickeln

Schaffen Sie Angebote, die speziell auf die Bedürfnisse Ihrer „potentiellen Gemeinde" eingehen.

Wenn Sie Ihre Arbeit auf Ihre „potentielle Gemeinde" konzentrieren, dann handelt es sich keineswegs um eine „anonyme Zielgruppe", sondern um Menschen, über deren Bedürfnisse und Probleme Sie sehr viel wissen. Sie brauchen dazu keine aufwändigen Erhebungen durchzuführen, da Sie ja die beste „Brücke" zu diesen Menschen haben, die man sich vorstellen kann: liebevolle Beziehungen zu bereits aktiven Gemeindegliedern. Sorgen Sie dafür, dass die Gemeindeglieder erfahren, an welchen Stellen die Mitglieder ihrer „erweiterten Familien" die größten Probleme haben – und Sie haben einen Anhaltspunkt, an welcher Stelle die Gemeinde in ihrer Programmplanung Initiative ergreifen sollte. Sind Beziehungsprobleme vorherrschend? Probleme wirtschaftlicher Art? Drogenkonsum? Einsamkeit? Stress? Übergewicht? Schwierigkeiten in der Kindererziehung? Alles das können gute Themen sein, unter die Sie gemeindliche Veranstaltungen stellen und zu denen die Gemeindeglieder ihre kirchenfernen Freunde, Verwandten und Kollegen einladen.

- *Nachdem die Christen mit den Mitgliedern ihrer erweiterten Familien gesprochen haben, tragen Sie zusammen, welche Bedürfnisse dabei ausfindig gemacht werden konnten. Fragen Sie in einem zweiten Arbeitsschritt, welche Angebote die Gemeinde zu jedem dieser Probleme machen könnte.*

Identifiziertes Problem/ Bedürfnis	**Mögliche Angebote der Gemeinde**

Evangelistische Veranstaltungen planen

Führen Sie spezielle evangelistische Veranstaltungen durch.

Dass in den vorangegangenen Schritten die Bedeutung der persönlichen Beziehungen von Gemeindegliedern zu Nichtchristen so sehr betont wurde, bedeutet nicht, dass sich Ihre Gemeinde auf „persönliche Evangelisation" beschränken sollte. Im Gegenteil: Um die Bemühungen der Einzelnen zu unterstützen, sind gezielte evangelistische Veranstaltungen von großer Bedeutung. So problematisch bestimmte „klassische" Formen der Evangelisation isoliert betrachtet auch sind – innerhalb der Prozesse, wie wir sie in diesem Buch beschrieben haben, sind sie ausgesprochen sinnvoll. Jede evangelistische Aktion wird umso mehr Frucht bringen, je stärker sie von einer Gemeinde, in der Evangelisation zum Lebensstil geworden ist, getragen wird.

- *Folgende evangelistische Veranstaltungen bzw. Aktionen, zu denen Gemeindeglieder ihre Freunde, Verwandten und Kollegen einladen können, finden in den nächsten neun Monaten statt:*

Veranstaltung bzw. Aktion	Datum

„Neuen" bei der Integration helfen

Helfen Sie neugewonnenen Christen bei der Integration in die Gemeinde.

Evangelisation ist auf halber Strecke stehen geblieben, solange ein neugewonnenener Christ nicht aktives Glied der Gemeinde wird. Die meisten Gemeinden unterschätzen, wie schwierig es für einen Neuen in aller Regel ist, seinen Platz zu finden. Bestehende Gruppen stellen sich keineswegs so dar, dass sie automatisch Außenstehende integrieren. Das Ergebnis ist eine enorm hohe Rückfallrate von Menschen, die gerade erst zum Glauben gekommen sind. Wie aber können Sie erreichen, dass neue Christen in das Leben der Gemeinde so integriert werden, dass sie ein Zugehörigkeitsgefühl entwickeln und aktiv am gemeindlichen Leben teilnehmen? Verschiedene Gemeinden haben mit folgenden Maßnahmen gute Erfahrungen gemacht:

- Manche haben in jedem Kreis einen Teilnehmer beauftragt, der für die Eingliederung neuer Christen verantwortlich ist. Diese Person sorgt dafür, dass neue Mitglieder mit den anderen Gruppenmitgliedern bekannt gemacht werden und dass die Gruppe ihnen gegenüber offen und warmherzig ist.

- Als hilfreich haben es einige Gemeinden empfunden, die Ergebnisse vorangegangener Bemühungen um die Integration neuer Christen zu analysieren. Was ist mit denjenigen Menschen, die während der letzten zwei Jahre zum Glauben kamen? In welche Gruppe sind sie integriert? Haben sie neue Freunde in der Gemeinde gefunden? Haben Sie eine Aufgabe, die zu ihren Gaben passt? Wie viele sind noch aktive Gemeindeglieder und wie viele haben der Gemeinde wieder den Rücken gekehrt?

- Als eine besonders ergiebige Quelle, um etwas über die Stärken und Schwächen einer Gemeinde zu lernen, hat sich herausgestellt, Menschen zu befragen, die einmal zum Glauben gekommen waren, sich aber nun nicht mehr in der Gemeinde sehen lassen. Was war der Grund für diese Entwicklung? Die Lektionen, die wir bei solchen Gesprächen lernen können, sind wertvoll, weil sie dabei helfen, die selben Fehler in Zukunft zu vermeiden.

- *Was tut Ihre Gemeinde, um die Eingliederung neuer Christen gezielt zu fördern? Was sollte verbessert werden? Wie?*

____

____

____

____

Erfolg kontrollieren

Überprüfen Sie die Wirksamkeit der Maßnahmen.

Um herauszufinden, inwieweit die von Ihnen ergriffenen Maßnahmen „Frucht" gebracht haben, sollten Sie nach Ablauf von etwa sechs Monaten erneut das Gemeindeprofil erheben. Auf diese Weise können Sie prüfen, ob Sie sich weiter auf den Bereich „Bedürfnisorientierte Evangelisation" konzentrieren oder ob Ihre Bemühungen bereits so erfolgreich waren, dass Sie zu einem weiteren Qualitätsmerkmal (dem neuen Minimumfaktor) fortschreiten sollten.

- *Bis zu folgendem Termin werden wir erneut unser Gemeindeprofil erheben, um unsere Fortschritte kontrollieren zu können:*

____

Checkliste: Bedürfnis-orientierte Evangelisation

- ❐ Es gibt in unserer Gemeinde einen Ressortleiter für den Bereich Evangelisation.

  ✎ *Name?*

- ❐ Mindestens 60 Prozent der Kleingruppen unserer Gemeinde haben ein gabenorientiertes Training in Evangelisation absolviert.

  ✎ *Welcher Kurs?*

- ❐ Mindestens 50 Prozent der Kleingruppen unserer Gemeinde haben wenigstens einmal pro Monat das Gespräch über die erweiterten Familien fest in ihr Programm integriert.

  ✎ *Wie ist das gewährleistet?*

- ❐ Mindestens einmal pro Jahr gibt es in unserer Gemeinde öffentlichkeitswirksame evangelistische Aktionen.

  ✎ *Welche?*

- ❐ Die 10 Prozent Evangelisten in unserer Gemeinde sind bekannt.

  ✎ *Namen?*

- ❐ Die „Evangelisten" unserer Gemeinde haben Dienste gefunden, in denen sie ihre Gabe praktizieren können.

  ✎ *Beispiele?*

- ❐ Die „Evangelisten" werden in ihrem Dienst fortwährend begleitet.

  ✎ *Vom wem?*

- ❐ Die „Evangelisten" werden von Betern regelmäßig unterstützt.

  ✎ *Von wem?*

- ❐ Die Namen der Mitglieder unserer potentiellen Gemeinde sind bekannt.

  ✎ *Liste?*

- ❐ Die Bedürfnisse der potentiellen Gemeinde sind erhoben worden.

  ✎ *Ergebnis?*

- ❐ Unsere Gemeinde hat Angebote geschaffen, die speziell auf die Bedürfnisse unserer potentiellen Gemeinde eingehen.

  ✎ *Zum Beispiel?*

- ❐ Es gibt in unserer Gemeinde Christen, die sich fortwährend neue und ungewöhnliche Formen von Evangelisation ausdenken.

  ✎ *Beispiele?*

❐ Es gibt einem Plan, wie jedem, der neu zum Glauben kommt, bei der Integration in die Gemeinde geholfen werden kann.

✎ *Wie sieht der aus?*

❐ Mindestens 30 Prozent aller gemeindlichen Gruppen sind in den letzten 12 Monaten entstanden.

✎ *Welche?*

❐ Allen Neubekehrten wird Anleitung zu einem ihren Gaben entsprechenden evangelistischen Dienst gegeben.

✎ *Auf welche Weise?*

❐ Wir haben herausgefunden, wie die vorhandenen Stärken unserer Gemeinde für die Steigerung des evangelistischen Engagements eingesetzt werden können.

✎ *Welche Stärken?*

❐ Wir haben Hindernisse, die einer Umsetzung der praktischen Maßnahmen im Wege stehen, ausfindig gemacht und sind Ihnen auf angemessene Art und Weise begegnet.

✎ *Beispiele?*

❐ Die Ergebnisse der Maßnahmen, die wir in diesem Bereich ergriffen haben, werden regelmäßig überprüft.

✎ *Wann zuletzt?*

❐ Die Maßnahmen werden anhand der biotischen Prinzipien bewertet.

✎ *Mit welchem Ergebnis?*

❐ Es wurde ein Termin festgesetzt, an dem das Gemeindeprofil erneut erhoben werden soll.

✎ *Wann?*

❐ Sonstiges:

Teil 3: 8 Qualitätsmerkmale

Qualitätsmerkmal 8: Liebevolle Beziehungen

„Dieses Qualitätsmerkmal ist der Bereich, in dem sich die meisten Gemeinden maßlos überschätzen."

Testfrage:
Ist es in der Gemeinde spürbar, dass die Beziehungen der Christen von einem hohen Grad an Liebe und Zuwendung geprägt sind?
Ausführlicher: NGE, S. 36-37

Nach unseren bisherigen Erfahrungen ist das Qualitätsmerkmal „Liebevolle Beziehungen" der Bereich, in dem sich die meisten Gemeinden maßlos überschätzen. In vielen christlichen Gemeinden haben sich Cliquen mit fest eingespielten Beziehungen und Ritualen gebildet, die von den Beteiligten als durchaus angenehm empfunden werden. Sie sehen aber nicht, wie schwer es Außenstehenden fällt, Zugang zu diesen Cliquen zu bekommen. Diese Christen halten sich zwar selbst für „warmherzig" und „offen" gegenüber Neuen, kommunizieren aber nonverbal – meist ungewollt – die Botschaft: „Ihr gehört nicht dazu."
Das Qualitätsmerkmal „Liebevolle Beziehungen" hat – vielleicht stärker als jedes andere – mit dem persönlichen Leben der einzelnen Gemeindeglieder zu tun. Sie werden als Gemeindeleitung nur in dem Maße Fortschritte erzielen können, wie es gelingt, möglichst viele Christen in Prozesse einzubeziehen, in denen sie sich auf den Weg machen, gemeinsam in der Liebe zu wachsen.

Biblisches Motto:
„Ein neues Gebot gebe ich euch, dass ihr euch untereinander liebt, wie ich euch geliebt habe... Daran wird jedermann erkennen, dass ihr meine Jünger seid, wenn ihr Liebe untereinander habt."
Johannes 13,34-35

Ihre Gedanken:

- *Tragen Sie hier ein, welche der im Folgenden genannten praktischen Vorschläge Ihrer Meinung nach für die Situation Ihrer Gemeinde die größte Relevanz haben:*

Praktische Schritte

Teil 3: 8 Qualitätsmerkmale

Machen Sie das Thema „Liebe" zum Schwerpunktthema der nächsten Monate.

„Einige Gemeinden haben gute Erfahrungen damit gemacht, einen ‚Monat der Liebe' auszurufen."

Sie sollten sich entschließen, das Thema „In der Liebe wachsen" für einen Zeitraum von mindestens sechs Monaten zum Schwerpunktthema des gemeindlichen Lebens zu machen. Einige Gemeinden haben gute Erfahrungen damit gemacht, einen „Monat der Liebe" auszurufen. Predigten, Bibelarbeiten, Hauskreisthemen, Seminare, Gastreferenten etc. können Gelegenheiten sein, dieses Thema von unterschiedlichen Seiten her zu beleuchten und ein Bewusstsein dafür zu schaffen, wie zentral dieses Anliegen vom Wort Gottes her ist. Bemühen Sie sich dabei, den Christen konkrete Hilfestellung zu geben, wie sie in der Kunst der Liebe wachsen können. Vermeiden Sie Appelle an das schlechte Gewissen. Zeigen Sie vielmehr positive Beispiele, wie Sie selbst und andere Christen es geschafft haben, in diesem wichtigen Bereich Fortschritte zu machen.

- *Auf folgende Weise kann das Thema „Liebe" in den nächsten Monaten zum Schwerpunktthema unserer Gemeinde werden:*

____

____

____

____

Gruppenprozesse starten

Beziehen Sie möglichst viele Gruppen in den Liebe-Lern-Prozess ein.

Um einzelnen Christen, christlichen Gruppen und ganzen Gemeinden dabei zu helfen, in der Liebe zu wachsen, haben wir unter dem Titel „Der Liebe-Lern-Prozess" Arbeitsmaterial entwickelt. Dieses Material ist so konzipiert, dass es sich besonders gut in gemeindlichen Gruppen einsetzen lässt. Zu diesem Zweck ist ein Leiterhandbuch erschienen, das dem Gruppenleiter praktische Hinweise zur Gestaltung von einer, drei, sechs oder zwölf Einheit(en) zum Thema „Liebe" bietet. Auch wenn die Prinzipien der natürlichen Gemeindeentwicklung in dem Kurs nicht ausdrücklich erwähnt werden, stehen sie doch bei jeder praktischen Übung unausgesprochen im Hintergrund. Wenn es gelingt, dass sich die Mehrzahl der gemeindlichen Gruppen auf einen mehrwöchigen Prozess zum Thema Liebe einlässt, ist sichergestellt, dass das Thema wirklich den gemeindlichen Alltag prägt – und nicht nur in Gremien beraten wird.

• *Folgende Gruppen in unserer Gemeinde sollten sich im Laufe der nächsten Monate mit dem Liebe-Lern-Prozess beschäftigen:*

____

____

____

____

Praktische Übungsfelder schaffen

Sorgen Sie für Möglichkeiten, Liebe praktisch einzuüben.

Der „Liebe-Lern-Prozess" sieht vor, dass nicht nur über das Thema „Liebe" diskutiert wird; er beinhaltet vielmehr konkrete „Übungen", mit deren Hilfe Christen das Liebesgebot praktisch umzusetzen lernen. Wenn Sie sich entscheiden sollten, nicht mit dem vorgeschlagenen Material zu arbeiten, sollten sie unbedingt darauf achten, dass es nicht beim Reden über die Liebe bleibt. Lernprozesse sind dann am intensivsten, wenn die Gelegenheit gegeben wird, das, was man rational begriffen hat, auch praktisch umzusetzen.

• *Wir werden in den nächsten sechs Monaten in unserer Gemeinde folgende Möglichkeiten schaffen, dass Christen sich in der Kunst der Liebe praktisch üben können:*

____

____

____

____

Erfahrungsberichte anregen

Lassen Sie in den Gottesdiensten regelmäßig von Fortschritten im Liebe-Lern-Prozess berichten.

Geben Sie den Gemeindegliedern, die in ihren Gruppen anhand des Liebe-Lern-Prozesses arbeiten, die Gelegenheit, während der Gottesdienste von ihren persönlichen Erfahrungen zu erzählen. Solche Erfahrungsberichte, die zeigen, dass Wachstum in der Liebe möglich ist, können sich ausgesprochen motivierend auf die ganze Gemeinde auswirken. Sprechen Sie konkret einzelne Christen an, ob sie sich nicht vorstellen könnten, im Gottesdienst über ihre Erfahrungen mit dem Liebe-Lern-Prozess zu berichten. Bitten Sie die Gruppenleiter, dass sie den

Mitgliedern zu solchen Zeugnissen Mut machen. Machen Sie deutlich, dass gerade Beispiele, die die Beteiligten vielleicht als wenig „spektakulär“ empfinden mögen, von besonderem Interesse sind. Es soll ja deutlich werden, wie Liebe in den ganz „normalen“ Kleinigkeiten des Alltags praktisch wird.

- *Folgende Christen könnten in den nächsten Wochen im Gottesdienst über ihre Erfahrungen im Liebe-Lern-Prozess berichten:*

Außenstehende in den Blick bekommen

Sorgen Sie dafür, dass auch Außenstehende von der Liebe der Gemeinde profitieren.

Beim Liebe-Lern-Prozess geht es primär darum, dass sich die Beziehungen der Christen untereinander vertiefen und eine neue Qualität gewinnen. Dies ist auch eine wichtige Voraussetzung für die evangelistische Ausstrahlungskraft der Gemeinde. Allerdings sollten Sie aufpassen, dass Sie an dieser Stelle nicht stehen bleiben. Manche Kreise sind zwar nach innen hin mollig-warm, vermögen es aber nicht, ihre Liebe auch gegenüber Menschen, die nicht zur Gemeinde gehören, praktisch werden zu lassen. Achten Sie darauf, dass alle Prinzipien, die die Gemeindeglieder bei ihrer Beschäftigung mit dem Thema „Liebe“ lernen, nicht nur gegenüber anderen Christen, sondern auch gegenüber Nichtchristen angewandt werden. Dies kann eine der wirksamsten Gemeindewachstums-Maßnahmen sein – auch und vielleicht gerade dann, wenn das Thema „Gemeindeentwicklung“ gar nicht erwähnt wird.

- *Auf folgende Weise werden wir dafür sorgen, dass wir in unseren Bemühungen, in der Liebe zu wachsen, zunehmend Außenstehende in den Blick bekommen:*

Erfolg kontrollieren

Überprüfen Sie die Wirksamkeit der Maßnahmen.

Um herauszufinden, inwieweit die von Ihnen ergriffenen Maßnahmen „Frucht" gebracht haben, sollten Sie nach Ablauf von etwa sechs Monaten erneut das Gemeindeprofil erheben. Auf diese Weise können Sie prüfen, ob Sie sich weiter auf den Bereich „Liebevolle Beziehungen" konzentrieren oder ob Ihre Bemühungen bereits so erfolgreich waren, dass Sie zu einem weiteren Qualitätsmerkmal (dem neuen Minimumfaktor) fortschreiten sollten.

- *Bis zu folgendem Termin werden wir erneut unser Gemeindeprofil erheben, um unsere Fortschritte kontrollieren zu können:*

___

Checkliste: Liebevolle Beziehungen

❏ In unserer Gemeinde wird regelmäßig über die Bedeutung der Liebe für das Leben der Gemeinde gepredigt.

✐ *Wann zuletzt?*

❏ Es werden konkrete Anleitungen gegeben, wie in der Gemeinde Liebe gelernt werden kann.

✐ *Welche?*

❏ Der Liebe-Lern-Prozess wurde der Gemeinde vorgestellt.

✐ *Auf welche Weise?*

❏ Das Arbeitsbuch „Der Liebe-Lern-Prozess" wurde von mindestens 60 Prozent der Kleingruppen durchgearbeitet.

✐ *Welche Gruppen?*

❏ Wir haben einen Ressortleiter für den Bereich „Liebevolle Beziehungen" ernannt.

✐ *Name?*

❏ Im Gottesdienst haben wir Raum für Zeugnisse geschaffen, wo Menschen davon berichten, wie sie Liebe von anderen erfahren haben.

✐ *Wann zuletzt?*

❏ In unserer Gemeinde wurden Angebote geschaffen, die darauf konzentriert sind, persönliche Beziehungen zu vertiefen.

✐ *Wie?*

❏ Wir achten sorgfältig darauf, dass kein Mitarbeiter so viele Aufgaben übernimmt, dass er keine Zeit mehr für die Pflege von Beziehungen hat.

✐ *In welcher Form?*

❏ Wir haben Strategien entwickelt, wie Außenstehende von der Liebe in der Gemeinde profitieren können.

✐ *Wie sehen die aus?*

❏ Die Leiter der Gemeinde sind dafür bekannt, dass sie andere immer wieder loben und positiv ermutigen.

✐ *Auf wen trifft das zu?*

❏ Es wird bewusst gefördert, dass sich Christen auch außerhalb des gemeindlichen Kontextes engagieren.

✐ *Auf welche Weise?*

- ❐ Die Mitarbeiter unserer Gemeinde werden darin geschult, konstruktiv mit Konflikten umzugehen.

  ✎ *Wie?*

- ❐ Wir haben herausgefunden, wie die vorhandenen Stärken unserer Gemeinde für die Entwicklung liebevoller Beziehungen eingesetzt werden können.

  ✎ *Welche Stärken?*

- ❐ Wir haben Hindernisse, die einer Umsetzung der praktischen Maßnahmen im Wege stehen, ausfindig gemacht und sind Ihnen auf angemessene Art und Weise begegnet.

  ✎ *Beispiele?*

- ❐ Die Ergebnisse der Maßnahmen, die wir in diesem Bereich ergriffen haben, werden regelmäßig überprüft.

  ✎ *Wann zuletzt?*

- ❐ Die Maßnahmen werden anhand der biotischen Prinzipien bewertet.

  ✎ *Mit welchem Ergebnis?*

- ❐ Es wurde ein Termin festgesetzt, an dem das Gemeindeprofil erneut erhoben werden soll.

  ✎ *Wann?*

- ❐ Sonstiges:

Biotisch denken lernen

Bei der natürlichen Gemeindeentwicklung geht es um Freisetzung der Wachstumsautomatismen, mit denen Gott selbst seine Gemeinde baut. Wenn das aber mehr als eine theologische Floskel sein soll, müssen wir uns fragen: Wie geschieht das praktisch? An dieser Stelle kommen die „6 biotischen Prinzipien" zum Zuge, die im Buch „Die natürliche Gemeindeentwicklung" beschrieben werden (Seiten 61-82). Dieses Trainingsprogramm will verantwortlichen Leitern helfen, zunehmend in den Kategorien der biotischen Prinzipien zu denken und zu entscheiden – und so ein immer besseres Gespür für Gottes Wachstumsautomatismen zu gewinnen.

Teil 4: Biotisch denken lernen

Der Aufbau des Trainingsprogramms

„Wir sollten uns bemühen, diese Technik so vollendet wie möglich zu beherrschen – um sie dann wieder zu vergessen."

Bisweilen scheint es, als hätten Leiter wachsender Gemeinden so etwas wie einen „sechsten Sinn" entwickelt. Sie sind mit den gleichen Herausforderungen und Problemen konfrontiert wie andere auch – doch eigenartigerweise kommt bei ihnen am Ende (fast) immer etwas heraus, was sich positiv auf die Gemeindeentwicklung auswirkt. Was machen sie nur anders als die anderen? Es ist ein – oft intuitives – Gespür für das, was wir als „Gottes Wachstumsautomatismen" bezeichnet haben. Es ist die – bewusste oder auch völlig unbewusste – Anwendung der „biotischen Prinzipien".
Diese Art der Entscheidungsfindung ist ohne Zweifel eine Kunst – und Kunst beinhaltet mehr als nur Technik. Aber jeder Kunst liegt eine Technik zugrunde, die man lernen kann. Um eine neue Kunst zu lernen, sollten wir uns zunächst bemühen, die Technik so vollendet wie möglich zu beherrschen – um sie dann wieder vergessen zu können. Genau dazu möchte dieses Trainingsprogramm beitragen.

Was bedeuten die Prinzipien praktisch?

Insgesamt sind es sechs Prinzipien, die bei jeder „biotischen" Entscheidung im Hintergrund stehen:

1. Vernetzung
2. Multiplikation
3. Energieumwandlung
4. Mehrfachnutzen
5. Symbiose
6. Funktionalität

Alle biotischen Prinzipien zielen auf Freisetzung der geistlichen ***Wachstumsautomatismen,*** *mit denen Gott selbst seine Gemeinde baut.*
Ausführlicher: NGE, S. 12-14

Diese sechs Prinzipien konkurrieren nicht miteinander, sondern sind nur unterschiedliche Antworten auf ein und dieselbe Fragestellung: Wie können wir Bedingungen schaffen, damit das Potential, das Gott bereits längst in unsere Gemeinde hineingelegt hat, besser als bisher zum Zuge kommen kann? Das Trainingsprogramm soll helfen, diese aus der Beobachtung von Gottes Schöpfung stammenden Begriffe, die uns zunächst vielleicht recht abstrakt erscheinen mögen, für unsere täglichen Entscheidungsprozesse in der Gemeinde fruchtbar zu machen.

Wie Sie vorgehen können

Das Programm ist so aufgebaut, dass Sie sich zunächst mit jedem biotischen Prinzip einzeln beschäftigen werden. Zu allen Prinzipien nennen wir Ihnen einige Übungen, die dabei helfen, biotische Entscheidungsfindung zu trainieren. Bitte beachten Sie, dass es in den einzelnen Kapiteln nicht darum geht, eine komplette Lösung für ein bestimmtes Problem zu erarbeiten. Es soll immer nur derjenige Aspekt, der mit dem jeweils behandelten Prinzip zu tun hat, eingeübt werden. Eine vollständige Lösung für die Problemsituationen, die in den einzelnen Kapiteln behandelt werden, werden Sie erst in Einheit 7 erstellen.

Anregungen für gemeinsames Lernen

Am Ende jeder Trainingseinheit finden Sie eine Rubrik unter der Überschrift „Anregungen für gemeinsames Lernen“. Hier erhalten Sie Hinweise, wie Sie gemeinsam mit anderen Christen (zum Beispiel Kirchenvorstand, Gemeindeleitung, Hauskreisleiter) trainieren können, Situationen unter der Fragestellung der natürlichen Gemeindeentwicklung zu beurteilen und biotische Entscheidungen zu treffen.
In dieser Rubrik finden Sie keine methodischen Vorgaben, wie Sie die Übungen miteinander kombinieren oder wie oft Sie sich treffen sollten, um biotisches Denken einzuüben. Dies wird von Situation zu Situation unterschiedlich sein. Möglich wäre z. B. eine intensive Schulung über mehrere Wochen, die mit einer informativen Seminareinheit beginnt und dann an je einem Abend pro Woche ein biotisches Prinzip vertieft. Oder Sie entscheiden sich für eine kurze, praxisorientierte Einführung in die biotischen Prinzipien an einem Samstag oder auch nur an einem Abend. Suchen Sie dazu passende Übungen aus dem Angebot der folgenden Seiten aus – oder entwickeln Sie selber welche! Gerade wenn Sie sich für das gemeinsame Lernen entscheiden, ist es von Vorteil, wenn die Mitglieder der Gruppe das Trainingsprogramm zusätzlich für sich allein durcharbeiten.

Für wen das Training bestimmt ist

Es ist weder notwendig noch empfehlenswert, dass die ganze Gemeinde dieses Trainingsprogramm absolviert. Je geringer die Leitungsverantwortung der jeweiligen Gruppe ist, desto stärker sollte auf allen „biotischen Jargon“ verzichtet werden. Wir sind aber überzeugt, dass es jedem Christen, der leitende Verantwortung in der Gemeinde trägt, gut tut, sich zumindest einmal in seinem Leben mit diesen Techniken zu beschäftigen.

Ihre Gedanken:

• *Das Trainingsprogramm „Biotisch denken lernen“ werde ich persönlich bis zum ____________________ durchgearbeitet haben.*

• *Mit folgenden Personen bzw. Gruppen scheint es mir sinnvoll, die „Anregungen für gemeinsames Lernen“ durchzuarbeiten:*

____

____

____

Teil 4: Biotisch denken lernen

Trainingseinheit 1: Vernetzung

„Wie oft erleben wir, dass eine kurzfristig erfolgreiche Maßnahme langfristig genau das Gegenteil erreicht!"

Testfrage:
Sind die langfristigen Auswirkungen, die diese Maßnahme auf die anderen Bereiche des Gemeindeorganismus hat, der Gemeindeentwicklung förderlich oder nicht?
Ausführlicher: NGE, S. 66-67

In einer südindischen Provinz kam es vor etlichen Jahren zu einer Kobraplage. Diese nicht ganz ungefährliche Schlangenart hatte sich so stark vermehrt, dass sie plötzlich überall anzutreffen war – auf den Straßen, in den Häusern, auf den Feldern, in den Ställen. Die staatlichen Behörden mussten tätig werden und setzten ein „Kopfgeld" für jede tote Kobra aus. Zunächst schien alles nach Plan zu laufen: Die Bevölkerung organisierte regelrechte Hetzjagden und die Zahl der Kobras nahm deutlich ab. Sogar ein neuer Berufszweig entwickelte sich: Professionelle Schlangenjäger waren immer häufiger anzutreffen.
Nachdem die Zahl der Kobras aber unter ein gewisses Niveau gefallen war, stellten die Behörden fest, dass sich die Entwicklung plötzlich umkehrte: Überall waren wieder Kobras anzutreffen. Man ging der Sache auf den Grund und stellte fest, dass aus vielen Schlangenjägern mittlerweile Schlangenzüchter geworden waren – die sich so ihr Kopfgeld erhielten. Die gleiche Maßnahme, die die Zahl der Kobras dezimieren sollte, hatte langfristig genau das Gegenteil erreicht.

Vernetzung erkennen

Derartige „Kobra-Effekte" lassen sich auch in christlichen Gemeinden studieren. Wie oft erleben wir, dass eine kurzfristig „erfolgreiche" Maßnahme langfristig genau zum Gegenteil der erwünschten Folgen führt! Wer z. B. im Rahmen einer isolierten Einzelaktion einigen Christen hilft, ihre geistlichen Gaben zu entdecken, sie aber nicht zugleich bei der Vermittlung geeigneter Aufgaben unterstützt, mag zwar kurzfristig erleben, dass diese Christen begeistert davon sind, jetzt ihre Gaben zu kennen – aber langfristig werden viele von ihnen frustrierter als zuvor sein und möglicherweise für immer gegenüber dem Gabenansatz immunisiert.
Das Prinzip der Vernetzung soll uns helfen zu erkennen, (a) auf welche Weise verschiedene Bereiche der Gemeindeentwicklung miteinander zusammenhängen und voneinander abhängig sind und (b) inwieweit sich aus der Veränderung in einem Bereich langfristig positive oder negative Konsequenzen für andere Bereiche ergeben.

- ***Übung 1:*** *Gehen Sie einmal gedanklich die verschiedenen Bereiche der Gemeindearbeit durch und schreiben Sie anschließend einige Bereiche auf, von denen Sie merken, dass sie miteinander vernetzt sind. Die ersten beiden Zeilen der folgenden Tabelle enthalten lediglich Beispiele, wie das Ganze am Ende aussehen kann.*

Vernetzte Bereiche	**Art der Vernetzung**
Kindergottesdienst und Hauptgottesdienst	Viele Eltern werden über ihre Kinder gewonnen
Gaben und Aufgaben	Aufgaben werden besser ausgeführt, wenn sie den geistlichen Gaben entsprechen

Das Gegenteil von Vernetzung erkennen

Bisweilen fällt es uns leichter, ein Gespür für das richtige Vorgehen zu entwickeln, wenn wir zunächst negative Beispiele identifizieren. Denken Sie nur an den erwähnten „Kobra-Effekt"! Das Gegenteil von Vernetzung ist die isolierte Betrachtungsweise. Isolierte Betrachtung führt zu kurzfristigen Erfolgen, vernetztes Denken zu langfristiger Frucht.
Nichts gegen kurzfristige Erfolge – aber sie dürfen langfristig nicht kontraproduktiv sein. Und das sind sie leider nur allzu oft. So mag es für eine Gemeinde verlockend sein, sich einmal im Jahr einen auswärtigen Starevangelisten einzuladen, um ihrem Soll an evangelistischem Engagement Genüge zu tun. Wenn es dann auch noch gelingen sollte, kirchendistanzierte Menschen zu den Veranstaltungen einzuladen und etliche von ihnen sogar zum Glauben finden, ist der Jubel groß: „15 Bekehrungen bei der diesjährigen Evangelisation", liest man dann im Gemeindebrief und hat somit den (kurzfristigen) Erfolg schwarz auf weiß. Welche langfristigen Auswirkungen diese Aktion aber hat, überprüfen wir nur selten – und dort, wo das einmal geschehen sollte, sind wir oft mehr als ernüchtert.
In vielen Fällen gelingt es nicht, die Neubekehrten in die Gemeinde zu integrieren; manche von ihnen sind durch diese Erfahrung – „Entschei-

dung für Christus" ohne das Erleben der lebensverändernden Konsequenzen dieser Entscheidung – regelrecht gegen weitere Entscheidungsaufrufe immunisiert; viele Mitarbeiter der Gemeinde sind dadurch, dass sie ihre evangelistische Verantwortung gleichsam an den auswärtigen Evangelisten „delegiert" haben, in ihrem eigenen evangelistischen Engagement gelähmt; die Professionalität und charismatische Ausstrahlungskraft des auswärtigen Evangelisten macht es den 10 Prozent der Gemeindeglieder, die selber die Gabe der Evangelisation haben, schwer, sie auch bei sich selbst zu entdecken, etc. Alles Folgen, die wir mitbedenken müssen, wenn wir über den „Erfolg" einer bestimmten Maßnahme nachdenken!
Um biotisches Denken zu trainieren, sollten wir uns darin üben, unterschiedliche Alternativen zu sammeln und diese anhand der biotischen Prinzipien zu bewerten. Dabei kann es hilfreich sein, zunächst einmal nach „Negativpunkten" Ausschau zu halten: Wir stark ist diese bestimmte Maßnahme von Eigenschaften geprägt, die dem Prinzip der Vernetzung (bzw. den anderen biotischen Prinzipien) widersprechen? Es geht dabei nicht um eine generelle Negativeinstellung allen Maßnahmen gegenüber, sondern um die Fähigkeit, gerade auch die eigenen Ideen im Licht der biotischen Prinzipien (selbst-)kritisch zu beleuchten.

• ***Übung 2:*** *Versuchen Sie, aus Ihrem eigenen Gemeindealltag Beispiele für solche negativen Zusammenhänge zu sammeln. Wo wurden bestimmte Maßnahmen „isoliert" durchgeführt? Wie sahen die kurzfristigen Erfolge dieser Maßnahmen aus? Wieso ist die langfristige Frucht zweifelhaft? In der ersten Zeile finden Sie wieder ein Beispiel, wie das Ganze aussehen kann.*

Isolierte Maßnahme	**Kurzfristige Erfolge**
Gabenentdeckungsseminar	Christen sind begeistert über ihre neuen Erkenntnisse
______________________	______________________
______________________	______________________
______________________	______________________
______________________	______________________
______________________	______________________
______________________	______________________

Vernetzte Maßnahmen entwickeln

Nachdem Sie einen Blick dafür bekommen haben, was Sie bei der Entwicklung von „vernetzten" Maßnahmen vermeiden müssen, können Sie sich nun daranmachen, an konkreten Beispielen „Vernetzung" durchzuspielen. In der Übung, die wir Ihnen dazu vorschlagen möchten, geht es nicht darum, von vorneherein eine perfekte und umfassende Lösung zu erarbeiten; an dieser Stelle soll zunächst nur unser Blick für Vernetzungen in der Gemeinde geschärft und geweitet werden. Sie sollen auch auf Zusammenhänge aufmerksam werden, die mit der späteren Lösung möglicherweise gar nichts zu tun haben.
Dazu bekommen Sie zwei Situationen beispielhaft vorgegeben (eine dritte können Sie selbst aus Ihrer Gemeinde anfügen): eine „typische", die gesamte Gemeinde betreffende, und eine eher seelsorgerliche, die auf den ersten Blick wenig mit Gemeindeentwicklung zu tun hat, im Prinzip aber jeden Tag auf eine Gemeinde zukommen kann.
Als Hilfe bei der Entdeckung von Vernetzung haben wir relativ offene Leitfragen formuliert, die Ihre Kreativität anregen, nicht einschränken sollen. Notieren Sie sich dazu Ihre Gedanken. Sie werden nach einiger Zeit feststellen, dass Sie mit etwas Übung in biotischem Denken schon bald intuitiv auf neue, kreative Lösungen kommen werden.

• ***Übung 3:*** *Lesen Sie sich die beiden folgenden Beispiele durch und notieren Sie sich für jedes Beispielproblem auf Arbeitsblatt 2 (Seite 221, bitte nach Bedarf kopieren) Ihre Ideen zu den folgenden Leitfragen. Am Ende der Übung finden Sie unsere Gedanken, wie man beim zweiten Beispiel im Sinne von Vernetzung hätte vorgehen können. Bevor Sie sich unseren Vorschlag durchlesen, sollten Sie sich aber unbedingt Ihre eigenen Gedanken notieren. Anschließend können Sie die gleiche Übung im Blick auf ein reales und aktuelles Problem aus Ihrer Gemeinde durchführen (wählen Sie dazu möglichst eine klar einzugrenzende Situation).*

Problem 1: Das evangelistische Engagement der Gemeindeglieder ist ziemlich gering; es kommen nur wenige Menschen zum Glauben. Was könnte getan werden?

Problem 2: Die Ehe eines Mitarbeiters der Kindergottesdienstarbeit ist in die Krise geraten; die Ehepartner haben sich getrennt. Wie könnte darauf reagiert werden?

Problem 3: Ein möglichst aktuelles Beispiel aus Ihrer eigenen Gemeinde:

____

____

____

Leitfragen

1. *Welche gemeindlichen Bereiche sind von den genannten Problemen kurz- oder langfristig betroffen? Benutzen Sie beim Nachdenken über diese Frage Arbeitsblatt 2 (Seite 221), dem die acht Qualitätsmerkmale zugrunde liegen. Fügen Sie gegebenenfalls Unterbereiche (zum Beispiel „Kindergottesdienst" bei „Gottesdienst" oder „Gabenberatung" bei „Mitarbeiterschaft") selbst in das Arbeitsblatt ein.*
2. *Was kann man in den acht Bereichen (und evtl. in Unterbereichen) kurz- und langfristig tun, um zu einer Verbesserung der in den Beispielen dargestellten Situation beizutragen? Notieren Sie Ihre Gedanken auf einer weiteren Kopie des Arbeitsblattes.*

So hätten Sie vorgehen können

Auf den folgenden beiden Seiten finden Sie unsere Gedanken zum Beispiel 2 (Die Ehe eines Kindergottesdienstmitarbeiters ist in eine Krise geraten). Natürlich handelt es sich dabei nicht um eine Musterlösung im Sinne der einzig richtigen Möglichkeit. Und schon gar nicht soll der Eindruck erweckt werden, als müssten wir bei der Lösung derartiger Probleme ständig von biotischen Checklisten und entsprechenden Arbeitsblättern Gebrauch machen. Hier geht es lediglich um eine gedankliche Übung. Das ausgefüllte Arbeitsblatt kann illustrieren, welche Wege es gibt, auftretende Probleme „vernetzt" anzugehen. Vielleicht wird es Sie erstaunen, wie anders als sonst sich die Eheproblematik eines Mitarbeiters darstellt, wenn man sie einmal unter diesem Blickwinkel betrachtet.

Auf der folgenden Seite finden Sie Gedanken zur Leitfrage 1 („Welche Auswirkungen hat das Problem auf die verschiedenen Bereiche?"), auf der übernächsten Seite Gedanken zur Leitfrage 2 („Was könnte in den unterschiedlichen Bereichen konkret getan werden?").

Über das Denken nachdenken

Nachdem Sie die Aufgaben bearbeitet haben, sollten Sie anhand von Arbeitsblatt 3 darüber nachdenken, auf welchem Wege Sie zu Ihren Lösungen gelangt sind. Das Nachdenken über Ihr eigenes Denken ist einer der besten Wege, sich in neuen Denkkategorien zu üben. Fragen Sie sich: Wie sind Sie bei Übung 3 auf Ihre Lösung gekommen? Welche Denkstrategien haben Sie angewendet? Wie haben Sie Ihre Lösung überarbeitet und verbessert, vielleicht auch, nachdem Sie unseren Vorschlag gelesen haben?

- ***Übung 4:*** *Nehmen Sie sich mindestens eine Viertelstunde Zeit, um anhand von Arbeitsblatt 3 (Seite 222) über Ihr gedankliches Vorgehen bei der Lösung von Aufgabe 3 nachzudenken.*

Arbeitsblatt: Vernetzte Maßnahmen entwickeln

Teil 4: Biotisch denken lernen

Problem: Die Ehe eines KiGo Mitarbeiters ist in eine Krise geraten – welche Bereiche sind betroffen?

Betroffener Bereich:	kurzfristig:	langfristig:
Leitung	Pastor Leiter des KiGo	Pastor Leiter der Seelsorgearbeit
Mitarbeiterschaft	weitere Mitarbeit? Gabenberater: Alternativen?	Leidet die Ehe unter zu viel Gemeindearbeit?
Spiritualität	Fürbittekreis: Gebetsanliegen	Generell: Umgang mit Scheidungen
Strukturen		Schwachstellen in der Mitarbeiter-Begleitung?
Gottesdienst	Wer bereitet nächste Woche den KiGo vor?	Muss dauerhaft Ersatz gefunden werden?
Kleingruppen	Hauskreisleiter des Mitarbeiters	Tragfähigkeit der Hauskreise: Schulung nötig?
Evangelisation		
Beziehungen	HK-Mitglieder KiGo-Mitarbeiter	HK-Mitglieder Andere KiGo-Mitarbeiter

Teil 4: Biotisch denken lernen

Arbeitsblatt: Vernetzte Maßnahmen entwickeln

Problem: Was kann getan werden, um zur Lösung beizutragen?

Betroffener Bereich:	kurzfristig:	langfristig:
Leitung	Seelsorgerliches Gespräch mit dem Pastor	„Bevollmächtigung" auch auf Persönliches beziehen
Mitarbeiterschaft	Neuen Mitarbeiter finden	
Spiritualität	Fürbitter beten für die Ehe	
Strukturen		Mitarbeiter-Begleitung verbessern
Gottesdienst	Andere KiGo Mitarbeiter bitten einzuspringen	
Kleingruppen	HK widmet sich besonders dem KiGo Mitarbeiter	HK weiter für ähnliche Situationen schulen
Evangelisation		
Beziehungen	Freunde ermutigen, Freundschaft zu leben	

Anregungen für gemeinsames Lernen

Teil 4: Biotisch denken lernen

Wenn Sie die in diesem Kapitel vorgeschlagenen Übungen in einer Gruppe (zum Beispiel Ihrer Gemeindeleitung) einsetzen wollen, sollten Sie folgende Leitlinien berücksichtigen:

Grundverständnis schaffen

1. Bevor die Teilnehmer die Übungen durchführen, sollten sie ein Grundverständnis von „Vernetzung" haben. Das können sie entweder dadurch erwerben, dass sie dieses Buch (am besten zusammen mit „Die natürliche Gemeindeentwicklung") für sich durcharbeiten (empfiehlt sich bei Personen mit größerer Leitungsverantwortung) oder indem Sie ihnen mit eigenen Worten eine kurze Einführung geben (empfiehlt sich bei sonstigen Gemeindemitarbeitern).

Illustrationen benutzen

2. „Ein Bild sagt mehr als tausend Worte", heißt ein zu Recht häufig zitiertes chinesisches Sprichwort. Übertragen bedeutet dies, dass sich ein zunächst abstrakter Sachverhalt wie zum Beispiel ein biotisches Prinzip am besten mit einer plastischen Geschichte, die zu einem Aha-Effekt führt, verdeutlichen lässt. Verwenden Sie deshalb Bilder, Vergleiche und Geschichten, wenn Sie den Mitgliedern Ihrer „Lerngruppe" das Prinzip der Vernetzung erklären. Sie können als Einstieg zum Beispiel die Geschichte von der Schlangenplage verwenden (siehe Seite 126). Vermeiden sollten Sie zu viele biotische Fachausdrücke: Ihre Gruppe soll lernen, biotisch zu denken, nicht biotisch zu reden.

Vom Einfachen zum Komplexen

3. Beginnen Sie immer mit einer leichten Übung. Auch wenn Sie aus Zeitgründen nicht alle Übungen durchführen können, sollten Sie nicht mit einer so komplexen Übung wie z. B. Übung 3 anfangen. Diese Übung setzt ein Verständnis für „Vernetzung" voraus, wie es in den Übungen davor erst erworben werden soll.

Auswertungsrunde einplanen

4. Planen Sie bei jeder Übung genügend Zeit für die Auswertung ein. Es gehört zu den großen Vorteilen gemeinsamer Lernübungen, dass hier Erfahrungen zusammen mit anderen reflektiert werden können.

Hinweise zu Übung 1

Wenn Sie Übung 1 in Ihrer Gruppe durchführen, sollten Sie sie unbedingt mit einer Geschichte wie der von der Schlangenplage einleiten (alternativ: die Geschichte vom Elefantenreservat, in „Die natürliche Gemeindeentwicklung", Seite 64).
Schließen Sie ein Brainstorming an (wenn Ihre Gruppe aus mehr als fünf Personen besteht, ist es sinnvoll, mehrere Untergruppen zu bilden): Jeder kann frei und ohne Begründung Bereiche in der Gemeinde nennen, zwischen denen er eine Vernetzung ausmachen kann (die Art der Vernetzung wird zu diesem Zeitpunkt noch nicht genauer geschildert). Die Beiträge werden von einem Protokollanten notiert.
In der nun folgenden Auswertung im Plenum werden die vernetzten Bereiche genannt und es wird diskutiert, wie sich diese Vernetzung auswirken kann – und ob die genannten Bereiche tatsächlich miteinander

vernetzt sind. In der Regel werden in dieser Diskussion sowohl offensichtliche als auch verborgene, sowohl banale als auch wesentliche Vernetzungen zur Sprache kommen – und auch eine Reihe von recht skurrilen und vielleicht sogar an den Haaren herbeigezogenen „Vernetzungen". Das ist aber nicht weiter schlimm und muss nicht „berichtigt" werden, da das Ziel dieser Übung ein Warmwerden mit der Thematik und eine erste Weitung des Blickes für vernetzte Zusammenhänge ist.

Hinweise zu Übung 2

Solange es lediglich darum geht, biotisches Denken zu trainieren (also noch nicht darum, echte Entscheidungen zu treffen), sollten Sie Ihre Gruppenmitglieder bitten, nur Beispiele aus ihrer *eigenen* Arbeit in der Gemeinde zu nennen: Wo haben sie *selbst* eine bestimmte Maßnahme isoliert durchgeführt oder nur kurzfristig Erfolg gehabt? Das bewahrt einerseits davor, das zur Sprache zu bringen, was einem – bei anderen – schon immer nicht gefallen hat; andererseits verstärkt das Entdecken von fragwürdigen Entscheidungen bei uns selbst den Lerneffekt enorm.
Bitten Sie jeden, die Übung für sich allein durchzuführen. Anschließend findet ein Austausch in Dreiergruppen statt. Die wichtigsten Erkenntnisse werden daraufhin im Plenum zusammengetragen, auf einer Overheadfolie oder einem Flipchart notiert und diskutiert:

- Welche Folgen haben isoliert durchgeführte Maßnahmen?
- Was sind die Gründe dafür, dass manche kurzfristigen Erfolge aus langfristiger Perspektive negativ bewertet werden müssen?
- Was wäre bei den genannten Beispielen für isolierte Maßnahmen passiert, wenn man von vornherein auf Vernetzung geachtet hätte?

Hinweise zu Übung 3

Bevor Sie in der Gruppe an ein reales Beispiel aus Ihrer eigenen Gemeinde gehen, sollten Sie mindestens eines der vorgegebenen Beispiele durcharbeiten.
Kopieren Sie das Arbeitsblatt 2 (Seite 221) für jeden Teilnehmer zweimal pro Beispiel, das Sie durcharbeiten wollen (bei drei Übungsdurchgängen also sechsmal).
Geben Sie eine kurze Einführung im Sinne des Abschnitts „Vernetzte Maßnahmen entwickeln" (Seite 129).
Nennen Sie das Beispielproblem, dem Sie sich zuwenden wollen, und bitten Sie die Gruppenmitglieder, für sich allein Leitfrage 1 anhand des Arbeitsblattes zu bearbeiten.
Nach etwa 15 Minuten werden alle gebeten, sich in Dreiergruppen über ihre Gedanken auszutauschen.
Anschließend soll jeder – wieder für sich allein – die zweite Leitfrage anhand einer weiteren Kopie des Arbeitsblattes durchgehen.
Nach etwa 20 Minuten werden alle gebeten, sich in Dreiergruppen über ihre Gedanken auszutauschen und eine gemeinsame Version ihrer Notizen zu erstellen (Zeit: 15 Minuten).

Diese Gruppenlösungen werden im Plenum vorgestellt, auf einem Flipchart o. ä. notiert und diskutiert:

- Welche Aha-Effekte hatten die Gruppenmitglieder?
- Wie kann man das Prinzip Vernetzung in den Beispielen sinnvoll nutzen?

Der Moderator der Diskussion sollte gegebenenfalls darauf hinweisen, dass nicht bei jedem Problem *alle* acht Bereiche eine Rolle spielen müssen (vgl. den Bereich „Evangelisation" bei unserem Beispiel auf den Seiten 131/132).

Hinweise zu Übung 4

Wenn Sie in Ihrer Gruppe Übung 3 durchführen, sollten Sie auch auf Übung 4 nicht verzichten. Lassen Sie jeden Teilnehmer diese Auswertung für sich allein durchführen (15 Minuten). Anschließend Austausch in Dreiergruppen mit der Zielsetzung, Listen mit erfolgreichen und erfolglosen Denkstrategien zu erstellen, die jeder in der Dreiergruppe nachvollziehen kann (auch wenn er sie selbst nicht angewendet hat). Im Plenum werden diese Listen dann vorgestellt.

Teil 4: Biotisch denken lernen

Trainingseinheit 2: Multiplikation

„Das Gegenteil von Multiplikation ist in der Gemeindeentwicklung nicht Division, sondern Addition."

Testfrage:
Hat diese Maßnahme eine auf Vervielfältigung zielende Wirkung oder trägt sie lediglich zu bloßer Addition bei?
Ausführlicher: NGE, S. 68-69

Stellen Sie sich einmal vor, in einem Teich mit einer Wasseroberfläche von 1300 Quadratmetern würde eine Seerose wachsen. Ein Blatt dieser Seerosensorte hat die Fläche von 100 Quadratzentimetern. Am Anfang des Jahres hat die Seerose genau ein Blatt. Nach einer Woche sind es zwei Blätter. Eine Woche später vier. Nach 16 Wochen schließlich ist die Hälfte der Wasseroberfläche mit Blättern bedeckt. Frage: Wie lange dauert es , bis auch die zweite Hälfte des Teiches bedeckt ist? Noch einmal 16 Wochen? Nein. Die richtige Antwort heißt: Es dauert nur noch eine weitere Woche und der Teich ist völlig zugewachsen.

Dieses Beispiel demonstriert das Potential, das hinter dem biotischen Prinzip der Multiplikation steht – es macht aber gleichzeitig deutlich, dass es nicht immer einfach ist, dieses Prinzip zu verstehen. Viele Menschen haben mit der Seerosen-Aufgabe Schwierigkeiten. Für ihr Vorstellungsvermögen ist es auf den ersten Blick nur schwer einzusehen, warum die Seerose nur noch eine Woche brauchen soll, um die zweite Hälfte des Teichs zu bedecken, hat sie doch für die erste Hälfte ganze 16 Wochen benötigt. Aber genau so funktioniert das Prinzip der Multiplikation.

Eine bescheidene Bitte...

Vielleicht kennen Sie ja die Anekdote über den Erfinder des Schachspiels, der bei seinem Herrn, einem indischen König, als Belohnung einen Wunsch frei hatte. Als äußerst „bescheidene" Belohnung wünschte er sich ein bisschen Reis: Auf das erste Feld eines Schachbretts ein Korn, auf das zweite zwei Körner, auf das dritte vier, auf das vierte acht, und so weiter. Dass diese Bitte schlichtweg nicht erfüllbar war, merkte der König – der den Wunsch zunächst belächelt hatte – nicht erst beim letzten Feld: Hierfür hätte er 2^{63} Reiskörner aufbringen müssen, das sind 9.223.372.036.000.000.000 Körner oder rund 153 Milliarden Tonnen Reis – mehr als die Weltreisernte der nächsten tausend Jahre!

Kleine Ursache – große Wirkung

Am Prinzip der Multiplikation lässt sich anschaulich deutlich machen, dass es bei der natürlichen Gemeindeentwicklung nicht um größeren Kraftaufwand für den Gemeindeaufbau geht. „Work smarter, not harder" – mit Köpfchen, nicht mit Brachialgewalt arbeiten, lautet das Motto. Multiplikation auf allen Ebenen einer Gemeinde setzt ein Kraftpotential frei, das auf andere Art und Weise nicht zu erreichen wäre.

Sicher ist das der Grund, warum sich dieses Prinzip von Anfang an in der Bibel finden lässt: Jethro rät seinem Schwiegersohn Mose, nicht mehr über alle Rechtsfälle im Volk Israel selbst zu entscheiden, sondern Helfer einzusetzen: über je 10, 50, 100 und 1000 Israeliten (2. Mose 18). Mit anderen Worten: Mose soll sich selbst „multiplizieren". Ebenso ist die

Form der Jüngerschaft, die Jesus praktiziert, nichts anderes als die Anwendung des Prinzips der Multiplikation auf den Bereich „Leiterausbildung". Auch hinter dem neutestamentlichen „Oikos-Prinzip" (griech. für „Haus", gemeint ist hier das Beziehungsgeflecht von Familie, Freunden, Kollegen etc.), das zu allen Zeiten der Schlüssel zur Evangelisation gewesen ist, verbirgt sich nichts anderes als das Prinzip der Multiplikation: Jeder Mensch, der neu zum Glauben an Jesus findet, steht in einem Beziehungsnetzwerk („Oikos") zu einer Reihe von Nichtchristen. Wo eine Gemeinde beginnt, diese vorhandenen Brücken zu nutzen, beginnt eine ungeheure Multiplikationsdynamik: Jeder, der neu zum Glauben und in die Gemeinde kommt, bringt seinerseits seinen „Oikos" mit, dem sich die Gemeinde nun besonders zuwenden kann. Ein Multiplikationsprozess ohne Ende hat begonnen, obwohl alles doch so unscheinbar angefangen hat...

Technokratische Falle: Addition

Das Gegenteil von Multiplikation ist in der Gemeindearbeit nicht Division, sondern das Denken in den Kategorien von bloßer Addition. Das additive Verfahren unterscheidet sich in drei wesentlichen Punkten vom Multiplikationsprinzip:

Geringeres Wachstums-potential

1. Das Wachstumspotential ist bei Addition geringer als bei Multiplikation.

Forschungen unseres Instituts haben beispielsweise ergeben, dass Gemeinden, die großen Wert darauf legen, dass sich ihre Kleingruppen durch Teilung vervielfältigen, wesentlich häufiger Wachstum erleben als Gemeinden, die sich nicht darum kümmern. Die größte Gemeinde der Welt im koreanischen Seoul (derzeit rund 750.000 Gemeindeglieder) konnte nur so groß werden, weil sie von Anfang an das Prinzip der Multiplikation beachtete. Wer sich diese Gemeinde näher betrachtet, stellt schnell fest, dass es sich in Wirklichkeit um ein Netzwerk von eng miteinander verbundenen und durch Multiplikation entstandenen Einzelgemeinden handelt – und dass noch dazu jede Subgemeinde aus einem vernetzten System von sich ständig multiplizierenden Kleingruppen aufgebaut ist. (In Klammern sei bemerkt, dass kleine Gemeinden in der Regel die besseren Multiplikatoren sind; je größer eine Gemeinde, desto stärker nimmt normalerweise ihr Multiplikationspotential ab.)

• ***Übung 5:*** *Notieren Sie einige Beispiele für Addition in Ihrer Gemeinde. Was könnte in diesen Fällen eine Anwendung des Prinzips der Multiplikation bedeuten? Wie unterscheidet sich das Wachstumspotential bei beiden Ansätzen? In der ersten Zeile der folgenden Tabelle finden Sie wieder ein Beispiel, wie das Ganze am Ende aussehen kann.*

Addition	Multiplikation	Unterschiedliches Wachstumspotential
Großevangelisation	Evangelisation über „Oikos"-Beziehungen	Bei „Oikos" unbegrenzte Multiplikation möglich

Beeindruckendere Ergebnisse

2. Bei Addition wird ein – auf den ersten Blick – größeres sichtbares Ergebnis angestrebt.

Technokratische Gemeindeaufbau-Ansätze bauen auf unbegrenztes Größenwachstum. Ziel ist die Megakirche, nicht die kleine, sich immer wieder multiplizierende Gemeinde (das hieße ja, dass die Muttergemeinde möglicherweise Mitglieder abgeben müsste!); die Großevangelisation mit vielen „Entscheidungen", nicht die leise, aber kontinuierliche Art der Evangelisation über Oikos-Kontakte; das „beste" und größte Leiterkolleg nach weltbekanntem Vorbild, nicht der langwierige Jüngerschaftsprozess, den Jesus wählte.
Multiplikation benötigt meist eine längere Anlaufphase, bringt langfristig aber die besseren Ergebnisse. Denken Sie nur an den Reis auf dem Schachbrett: Ein Verfechter des Additionsmodells hätte sich wahrscheinlich auf jedes Feld ein paar hundert Säcke Reis gewünscht, mit dem Ergebnis, dass der König ihn zwar anfangs nicht belächelt hätte; er hätte aber insgesamt wesentlich weniger bekommen als der Erfinder des Schachspiels in unserer Geschichte.

• ***Übung 6:*** *Notieren Sie auch in der folgenden Tabelle wieder einige Beispiele für Addition (Sie können gerne die Beispiele aus Übung 5 verwenden). Tragen Sie ein, wie die kurzfristigen und langfristigen Erfolge dieser Maßnahmen aussehen könnten. Verfahren Sie in gleicher Weise mit einigen Maßnahmen, die bewusst vom Multiplikationsprinzip Gebrauch machen. Die erste Zeile enthält wieder ein Beispiel.*

Additive Maßnahme	**kurzfristiges Ergebnis**	**langfristiges Ergebnis**
Großevangelisation	viele Entscheidungen bei Veranstaltung	Schwächung des evangelistischen Potentials der Gemeindeglieder

Multiplikative Maßnahme	**kurzfristiges Ergebnis**	**langfristiges Ergebnis**
„Oikos"-Evangelisation	anfangs nur relativ wenige „evangelistische Erfolge"	mehr integrierte Christen, die ihrerseits evangelistisch tätig sind

Vernachlässigung der „Produktionskapazität"

3. Addition zielt auf höhere „Produktion", Multiplikation auf größere „Produktionskapazität".

Dieses – vielleicht wichtigste – Unterscheidungsmerkmal von Addition und Multiplikation beschreibt schon der griechische Dichter Aesop in seiner berühmten Fabel: Ein Mann besaß eine Gans, die jeden Tag ein goldenes Ei legte. Sorgsam hütete und pflegte der Mann seine Gans, damit ihm seine Gold- und Geldquelle nicht verloren ginge. Doch eines Tages sann er in seiner Gier darüber nach, wie er mehr Gold aus seiner

Gans „herausholen" könnte – und kam zu dem Entschluss, die Gans zu schlachten, um an alle Eier auf einmal zu kommen. Das war das Ende der goldenen Eier...

Was wäre der „natürliche", der biotische Weg gewesen, um mehr goldene Eier zu erhalten? Wir wissen nicht, ob man die goldenen Eier hätte ausbrüten können – aber die sinnvollste Lösung wäre die Aufzucht von immer mehr Gänsen, die goldene Eier legen, gewesen. Nur so wäre zuerst die Produktionskapazität gewachsen – und als natürliche Folge dann auch die Produktion selbst.

• ***Übung 7:*** *Überprüfen Sie Ihre Lösungen für Multiplikation aus den Übungen 5 und 6, inwieweit sie auf die Erweiterung der „Produktionskapazität" abzielen. Wenn nicht, dann überarbeiten Sie Ihre Lösungen entsprechend.*

Multiplikative Lösung	**Erweiterung der Produktionskapazität**
„Oikos"-Evangelisation	Neubekehrte werden ermutigt, in ihrem Freundeskreis das Evangelium weiterzusagen
______________	______________________________
______________	______________________________
______________	______________________________
______________	______________________________
______________	______________________________

Was tun bei „Nullwachstum"?

Der aus der Wirtschaft übernommene Begriff des „Nullwachstums" ist eigentlich ein Widerspruch in sich: Entweder wächst etwas oder es wächst nicht. Ehrlicherweise müsste man also von Stagnation sprechen. Da aber Stagnation in der Christenheit so weit verbreitet ist, haben Sie sich möglicherweise bei vielem, was Sie in diesem Kapitel gelesen haben, gedacht: „Das ist ja alles schön und gut, aber ich wäre schon mit Addition zufrieden." Bei dieser Haltung wird allerdings übersehen, dass additives Denken oft genug eine der *Ursachen* für Stagnation ist.

Da ist z. B. der Hauskreis, der seit Jahren mit zehn bis zwölf Teilnehmern vor sich hin dümpelt. Ab und zu kommt mal ein Neuer dazu, dafür verlässt aber auch ein anderer den Kreis. Einen Co-Leiter gibt es nicht, so dass an Teilung überhaupt nicht zu denken ist. Aber das würde die Gruppe sowieso nicht wollen, denn darunter litte ja die „gute Gemeinschaft". Das Denken: additives Nullwachstum.

Oder denken Sie an die Gemeinde, die einmal jährlich ihre Evangelisationswoche mit einem auswärtigen Evangelisten durchführt. Zwar gerät die Woche Jahr für Jahr zur Insiderveranstaltung und es findet nur selten jemand zum Glauben, aber über multiplikative Ansätze der Evangelisation wird nicht nachgedacht. In der Auswertung der Evangelisationswoche – so denn eine stattfindet – wird bestenfalls vorgeschlagen, im nächsten Jahr einen anderen Redner einzuladen („der das Evangelium klarer predigt"), früher in der lokalen Presse zu inserieren oder zeitgemäßere Plakate zu drucken. Das Denken: additives Nullwachstum.
Ein letztes Beispiel: Ein Pastor, der die Gabe der Seelsorge hat, versteht sich in seiner Gemeinde auch in erster Linie als Seelsorger. Tag für Tag suchen ihn Gemeindeglieder mit allen möglichen Fragen und Problemen auf. Da seine Zeit begrenzt ist (und er schon Abstriche bei seiner übrigen Gemeindearbeit machen muss), hat er eine Warteliste angelegt. Im Augenblick schafft er jeden Tag bis zu fünf Gespräche. Aber die Warteliste wird immer länger. Dankbar, dass sein Dienst so gerne angenommen wird, verlängert er seinen Arbeitstag – in seinen Augen ist die Gemeinde(arbeit) gewachsen. Wenn wir das Ganze jedoch durch die Brille der natürlichen Gemeindeentwicklung betrachten, dann hat dieser engagierte Pastor zwar ohne Zweifel seinem Dienst ein paar Ratsuchende „hinzuaddiert" (dieses Verfahren wird er maximal bis zum Burnout ausdehnen können), tatsächlich ist der seelsorgerliche Dienst der Gemeinde aber nicht gewachsen. Das würde nämlich bedeuten, sich in die Ausbildung und Betreuung weitere Seelsorger zu investieren, und dazu fehlt ganz einfach die Zeit. Auch hier: additives Nullwachstum.

• ***Übung 8:*** *Notieren Sie in die folgende Tabelle Beispiele für additives Nullwachstum aus Ihrer eigenen Gemeinde und fragen Sie nach den kurz- und langfristigen Konsequenzen. Überlegen Sie anschließend erneut, wie multiplikative Alternativen aussehen könnten.*

Additives Nullwachstum	**kurzfristiges Ergebnis**	**langfristiges Ergebnis**

Multiplikation	**kurzfristiges Ergebnis**	**langfristiges Ergebnis**
____________	____________	____________
____________	____________	____________
____________	____________	____________
____________	____________	____________
____________	____________	____________
____________	____________	____________

Die Angst vor dem langsamen Anfang

Wie wir in den vorangegangenen Übungen festgestellt haben, kann Addition zunächst mehr beeindrucken. Multiplikation benötigt eine längere Anlaufphase. Einer der Gründe, warum viele Gemeinden stärker zu additivem als zu multiplikativem Denken neigen, ist das Verlangen, „schnelle Erfolge" sehen zu wollen (weil nur die wenigsten Menschen langfristig denken oder Durchhaltevermögen zeigen). Deshalb haben wir oft Angst vor Prozessen, die mehr Zeit in Anspruch nehmen. Wir fürchten, dass jemand nach einem halben Jahr sagt: „Ich habe doch gleich gesagt, dass das nicht klappt", wo wir noch ein weiteres halbes Jahr gebraucht hätten, um erste kleine Fortschritte zu sehen. Die Folge: Aktionen, die kurzfristig Erfolg bringen und sich langfristig als Fehlschlag entpuppen.

• ***Übung 9:*** *Verwenden Sie die folgenden Stichworte, um bei sich selbst Hindernisse für Multiplikation ausfindig zu machen. Wie stark treffen die einzelnen Punkte auf Sie zu? Was könnten Sie dagegen tun?*

	Trefft eher zu	**Trifft eher nicht zu**
Mangelnde Ausdauer	❐	❐
Druck, schnelle Erfolge zu sehen	❐	❐
Unzufriedenheit mit kleinen Anfängen	❐	❐
Schwierigkeit, andere für längere Prozesse zu motivieren	❐	❐
Innere Widerstände gegen multiplikatives Denken	❐	❐

Multiplikative Maßnahmen entwickeln

Nun sollten Sie sich daranmachen, unsere beiden Beispiele (und Ihr eigenes Beispiel) aus dem vorigen Kapitel „multiplikativ" zu lösen. Denken Sie auch hier daran, dass es bei dieser Übung nicht darum geht, eine perfekte und umfassende Lösung zu erarbeiten, sondern lediglich ein Gespür für die Lösungsaspekte zu gewinnen, die mit dem Prinzip der Multiplikation zu tun haben.

- ***Übung 10:*** *Lesen Sie sich nochmals die beiden Beispiele auf Seite 129 durch und notieren Sie sich für jedes Beispiel auf Arbeitsblatt 4 (Seite 223, bitte für jedes Beispiel einmal kopieren) Ihre Antworten auf die folgenden Leitfragen. Am Ende der Übung finden Sie unsere Gedanken, wie man beim zweiten Beispiel im Sinne von Multiplikation hätte vorgehen können. Anschließend sollten Sie die Übung für das Beispiel aus Ihrer Gemeinde durchführen, das Sie im vorigen Kapitel gewählt haben.*

Leitfragen

1. *Welche auf Multiplikation zielenden Elemente könnten eine Lösung für diese Situation enthalten? Entwickeln Sie konkrete Vorschläge für die drei Aspekte „Wachstumspotential", „langfristige Wirkung" und „Erweiterung der Produktionskapazität".*
2. *Überprüfen Sie Ihre Vorschläge anschließend noch einmal sorgfältig:*
   - *Wie sähe die additive Lösung aus? Hat Ihre Lösung ein größeres Wachstumspotential?*
   - *Ist die langfristige Wirkung Ihrer Lösung größer (selbst wenn sie einen längeren Anlaufweg hat)?*
   - *Was ist bei diesem Beispiel die „Produktion"? Was ist die „Produktionskapazität"? Wird letztere tatsächlich erweitert?*

So hätten Sie vorgehen können

Hier finden Sie unsere Gedanken zum Beispiel 2. Auch hier wieder keine „Musterlösung", sondern ein Beispiel für einen von vielen möglichen Wegen, wie das Prinzip der Multiplikation Anwendung finden kann. Sie werden auch hier – wie schon beim Prinzip der Vernetzung – feststellen, wie anders sich eine Situation darstellt, wenn man sie mit Hilfe der biotischen Prinzipien angeht: Ein seelsorgerlicher Einzelfall kann auf diese Weise geradezu zum Auslöser weitreichender Gemeindeentwicklungsprozesse werden.
Welche auf Multiplikation zielenden Elemente könnten eine Lösung für diese Situation enthalten?
Bei einer additiven Lösung würde sich ein Seelsorger ausschließlich mit dem konkreten Einzelfall beschäftigen und versuchen, den Mitarbeiter seelsorgerlich zu begleiten und bestenfalls dazu beitragen, dass die Ehe gerettet wird. Zu anderen gelösten Fällen würde – im günstigsten Fall – ein neuer „hinzuaddiert".
Bei einer multiplikativen Lösung würden wir zunächst einmal genauso vorgehen, da ja sofortige Hilfe notwendig ist. Während es die additive

Lösung aber bei der seelsorgerlichen Begleitung belassen würde, müsste hier überlegt werden, wie auf verschiedenen Ebenen die „Produktionskapazität" erweitert werden kann. Wenn das Ziel der „Produktion" heißt, dass möglichst viele Mitarbeiter in gesunden Ehen leben und bei Krisen wirkungsvolle Hilfe angeboten bekommen können, dann entspricht der „Produktionskapazität" die Fähigkeit der Gemeinde, Mitarbeiter in ihrem Dienst ganzheitlich zu begleiten und ihnen Seelsorge anzubieten.

Das könnte bedeuten, Bereichsleiter und „Coaches" in einer Weise zu schulen, dass sie die Mitarbeiter begleiten können, bevor Probleme auftreten. Diese Leiter hätten Co-Leiter, die „on the job" in diesem Dienst ausgebildet werden, so dass die Begleitungsstruktur parallel zum Dienst wachsen könnte.

Ähnliches könnte für die Seelsorgearbeit gelten: Auch hier sollten Seelsorger in Eheseelsorge geschult werden und ihr Wissen an „Azubiseelsorger", die ihnen „über die Schulter schauen", weitergeben.

Außerdem wäre zu überlegen, ob dieser Mitarbeiter, wenn er seine Ehekrise durchgestanden hat, andere Ehepaare an seinen Lernerfahrungen teilhaben lässt – zum Beispiel, indem er eine zeitlich befristete Kleingruppe für Ehepartner anbietet, die entsprechendes Kleingruppenmaterial gemeinsam durcharbeitet.

Die langfristige Wirkung dieser Lösung wäre nicht nur, dass einem Mitarbeiter im Blick auf seine persönliche Ehekrise geholfen würde; vielmehr würde die Begleitung von Mitarbeitern verbessert, bevor es zum Akutfall kommt; die gesamte Seelsorgearbeit würde auf ein breiteres Fundament gestellt; und nicht zuletzt: Ein Mensch, der Seelsorge in Anspruch genommen hat, würde lernen, anderen weiterzuhelfen.

Keine Frage, dass wir dieses Fallbeispiel stark idealisiert dargestellt haben. Die meisten Problemfälle dieser Art, mit denen wir zu tun haben, werden kaum derartig umfassende Prozesse der Gemeindeentwicklung nach sich ziehen. Gleichwohl verdeutlicht dieses Beispiel, was „multiplikatives Handeln" bedeuten kann – und dass es nicht erst dort beginnt, wo wir über hochtrabende Wachstumsziele für die Gesamtgemeinde brüten.

Über das Denken nachdenken

Auch hier wollen wir die vorangegangene Übung wieder auswerten, indem wir über unser eigenes Denken nachdenken. Fragen Sie sich anhand von Arbeitsblatt 3: Wie sind Sie bei Übung 10 auf Ihre Lösung gekommen? Welche Denkstrategien haben Sie angewendet? Wie haben Sie Ihre Lösung überarbeitet und verbessert, vielleicht auch, nachdem Sie unseren Vorschlag gelesen haben?

- ***Übung 11:*** *Nehmen Sie sich mindestens eine Viertelstunde Zeit, um anhand von Arbeitsblatt 3 (Seite 222) über Ihr gedankliches Vorgehen bei der Lösung von Aufgabe 10 nachzudenken.*

Anregungen für gemeinsames Lernen

Teil 4: Biotisch denken lernen

Auch bei den folgenden Gruppenübungen sollten Sie sich wieder die Leitlinien in Erinnerung rufen, die schon im vorigen Kapitel genannt wurden:

1. Bevor die Teilnehmer die Übungen durchführen, sollten sie ein Grundverständnis von „Multiplikation" gewonnen haben.
2. Verwenden Sie Bilder, Vergleiche und Geschichten, wenn Sie den Mitgliedern Ihrer „Lerngruppe" das Prinzip der Multiplikation erklären, und achten Sie auf Aha-Effekte.
3. Beginnen Sie immer mit einer leichten Übung.
4. Planen Sie bei jeder Übung ausreichend Zeit für die Auswertung ein.

Einstieg

Sie können einsteigen, indem Sie die „Rechenaufgabe" mit der Seerose (Seite 136) präsentieren. Bitten Sie die Gruppenmitglieder, spontan zu schätzen, wie lange die Seerose noch braucht, um die zweite Hälfte des Teichs zu bedecken. Anschließend können Sie mit Ihren Worten das Prinzip der Multiplikation erklären und sich darüber austauschen, warum sich einige Mitglieder Ihrer Gruppe – vermutlich – ziemlich verschätzt haben.
Oder wählen Sie einen noch plastischeren Einstieg: Besorgen Sie sich zwei Schachbretter und zwei Päckchen Reis (je 500 Gramm). Teilen Sie Ihre Gruppe in zwei Teilgruppen auf, in die „Addierer" und in die „Multiplizierer". Stellen Sie beiden Gruppen die Aufgabe, den Reis vollständig auf den Feldern des Schachbretts unterzubringen. Gewonnen hat die Gruppe, die für die Erfüllung ihrer Aufgabe möglichst wenig Felder belegen muss. Einziger Unterschied zwischen beiden Gruppen: Die Addierer dürfen auf jedes Feld 100 Reiskörner legen, die Multiplizierer haben keine Obergrenze, müssen aber mit einem einzelnen Korn auf dem ersten Feld anfangen und mit zwei Körnern auf dem zweiten, vier auf dem dritten, acht auf dem vierten usw. weitermachen. (Die beiden Gruppen können gerne für jedes Schachfeld ein Reishäufchen neben dem Schachbrett bilden, da die einzelnen Felder meist zu klein sein werden. Am besten legen Sie auch einen Taschenrechner bereit.)
Häufige spontane Reaktion der Multiplizierer: „Das schaffen wir ja nie, das ist unfair!" Doch schon nach kurzer Zeit wird sich herausstellen, dass die Addierer ihren Reis nicht unterbringen, während die Multiplizierer maximal bis zur dritten Reihe gelangen, bevor ihr Reisvorrat ausgeht – und sie gewonnen haben.
Auswertung: Diskutieren Sie die Unterschiede von Addition und Multiplikation, besonders hinsichtlich des Wachstumspotentials und der kurz- sowie langfristigen Wirkung.

Hinweise zu den Übungen 5-8

Die Übungen 5-8 sollte jedes Gruppenmitglied zunächst für sich alleine durchführen. Diskutieren Sie die Ergebnisse nach jeder einzelnen Übung in Dreiergruppen. Tragen Sie dann jeweils alle Beispiele im Plenum zusammen und gehen Sie die drei besten detailliert durch, wobei Sie besonders auf die Aspekte „Wachstumspotential", „langfristige Wirkung" und „Erweiterung der Produktionskapazität" achten (bei Übung 8 vor allem auf den Unterschied zwischen kurz- und langfristiger Wirkung).

Hinweise zu Übung 10

Übung 10 fasst die Aspekte der vorangegangenen Übungen in einer zusammen und ist entsprechend schwieriger.

Bevor Sie in der Gruppe an ein Beispiel aus Ihrer eigenen Gemeinde gehen, sollten Sie mindestens eines der vorgegebenen Beispiele durcharbeiten.

Kopieren Sie das Arbeitsblatt 4 (Seite 223) für jeden Teilnehmer einmal je Beispiel, das Sie durcharbeiten wollen.

Nennen Sie das zu lösende Problem und bitten Sie die Gruppenmitglieder, für sich allein die Aufgaben von Arbeitsblatt 4 durchzugehen.

Nach etwa 20 Minuten werden alle gebeten, sich in Dreiergruppen über ihre Gedanken auszutauschen (weisen Sie nach 15 Minuten darauf hin, dass jetzt die Lösung überprüft werden sollte).

Tragen Sie im Plenum die gefundenen Lösungsansätze sortiert nach den drei Aspekten „Wachstumspotential", „langfristige Wirkung" und „Erweiterung der Produktionskapazität" zusammen. Am besten erstellen Sie dazu auf einer leeren Overheadfolie oder einem Flipchart eine dreispaltige Tabelle und notieren dort alle Vorschläge. Wenn Sie die Vorschläge gesammelt haben, sollten Sie im Plenum erneut alle Lösungen anhand der auf dem Arbeitsblatt genannten Fragen überprüfen.

Hinweise zu Übung 11

Lassen Sie jeden Teilnehmer diese Auswertung für sich allein durchführen (15 Minuten). Anschließend Austausch in Dreiergruppen mit der Zielsetzung, Listen mit erfolgreichen und erfolglosen Denkstrategien zu erstellen, die jeder in der Dreiergruppe nachvollziehen kann (auch wenn er sie selbst nicht angewendet hat). Im Plenum werden diese Listen dann vorgestellt.

Trainingseinheit 3: Energieumwandlung

Testfrage:
Macht sich diese Maßnahme die Kräfteverhältnisse der Umwelt zunutze oder versucht sie, gegen sie anzukämpfen?
Ausführlicher: NGE, S. 70-71

Das beste Beispiel für das Gegenteil des Prinzips der Energieumwandlung lässt sich bei Boxkämpfen studieren. Zwei massige Körper schlagen aufeinander ein. Die Taktik der beiden Kämpfer ist immer dieselbe: Erst einmal den Schlag des Gegners parieren und seinen Angriff unter Einsatz aller Kräfte zunichte machen, um dann mit ganzer Kraft selbst zum Angriff überzugehen und den anderen k. o. zu schlagen. Diese Boxermentalität haben wir in viele Bereiche unseres – auch gemeindlichen – Lebens übernommen: Erst einmal Kraft aufwenden, um die Gegenkräfte zu überwinden, dann nochmals Kraft einsetzen, um das gewünschte Ergebnis zu erreichen.

„In viele Bereiche des gemeindlichen Lebens hat eine ausgesprochene Boxermentalität Einzug gehalten."

Beispiele für „Boxermentalität" in unseren Gemeinden

Genau dieses Muster finden wir, wenn die Parole ausgegeben wird, dass „alle Christen Evangelisten" seien: Der Widerstand der nicht evangelistisch Begabten wird durch Appelle an das schlechte Gewissen überwunden, um dann das Ziel, mehr Evangelisation, zu erreichen. Am „besten" werden noch alle verpflichtet, regelmäßig an evangelistischen Einsätzen teilzunehmen...
Oder: Ein neuer Hauptamtlicher wird angestellt und man versucht, durch vermehrte Spendenaufrufe für den Gemeindehaushalt seine Stelle zu finanzieren. Man ist verwundert, dass sich die Gemeindeglieder so schlecht motivieren lassen, etwas mehr für ihre Gemeinde zu geben – und übersieht, dass der Widerstand, einer Organisation zu spenden, in aller Regel größer ist als der, etwas für eine konkrete Person zu geben.
Oder: Ein Hauskreis hat mit 14 Mitgliedern seine Obergrenze erreicht und soll geteilt werden. Da der Leiter spürt, dass einige die Trennung als schmerzlich empfinden werden, teilt er den Hauskreis durch Auslosen „gerecht" in zwei gleich große Hälften und verkündet, das sei die Lösung, der zu folgen sei. Die Konsequenz: Rebellion bei den Hauskreismitgliedern, die erst durch die Berufung auf die „gottgegebene Autorität" des Leiters zum Verstummen zu bringen ist.
Oder: Eine Gemeinde entdeckt: Je länger ihre Mitglieder Christen sind, desto weniger Kontakte zu Nichtchristen haben sie. Da die Gemeinde großen Wert auf Freundschaftsevangelisation legt, werden alle Gemeindeglieder geschult, wie sie neue Freundschaften zu Nichtchristen aufbauen können. Zuerst läuft alles wie gedacht, doch dann häufen sich die frustrierten Berichte von Christen (die auch innerhalb der Gemeinde einen eher kleinen Freundeskreis haben und nicht ganz so extravertiert sind), dass sie „völlige Versager" beim Aufbau neuer Kontakte seien.
Oder: Bei einer Jugendfreizeit erzählt ein Mädchen bei der morgendlichen Bibelarbeit, wie schwer es ihm fällt, jeden Tag nach dem Aufste-

hen „Stille Zeit" zu halten. Ob das denn auch noch nach dem Frühstück gehe, fragt sie, denn da sei sie etwas wacher. Verständnisvolles Nicken der anderen, aber die Antwort der Gruppenleiterin ist eindeutig: Jesus habe schließlich auch am frühen Morgen gebetet und wenn wir erst einmal gefrühstückt hätten, sei der Tag sowieso schon fast gelaufen...

• ***Übung 12:*** *Gehen Sie noch einmal alle eben genannten Beispiele durch und benennen Sie für jedes Beispiel einzeln folgende vier Aspekte:*

1. *Das Ziel, das mit der Maßnahme erreicht werden soll (im ersten Beispiel: „mehr Evangelisation");*
2. *Die Gegenkraft, mit der man sich auseinanderzusetzen hat (im ersten Beispiel: „fehlende evangelistische Begabung etlicher Christen");*
3. *Die eigene Kraft, die aufgebracht werden muss, um die Gegenkraft zu überwinden (im ersten Beispiel: „Appelle an das schlechte Gewissen");*
4. *Die Kraft, die aufgebracht wird, um das eigentliche Ziel zu erreichen (im ersten Beispiel: „Verpflichtung zu evangelistischen Einsätzen").*

Wo bläst Ihnen der Wind ins Gesicht?

Die Gemeinde, die alle Christen zu Evangelisten erklärt; die Gemeinde, die den Hauptamtlichen anstellen will; der Hauskreisleiter, der seine Gruppe teilt; die Gemeinde, die ganz auf den Aufbau neuer Kontakte zu Nichtchristen setzt; die Mitarbeiterin der Jugendfreizeit, die die morgendliche Stille rühmt – sie alle haben etwas gemeinsam: Alle spüren in ihrer Arbeit Widerstand und Gegenwind.
Wenn Sie in Ihrer Gemeinde oft den Eindruck haben, dass Ihnen der Wind mitten ins Gesicht bläst, dann könnte das auch daran liegen, dass Sie das Prinzip der Energieumwandlung noch nicht genügend anwenden. Natürlich kann es sich bei dem „Wind" um Widerstände handeln, die wir Christen selbst nicht zu verantworten haben; es kann aber auch sein, dass wir die Gegenkräfte geradezu provozieren, weil wir Maßnahmen ergriffen haben, die den biotischen Gesetzmäßigkeiten der Gemeindeentwicklung widersprechen. In *beiden* Fällen wird es allerdings darum gehen müssen, die Gegenkräfte so umzulenken, dass sie für das gewünschte Ziel zu nutzen sind.

• ***Übung 13:*** *„Brainstormen" Sie eine Liste mit allen möglichen „Winden", die Ihnen in Ihrer Gemeindearbeit zur Zeit ins Gesicht blasen. Überlegen Sie anschließend, welche dieser Winde Sie/Ihre Gemeinde möglicherweise selbst provoziert haben.*

Widerstände	**Selbst mitverursacht? Wodurch?**

• ***Übung 14:*** *Versuchen Sie jetzt, die Widerstände zu kategorisieren, indem Sie nach ähnlichen Ursachen suchen und sie unter Oberbegriffen zusammenfassen. Zum Beispiel: „Gabenorientierung missachtet", „Bedürfnisse übersehen" usw. Anders ausgedrückt: Was sind die Hauptursachen für Widerstände in Ihrer Gemeinde?*

Jiu-Jitsu schlägt Boxermentalität

Eine völlige andere Kampfart als Boxen ist das japanische Jiu-Jitsu, das ursprünglich auf chinesische Kampfkünste zurückgeht. Vor etwa eineinhalb Jahrtausenden mussten sich die Mönche des Klosters Shanin gegen zahlreiche Räuber wehren. Da sie allerdings an das Gebot der Gewaltlosigkeit gebunden waren, entwickelten sie eine Reihe von „weichen" Kampftechniken, bei denen nicht die Kräfte des Feindes durch Gegenkraft vernichtet, sondern durch ein paar Hebeltricks umgelenkt werden. Außer geringfügiger Steuerenergie, die die Kraft des Gegners auf ihn selbst zurück lenkt, muss keine eigene Kraft aufgewendet werden, um das gewünschte Ziel zu erreichen.
Das biotische Prinzip der Energieumwandlung setzt an dieser Stelle an. In der gemeindlichen Arbeit soll nicht doppelt Energie aufgewendet werden (unsere Ressourcen hinsichtlich Mitarbeitern, Zeit etc. sind nun einmal begrenzt), sondern die vorhandenen Kräfte sollen möglichst weise genutzt werden. So, wie das ein Surfer tut, wenn er elegant und mit hoher Geschwindigkeit (und nur mit Steuerenergie) über die Wellen gleitet, und ganz im Gegensatz zum Ozeanriesen, der sich mit hohem Energieaufwand seinen Weg durch dieselben Wellen bahnt.

Energieumwandlung praktisch

Vor einiger Zeit fand in verschiedenen Ländern eine groß angelegte Evangelisationskampagne statt, bei der jeder Haushalt per Post mit einer evangelistischen Schrift versorgt werden sollte. Eine Gemeinde in Süddeutschland entschloss sich, bei dieser Aktion mitzumachen, obwohl die Gemeindeleitung starke Bedenken hinsichtlich der Effektivität dieser rela-

tiv teuren und unpersönlichen Form von Evangelisation hatte. „Unbiotischer" ging es fast nicht mehr, so das Urteil der Verantwortlichen.
Warum die Gemeinde trotzdem mitmachte? Die Gemeindeglieder waren in den letzten Jahren darin angeleitet worden, durch Oikos-Evangelisation bestehende freundschaftliche Kontakte zu Nichtchristen zu nutzen und sehnten sich danach, nach so viel „leiser" (und erfolgreicher) Arbeit einmal wieder bei einer großen, öffentlichkeitswirksamen Aktion mitzumachen. Der Pastor hatte das verstanden und beschloss, die vorhandene Motivation im Sinne der „Energieumwandlung" zu nutzen.
So wurde im Zusammenhang mit der Großaktion ein „Grundkurs des Glaubens" angeboten, zu dem Gemeindeglieder sowohl ihre nichtchristlichen Freunde als auch Fremde einladen konnten. Das Einladungsprospekt zu diesem Grundkurs nahm den Titel der Großaktion auf und auch in der Zeitung wurde unter diesem Motto geworben. So machte sich die Gemeinde bestehende Kräfte (die Motivation der Gemeindeglieder und die Öffentlichkeitswirkung der Großaktion) zunutze, um ihre bewährten Programme noch effektiver anzubieten.

• ***Übung 15:*** *Gehen Sie nochmals die Beispiele am Anfang dieses Kapitels (Seiten 147-148) durch: Wie könnte man mit etwas Steuerenergie die „Gegen"kräfte so umwandeln, dass das erwünschte Ziel besser erreicht wird?*

Beispiel	**Energieumwandlung**
„Jeder Christ ein Evangelist"	Gaben entdecken lassen; evangelistisch Begabte von sonstigen Aufgaben befreien; anders Begabte schulen, Gaben in den Dienst der Evangelisation zu stellen
„Hauptamtlicher"	______________________________
	______________________________
„Hauskreis"	______________________________
	______________________________
„Freundschafts-evangelisation"	______________________________
	______________________________
„Stille Zeit"	______________________________
	______________________________

Das Prinzip der Energieumwandlung nutzen

Nun können Sie versuchen, die beiden auf Seite 129 genannten Probleme sowie Ihr eigenes Beispiel, das Sie dort notiert haben, zu bearbeiten, indem Sie das Prinzip der Energieumwandlung anwenden.

• ***Übung 16:*** *Lesen Sie sich nochmals die beiden Beispiele durch und notieren Sie sich auf Arbeitsblatt 5 (Seite 224, bitte für jedes Beispiel einmal kopieren) Ihre Antworten auf die folgenden Leitfragen. Anschließend sollten Sie die Übung für das Beispiel aus Ihrer Gemeinde durchführen, das Sie auf Seite 129 ausgewählt haben. Zum Schluss sollten Sie versuchen, die Situationen aus Übung 13 so zu bearbeiten, dass bestehende Widerstände „umgewandelt" werden und die Lösung keine neuen Widerstände provoziert.*

Leitfragen

1. *Überlegen Sie, mit welchen Widerständen Sie bei diesem Problem rechnen müssen. Wie könnte man diese sinnvoll „umwandeln"?*
2. *Überprüfen Sie die Lösungselemente, die Sie in den vorangegangenen zwei Kapiteln entwickelt haben, darauf hin, ob sie möglicherweise Widerstände provozieren könnten. Wie ließen sich diese vermeiden? (Diesen Teil der Übung können Sie natürlich nicht für die Beispiele aus Übung 13 durchführen.)*
3. *Gehen Sie abschließend nochmals alle Ihre Ideen für „Energieumwandlung" durch: Haben Sie darauf geachtet, dass die Hauptursachen für Widerstände (siehe Übung 14) auch tatsächlich vermieden wurden?*

So hätten Sie vorgehen können

Auf der folgenden Seite finden Sie unsere Gedanken zum Beispiel 2. Sie werden feststellen, dass im Prinzip jede – auch auf den bisher besprochenen biotischen Prinzipien beruhende – Lösung Widerstände hervorrufen *kann* (nicht muss). Deshalb kommt es auf die kombinierte Anwendung aller sechs biotischen Prinzipien an. Die hier vorgenommene isolierte Anwendung einzelner Prinzipien erleichtert zwar das Kennenlernen und die Einübung biotischen Denkens, ist aber streng genommen natürlich recht „technokratisch". In der siebten Trainingseinheit (Seite 189) werden wir deshalb alle sechs Prinzipien miteinander kombinieren.
Unsere Lösung bezieht sich auf die Maßnahmen, die wir bereits unter den Gesichtspunkten „Vernetzung" und „Multiplikation" entwickelt haben; möglicherweise haben Sie aber noch andere Bereiche gefunden, in denen Widerstände auftreten können. Überprüfen Sie die Lösungselemente, die Sie in den beiden vorangegangenen Trainingseinheiten entwickelt haben, darauf hin, ob sie gegebenenfalls Widerstände provozieren könnten. Wie ließen sich diese vermeiden?

Über das Denken nachdenken

• ***Übung 17:*** *Nehmen Sie sich mindestens eine Viertelstunde Zeit, um mit Hilfe von Arbeitsblatt 3 (Seite 222) über Ihr gedankliches Vorgehen bei der Lösung von Aufgabe 16 nachzudenken.*

Teil 4: Biotisch denken lernen

Arbeitsblatt: Energieumwandlung praktisch

Maßnahme:	Möglicher Widerstand:	Energieumwandlung:
Seelsorgerliches Gespräch mit dem Pastor	Keine Bereitschaft, vermutete „Gemeindezucht"	Gespräch als Hilfsangebot verdeutlichen
Neuen Mitarbeiter finden	Bisheriger Mitarbeiter reagiert verletzt	Freiraum durch zeitweiliges Ruhen der Mitarbeit
Fürbitter beten für die Ehe	Befürchtete Indiskretion	Auf Verschwiegenheit achten
Leiter, die sich auch um Persönliches kümmern	Vermutetes Eindringen in die Privatsphäre	Ganzheitlichen Hilfecharakter betonen
HK übernimmt geistliche Verantwortung	HK übt Druck aus	Unterstützung als bessere Hilfe erfahren
Hauskreis schulen	Zeitnot	„Just in time"-Training: wenn das Bedürfnis groß ist
Freunde pflegen Beziehungen	Zurückhaltung wegen Unsicherheit	„Beziehungsfähige" motivieren, „Unsichere" mitzureißen
Mitarbeiter leitet später Selbsthilfegruppe	Entspricht nicht seinen Gaben	Erfahrungen gabenorientiert weitergeben: Zeugnis, Seelsorge...

Anregungen für gemeinsames Lernen

Teil 4: Biotisch denken lernen

Auch bei den folgenden Gruppenübungen sollten Sie sich wieder die Leitlinien ins Gedächtnis rufen, die schon in den vorigen Trainingseinheiten genannt wurden:

1. Bevor die Teilnehmer die Übungen durchführen, sollten sie ein Grundverständnis von „Energieumwandlung" gewonnen haben.
2. Verwenden Sie Bilder, Vergleiche und Geschichten, wenn Sie den Mitgliedern Ihrer „Lerngruppe" das Prinzip der Energieumwandlung erklären, und achten Sie auf Aha-Effekte.
3. Beginnen Sie immer mit einer leichten Übung.
4. Planen Sie bei jeder Übung ausreichend Zeit für die Auswertung ein.

Einstieg

Erklären Sie Ihrer Gruppe in eigenen Worten das Prinzip der Energieumwandlung. Als Illustration können Sie den Unterschied zwischen Boxen und Jiu-Jitsu herausarbeiten. Stellen Sie dann, als Einleitung zur ersten Übung, die im Text genannten Beispiele ausführlich vor.

Hinweise zu den Übungen 12 und 15

Teilen Sie die Gesamtgruppe in mehrere Untergruppen auf (3-5 Personen pro Untergruppe). Jede Untergruppe soll für eines der auf den Seiten 147/148 erwähnten Beispiele die Fragen von Übung 12 bearbeiten. (Wenn Sie mehr als 20 Personen sind, können Sie entsprechend mehr Gruppen bilden; ein Beispiel wird dann von zwei Gruppen bearbeitet. Wenn Sie weniger als 12 Personen sind, müssen entsprechend mehr Beispiele pro Gruppe bearbeitet werden.) Bitten Sie *jeden* Teilnehmer, die Ergebnisse der Gesprächsrunde für sich zu notieren.

Nach etwa 10 bis 15 Minuten sollen sich neue Gruppen bilden: In jeder der neuen Gruppen soll mindestens ein Vertreter aus jeder der bisherigen Gruppen dabei sein. Wenn Sie also fünf Gruppen mit je drei Teilnehmern hatten, werden daraus jetzt drei Gruppen mit je fünf Teilnehmern. Innerhalb dieser neuen Gruppen stellen die Vertreter der fünf Beispiele jeweils ihre Ergebnisse vor und informieren die anderen über das, was besprochen wurde. Auf einen Austausch im Plenum kann so verzichtet werden.

Übung 15 sollten Sie in der Gruppenarbeit direkt an Übung 12 anschließen. Lassen Sie die Teilnehmer nochmals in dieselben (alten) Teilgruppen auseinander gehen. Lassen Sie sie darüber diskutieren, wie man mit etwas Steuerungsenergie die Gegenkräfte umwandeln kann. Die einzelnen Gruppen stellen ihre Lösungen diesmal im Plenum vor. Jeder kann seine Meinung dazu sagen und Lösungen ergänzen.

Hinweise zu den Übungen 13 und 14

In der Gruppe sollten Sie die Übungen 13 und 14 etwas anders durchführen: Brainstormen Sie im Plenum eine Liste von Situationen, in denen in Ihrer Gemeinde deutliche Widerstände sichtbar wurden (die vielleicht sogar dazu beigetragen haben, dass Aktionen missglückt sind). Das könnten Beispiele sein, die die gesamte Gemeinde betreffen, aber auch Beispiele aus den gemeindlichen Bereichen, in denen die Mitglieder Ihrer Gruppe mitarbeiten. Teilen Sie sich in Dreiergruppen auf. Jede Teilgruppe wählt eine oder zwei der gerade gefundenen Situationen aus. Überlegen Sie dann gemeinsam, welche Kräfte in dieser Situation eine Rolle spielten. Gehen Sie dabei folgendermaßen vor:

1. Teilen Sie ein Stück Papier durch eine senkrechte Linie in der Mitte.
2. Schreiben Sie auf die linke Seite alle Kräfte, die in dieser Situation das Ziel unterstützten.
3. Schreiben Sie auf die rechte Seite alle Kräfte, die gegen das Ziel arbeiteten.
4. Ziehen Sie Pfeile in Richtung der Mittellinie, die die Stärke der beteiligten Kräfte anzeigen (z. B. zeigen längere/dickere Pfeile größere Stärke an).
5. Solche Kräfte und Gegenkräfte könnten sein: Menschen, Werte, Strukturen/Programme, kontextuelle Faktoren, Krisen, Wissen/Ideen, Vorteile, Traditionen, Gaben, Bedürfnisse.

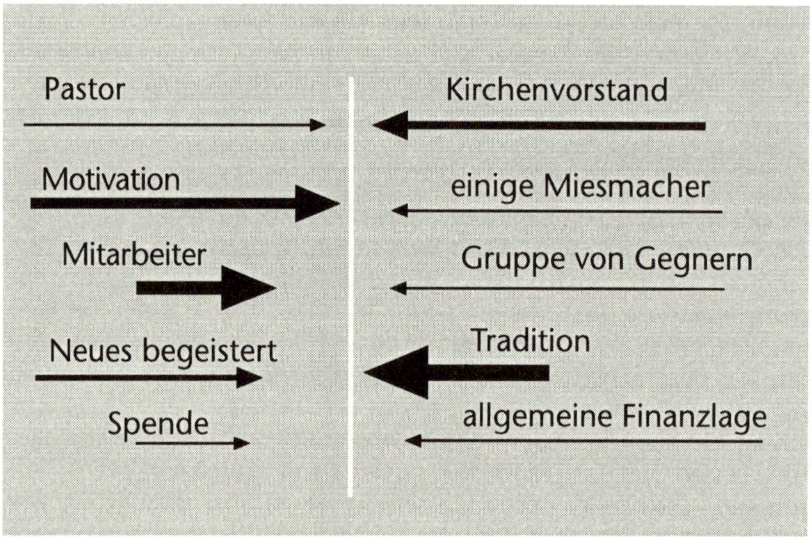

6. Überlegen Sie in Ihrer Gruppe gemeinsam: Sind die Widerstände hausgemacht und selbst provoziert? Wie lassen sich die Ursachen kategorisieren? Lassen sich Oberbegriffe der natürlichen Gemeindeentwicklung wie z. B. „Gabenorientierung missachtet", „Bedürfnisse übersehen" usw. finden?

Anschließend stellen die Gruppen im Plenum ihre Ergebnisse vor.

Hinweise zu Übung 16

Da Sie vermutlich nicht die Zeit haben, alle Beispiele (unsere beiden vorgegebenen, Ihr gemeindliches Beispiel aus den vorangegangenen Kapiteln und Ihre Beispiele aus Übung 13) in der Gruppe durchzuspielen, sollten Sie sich zunächst entscheiden, welche Sie verwenden wollen. Wenn Sie die Beispiele von Übung 16 schon in den anderen Trainingseinheiten als Gruppenübung behandelt haben, ist es vielleicht interessant, sie auch hier wieder zu verwenden. Andererseits können Sie an dieser Stelle auch die Gruppenarbeit von Übung 13 fortsetzen. Dann können Sie allerdings nur den ersten Teil der Übung durchführen.
Alternativ können Sie die unterschiedlichen Beispiele von verschiedenen Teilgruppen bearbeiten lassen.
Bilden Sie Fünfergruppen, die in der Diskussion über die Beispiele mögliche Widerstände identifizieren und Möglichkeiten der „Energieumwandlung" finden sollen (pro Beispiel sollten Sie mindestens 15 Minuten Zeit geben). Die Ergebnisse werden dem Plenum vorgestellt.

Hinweise zu Übung 17

Sie können diese Übung im Anschluss an jede der in dieser Trainingseinheit genannten Übungen zur Ergänzung und Vertiefung durchführen. Lassen Sie jeden Teilnehmer das Arbeitsblatt für sich selbst ausfüllen (15 Minuten). Anschließend Austausch in Dreiergruppen mit der Zielsetzung, Listen mit erfolgreichen und erfolglosen Denkstrategien zu erstellen, die jeder in der Dreiergruppe nachvollziehen kann (auch wenn er sie selbst nicht angewendet hat). Im Plenum werden diese Listen dann vorgestellt.

Teil 4: Biotisch denken lernen

Trainingseinheit 4: Mehrfachnutzen

„Das Prinzip des Mehrfachnutzens ist nach unserer Erfahrung geradezu das ‚Stiefkind' aller biotischen Prinzipien."

Testfrage:
Kommen die Ergebnisse dieser Maßnahme gleichzeitig der Aufrechterhaltung des entsprechenden Dienstes zugute oder handelt es sich um eine Einbahnstraße?
Ausführlicher: NGE, S. 72-73

„Mehrfachnutzen? Ja, das praktizieren wir schon lange in unserer Gemeinde", meinte der Pastor einer Gemeinde, als wir ihn auf dieses Prinzip ansprachen. „Neulich zum Beispiel haben wir ein Keyboard angeschafft, das wird vom Lobpreisteam genauso genutzt wie vom Chor und vom Evangelisationsteam. Diese Anschaffung hat sich bereits mehrfach bezahlt gemacht. Ähnliche Überlegungen haben uns auch beschäftigt, als wir den Overheadprojektor kauften..."
Ist das wirklich schon Mehrfachnutzen? Das vierte biotische Prinzip ist nach unseren Erfahrungen geradezu das „Stiefkind" aller sechs Prinzipien. Wenn es überhaupt Beachtung findet, wird es meist auf eine relativ vordergründige Bedeutung wie im eben genannten Beispiel reduziert. Doch im Kern geht es bei diesem Prinzip um etwas anderes, nämlich darum, ob die Ergebnisse einer bestimmten Maßnahme positiv und verstärkend auf diese Maßnahme zurückwirken. Mit anderen Worten: Es geht darum, ob die Maßnahme Teil eines „biotischen Kreislaufes" ist.
Das Problem ist, dass bei diesem Prinzip gleichsam „um die Ecke gedacht" werden muss. Die meisten Menschen tun sich schwer damit, in solchen relativ komplexen Zusammenhängen zu denken. Lineares und monokausales Denken ist doch so viel einfacher!

Finanzielle Einbahnstraßen

Wenn wir von Gemeinden eingeladen werden, ein Seminar über natürliche Gemeindeentwicklung zu halten, begegnen wir ganz unterschiedlichen Arten, wie die Kosten des Seminars finanziert werden. Am häufigsten erleben wir, dass die Kosten „aus der Gemeindekasse" beglichen werden und die Teilnehmer folglich „kostenlos" dabei sein können. Bisweilen wird dann während des „kostenlosen Seminars" um eine Spende gebeten oder eine Kollekte eingesammelt. Um das Geld für das Seminar aufbringen zu können, ist in der Regel einiges an Arbeitsaufwand durch die Gemeindeleitung zu leisten: Verhandlungen mit übergeordneten Kirchenämtern, Feilschen um ein Budget für Gemeindeaufbau im Jahresetat oder verstärkte Spendenaufrufe, damit die Gemeindefinanzen wieder ausgeglichen werden.
Anstelle eines „Kreislaufs" finden wir hier zwei „Einbahnstraßen": Zum einen wird Kraft investiert, um Mitarbeiter für das Seminar zu motivieren und die Veranstaltung durchzuführen. Zum anderen muss Energie für die Finanzierung aufgebracht werden. Doppelte Arbeit, aber keine gegenseitige Befruchtung. Und oft sind derartige – subventionierte – Seminare voll mit Leuten, die zwar mitreden wollen, aber nicht bereit sind, sich ernsthaft für die weitere Entwicklung der Gemeinde zu engagieren.

Wie sähe der „Kreislauf des Mehrfachnutzens" aus? Diejenigen, denen das Seminar zugute kommt, tragen gleichzeitig zu dessen Finanzierung bei. Wenn die Seminarteilnehmer einen Seminarbeitrag bezahlen, kommt die gleiche Energie, die für die Vorbereitung und Durchführung des Seminars eingesetzt wird, auch dessen finanzieller Absicherung zugute. Das Seminar trägt sich finanziell selbst – ohne Mehraufwand. Und die Teilnehmer sind in der Regel wesentlich motivierter als bei dem anderen Finanzierungsmodell. Dass in sozialen Härtefällen die Gemeinde – oder einzelne Christen – dennoch die Kosten übernehmen, sollte sich im christlichen Kontext von selbst verstehen.

Evangelistische Einbahnstraßen

Ein anderes Beispiel: Viele Gemeinden investieren – Gott sei Dank! – einen beträchtlichen Teil ihrer Energie in die evangelistische Arbeit. Leider handelt es sich dabei jedoch häufig um typische Einbahnstraßen: Mitarbeiter werden geschult, wie sie Menschen für Jesus gewinnen können; besondere Veranstaltungen für Nichtchristen werden durchgeführt; evangelistische Kleingruppen bilden sich; Glaubensgrundkurse werden organisiert. All das kann für sich genommen ausgesprochen sinnvoll sein; aber allzu oft wird über einen möglichen Mehrfachnutzen noch nicht einmal nachgedacht. Es gibt keinerlei positive Rückwirkung der erzielten Ergebnisse (neu bekehrte Christen) auf die weitere Evangelisationsarbeit.
Wie könnte das aber geschehen? Die neu für den Glauben gewonnenen Menschen müssten angeleitet werden, ihren Freunde und Verwandten zu einem Anfang im Glauben zu verhelfen, dann wäre der Kreislauf geschlossen und die „Ergebnisse" der Evangelisation würden zu einer Aufrechterhaltung und ständigen Ausweitung der evangelistischen Bemühungen führen.

Seelsorgerliche Einbahnstraßen

Ähnlichen Zusammenhängen begegnen wir oft im Bereich der Seelsorge. Immer wieder neue Menschen mit seelsorgerlichen Anliegen kommen zu den wenigen Seelsorgern einer Gemeinde. Wenn ihnen geholfen werden konnte, tauchen sie wieder in ihr normales (Gemeinde-)Leben ab. Kraft wurde investiert, um diesen Menschen zu helfen, um aber die Seelsorgearbeit selbst aufrechtzuerhalten, muss extra Energie aufgewendet werden: Seelsorger werden (hoffentlich entsprechend ihren Gaben) gefunden und (hoffentlich nach dem Co-Leiter-Prinzip) geschult. Wenn allerdings einige der Ratsuchenden – nachdem ihnen selbst seelsorgerlich geholfen wurde – angeleitet würden, eine Selbsthilfegruppe zu „ihrem" Thema zu gründen, hätte man es auch hier geschafft, den Kreislauf zu schließen: Die Ergebnisse der Arbeit würden „automatisch" der Aufrechterhaltung und Erweiterung dieser Arbeit zugute kommen.

Einbahnstraßen in der Mitarbeiterschulung

Das Stichwort „Co-Leiter" führt zu einem weiteren Bereich, der gut demonstriert, was echter Mehrfachnutzen ist. Die Ausbildung von Mitarbeitern ist heutzutage überwiegend programmorientiert. Das heißt konkret: Es gibt Schulungen und Seminare, um Mitarbeiter auszubilden; wenn die Gemeinde selbst keine ausreichenden Kapazitäten hat, hilft notfalls eine Bibelschule weiter. Immer neu wird bei diesem Konzept also Energie aufgebracht, um neue Mitarbeiter auszubilden. Das Ergebnis dieser Bemühungen (die neuen Mitarbeiter) tragen aber nicht dazu bei, dass der Ausbildungsprozess selbst aufrechterhalten wird, geschweige denn sich erweitern kann. Das aber wäre in dem Moment der Fall, wo jeder Mitarbeiter einen Co-Leiter hätte und diesen „on the job" ausbilden würde.

Überall dort, wo Einzelne in der Gemeinde etwas für andere veranstalten, die dann ihrerseits konsumieren können, wird ein natürlicher Kreislauf durchtrennt. Der Leib Christi jedoch beruht auf Gegenseitigkeit und Ergänzung. Gemeindeglieder sollen keine Konsumenten sein, sie sollen vielmehr bevollmächtigt werden, selbst etwas zum Gemeindeleben beizutragen. Das ist echter Mehrfachnutzen.

• ***Übung 18:*** *Überprüfen Sie einmal alle möglichen Angebote und Aktionen Ihrer Gemeinde unter dem Aspekt des Mehrfachnutzens. Tun Sie das, indem Sie versuchen, das jeweilige Angebot oder die jeweilige Aktion in den abgebildeten Kreislauf einzufügen, wie wir es im ersten Schaubild getan haben. Ist das möglich? Oder gibt es keinerlei positive Rückkopplung, die der Aufrechterhaltung und Erweiterung dieser Arbeit zugute kommt?*

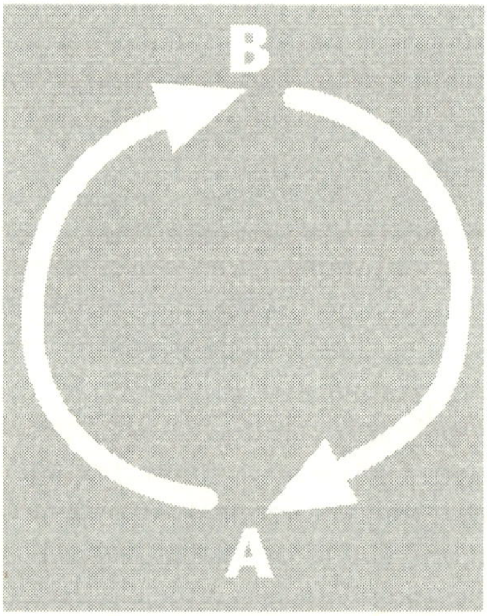

Wie schaffen wir Mehrfachnutzen?

Wie aber können Sie konkret vorgehen, um ein bestehendes „Einbahnstraßenangebot" (das Sie möglicherweise in der vorherigen Übung identifiziert haben) in ein Angebot mit Mehrfachnutzen umzuwandeln? Oder wenn Sie etwas Neues planen und den Mehrfachnutzen von vornherein einbauen wollen?

Die nahe liegendste, allerdings wenig systematische Lösung sieht so aus: Überlegen Sie sich verschiedene Möglichkeiten für Ihr Vorhaben und überprüfen Sie jedes Vorhaben so, wie Sie es in Übung 18 getan haben. Wenn Sie eine Alternative gefunden haben, die hier positiv abschneidet, sind Sie am Ziel. Gegen dieses Vorgehen spricht allerdings, dass es in der Regel nur dem weiterhilft, der auch rein intuitiv Lösungen mit Mehrfachnutzen zu finden in der Lage ist. Wenn Sie systematisch zu einer Lösung gelangen wollen, empfiehlt sich ein Vorgehen in vier Schritten.

Kreislauf zertrennen

Schritt 1: Trennen Sie den Kreislauf auf.

Zunächst haben Sie vermutlich ohnehin keinen Kreislauf vor Augen – denn der wäre ja schon die Lösung! Beschränken Sie sich im ersten Schritt ruhig bewusst auf die erste Hälfte des Kreislaufs. Definieren Sie ganz genau: Was ist Ihr Ausgangspunkt? Was ist das angestrebte Ergebnis? Wenn wir die oben genannten Beispiele nehmen, könnte das z. B. so aussehen:

- Beispiel „Seminar“: Ausgangspunkt ist ein Seminar über natürliche Gemeindeentwicklung. Das angestrebte Ergebnis sind Mitarbeiter, die für die Arbeit in ihrer Gemeinde geschult und motiviert sind.
- Beispiel Evangelisation: Ausgangspunkt sind evangelistische Aktionen. Das angestrebte Ergebnis sind Menschen, die sich neu für ein Leben mit Jesus entschieden haben.
- Beispiel Seelsorge: Ausgangspunkt sind Menschen, die Hilfe benötigen. Das angestrebte Ergebnis sind Menschen, die seelisch wieder heil geworden sind.

Bildlich könnten Sie diesen ersten Schritt so darstellen:

Dieser Schritt fällt den meisten Menschen relativ leicht, da er dem üblichen, nicht biotischen Denken entspricht – eine typische Einbahnstraßenlösung. Und dennoch gibt sie uns den Ansatzpunkt für eine Lösung, die auf Mehrfachnutzen aus ist.

Wichtig: Fangen Sie noch nicht an zu überlegen, *wie* Sie das angestrebte Ergebnis erreichen. An dieser Stelle sollen Sie lediglich die beiden Stationen – Ausgangs- und Endpunkt – so klar wie möglich definieren.

• ***Übung 19:*** *Gehen Sie im Blick auf das Beispiel „Ausbildung" so vor, wie wir es gerade mit den anderen Beispielen gezeigt haben. Bestimmen Sie Ausgangspunkt und angestrebtes Ziel. Tragen Sie Ihre Lösung in die linke Grafik ein.*

Zweite „Einbahnstraße" schaffen

Schritt 2: Schaffen Sie eine zweite „Einbahnstraße".

Da es den meisten von uns leichter fällt, „Einbahnstraßen" zu finden als einen kompletten Kreislauf, sollten wir diesen Vorteil nutzen. Im zweiten Schritt geht es deshalb darum, eine Lösung zu finden, wie das angestrebte Ergebnis positiv auf die Ausgangssituation zurückwirken kann. Die Rollen von „Ausgangspunkt" und „angestrebtem Ergebnis" werden hier lediglich vertauscht. Spätestens jetzt dürfte klar werden, dass sich eine Lösung, die Mehrfachnutzen anstrebt, von einer nicht biotischen Lösung vor allem dadurch unterscheidet, dass hier einen Schritt weiter gedacht wird. Schauen wir uns unter diesem Gesichtspunkt erneut unsere drei Beispiele an:

- Beispiel Seminar: Ausgangspunkt sind diesmal die Mitarbeiter, die das Seminar besuchen werden. Das angestrebte Ergebnis ist die Durchführung (inklusive Finanzierung) des Seminars.
- Beispiel Evangelisation: Ausgangspunkt sind jetzt die Menschen, die neu zum Glauben gefunden haben. Das angestrebte Ergebnis besteht darin, dass in der Gemeinde mehr Evangelisation stattfindet.
- Beispiel Seelsorge: Ausgangspunkt sind jetzt Menschen, denen in der Seelsorge geholfen wurde. Das angestrebte Ergebnis ist, dass anderen Menschen mit seelsorgerlichen Problemen geholfen werden kann.

Bildlich sähe das Ganze dann so aus, wie es in der linken der beiden Graphiken, die Sie auf der nächsten Seite finden, dargestellt ist.

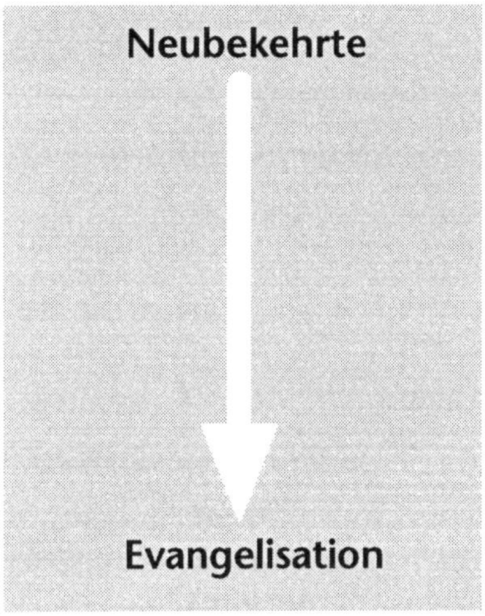

• ***Übung 20:*** *Versuchen Sie jetzt, Schritt 2 auch für das Beispiel „Ausbildung" durchzuführen. Tragen Sie Ihr Ergebnis in die rechte der beiden obenstehenden Grafiken ein.*

Schritt 2 in die Praxis umsetzen

Schritt 3: Entwickeln Sie einen Plan, wie Sie Schritt 2 umsetzen können.

Das Besondere dieses Schrittes ist nicht die Art und Weise, wie Sie hier die Umsetzung von Schritt 2 planen. Das Besondere ist vielmehr, dass Sie sich an die Umsetzung von Schritt 2 machen, *bevor* Sie über die Umsetzung von Schritt 1 näher nachdenken. Sie können hier so vorgehen, wie Sie das immer tun, wenn Sie eine Aktion planen – aber hoffentlich im Einklang mit den anderen fünf biotischen Prinzipien. Also:

- Beispiel Seminar: Wenn die beim Seminar erwarteten Mitarbeiter die Lösung für die Finanzierung des Seminars sein sollen, liegt es auf der Hand, dass ein Teilnehmerbeitrag erhoben werden sollte.
- Beispiel Evangelisation: Wenn die neu zum Glauben gekommenen Christen der Schlüssel für mehr Evangelisation in der Gemeinde sein sollen, liegt es nahe, sie genau dafür zu schulen.
- Beispiel Seelsorge: Sollen Menschen, denen durch Seelsorge geholfen wurde, dazu beitragen, dass weiteren Menschen seelsorgerlich geholfen werden kann, dann muss überlegt werden, wie diese Menschen entsprechend ihren Gaben punktuell oder dauerhaft in der Seelsorgearbeit mitwirken können: als Seelsorger; als Leiter von Selbsthilfegruppen; als Christen, die durch ihr Zeugnis andere ermutigen, etc.

• ***Übung 21:*** *Wie könnte die Umsetzung beim Beispiel „Ausbildung" aussehen? Versuchen Sie eine Lösung:*

____

____

____

____

Jetzt erst Schritt 1 praktisch umsetzen

Schritt 4: Entwickeln Sie jetzt einen Plan, wie Sie Schritt 1 umsetzen können.

Die Lösung, wie Sie nun Schritt 1 umsetzen können, wird Ihnen wahrscheinlich – sofern sie die vorangegangenen Anleitungen ausgeführt haben – geradezu ins Auges springen. Der wichtigste Punkt, den es dabei zu beachten gilt, ist dieser: Die Umsetzung von Schritt 1 ist von der Umsetzung von Schritt 2 abhängig – nicht umgekehrt! Für unsere drei Beispiele könnte das heißen:

- Beispiel Seminar: Wenn das Seminar über Teilnehmerbeiträge finanziert werden soll, muss dem schon bei der Planung und Vorbereitung Rechnung getragen werden. Die Gemeinde muss die Kosten kalkulieren, genau überlegen, wie viele Teilnehmer zu erwarten sind, den Teilnehmerbetrag auf den Einladungen vermerken, gezielt Mitarbeiter ansprechen und zur Teilnahme motivieren, etc.
- Beispiel Evangelisation: Wenn Neubekehrte angeleitet werden sollen, ihrerseits Menschen mit dem Evangelium zu erreichen, müssen schon im Vorfeld Strukturen geschaffen werden, mit denen Christen geholfen wird, ihr Beziehungsnetzwerk (ihren Oikos) zu erreichen. Vermehrte evangelistische Anstrengungen sollten also von vornherein beziehungs-, gaben- und bedürfnisorientiert angegangen werden. Denn wenn Sie im ersten Schritt versuchen, Menschen z. B. über klassische Großevangelisationen zu erreichen, wird es den auf diese Weise Gewonnenen schwerer fallen, ihrerseits nach einem völlig anderen Muster evangelistisch aktiv zu werden, als wenn sie selbst schon über derartige Oikos-Beziehungen zum Glauben gekommen sind.
- Beispiel Seelsorge: In diesem Fall müssen die bereits tätigen Seelsorger (neben ihrer direkt seelsorgerlichen Ausbildung) angeleitet werden, wie sie unter ihren Ratsuchenden nach Leuten Ausschau halten können, die potentiell dafür in Frage kommen, selbst seelsorgerlich tätig zu werden – oder auch nur von ihren persönlichen Erfahrungen zeugnishaft berichten können, nachdem sie ihr Problem „in den Griff" bekommen haben.

• ***Übung 22:*** *Planen Sie nun die Umsetzung des ersten Schrittes für das Beispiel „Ausbildung" (Sie können sich in diesem Fall übrigens gut am Beispiel „Seelsorge" orientieren):*

Falls Sie mit den Übungen 19-22 Schwierigkeiten hatten – unser Vorschlag würde etwa so aussehen:

- Schritt 1: Ausgangspunkt ist die Notwendigkeit von neuen Mitarbeitern. Das angestrebte Ziel besteht darin, mehr Mitarbeiter zu bekommen, die zudem angemessen ausgebildet worden sind.
- Schritt 2: Der Ausgangspunkt sind diesmal die ausgebildeten Mitarbeiter, das angestrebte Ergebnis besteht in noch mehr Mitarbeitern.
- Schritt 3: Wenn Mitarbeiter weitere Mitarbeiter hervorbringen sollen, dann ist es nahe liegend, verschiedene Modelle für ein „training on the job" näher in Erwägung zu ziehen.
- Schritt 4: Mehr ausgebildete Mitarbeiter kann man dadurch bekommen, dass neue Leute geschult werden – in den Fähigkeiten, die mit ihrer zukünftigen Tätigkeit zu tun haben *und* darin, selbst wieder neue Mitarbeiter auszubilden. Diese Vorgehensweise sollten angehende Mitarbeiter „mit der Muttermilch" in sich aufnehmen.

Das Prinzip des Mehrfachnutzens anwenden

Das übliche Vorgehen, um für die erwähnten Beispiele Lösungen zu finden, sieht so aus: Man geht Schritt 1 an, findet eine Lösung für das dort beschriebene Problem und entwickelt dann davon unabhängige Lösungen für Engpässe, die bei der so entstandenen Lösung auftreten. Das von uns vorgeschlagene Vorgehen unterscheidet sich davon deutlich: Nachdem wir uns Schritt 1 zugewandt haben, suchen wir für das hier beschriebene Problem zunächst noch keine Lösung, sondern wenden uns erst Schritt 2 zu. Nachdem wir für Schritt 2 eine Lösung gefunden haben, lösen wir in Abhängigkeit davon Schritt 1.

• ***Übung 23:*** *Lesen Sie sich nun noch einmal die beiden auf Seite 129 erwähnten Beispiele durch und notieren Sie sich auf Arbeitsblatt 6 (Seite 225, bitte für jedes Beispiel einmal kopieren) Ihre Antworten auf die angegebenen Leitfragen. Anschließend sollten Sie die Übung für das Beispiel aus Ihrer Gemeinde durchführen, das Sie auf Seite 129 ausgewählt haben.*

Leitfragen

Gehen Sie für jedes Beispiel der Reihe nach alle vier Schritte durch:

- *Schritt 1: Was ist der Ausgangspunkt? Was ist das angestrebte Ziel?*
- *Schritt 2: Was ist hier der Ausgangspunkt? Was ist hier das angestrebte Ziel?*
- *Schritt 3: Wie könnte man Schritt 2 konkret umsetzen?*
- *Schritt 4: Wie lässt sich Schritt 1 in Abhängigkeit von Schritt 2 praktisch umsetzen?*

So hätten Sie vorgehen können

Hier finden Sie unsere Gedanken zum Beispiel 2 – als Illustration, welche Auswirkungen das Prinzip des Mehrfachnutzens auch auf Fragen haben kann, die wir auf den ersten Blick nicht mit dem Thema „Gemeindeentwicklung" in Verbindung bringen würden:

Schritt 1: Was ist der Ausgangspunkt? Was ist das angestrebte Ziel?

Schritt 2: Was ist hier der Ausgangspunkt? Was ist hier das angestrebte Ziel?

Schritt 3: Wie könnte man Schritt 2 konkret umsetzen?

Wie beim Beispiel „Seelsorge" schon erwähnt, gibt es eine ganze Reihe von Möglichkeiten, den zweiten Schritt praktisch umzusetzen. Das Paar könnte – sollte die seelsorgerliche Begleitung zu einer Wiederherstellung der Beziehung geführt haben – z. B. im Gottesdienst von der Heilung der Ehe berichten. Vielleicht wäre es auch möglich, dass die beiden in Zukunft eine Selbsthilfegruppe für Ehepaare leiten oder zumindest darin mitarbeiten. Wenn es ihren Gaben entspricht, ist grundsätzlich auch eine Mitarbeit in der Seelsorgearbeit der Gemeinde denkbar.

Beachten Sie bitte: In etlichen Fällen wird sich keine einzige der hier in Erwägung gezogenen Lösungen anwenden lassen. Dennoch bedeutet es für die Seelsorgearbeit einer Gemeinde langfristig einen großen Unterschied, ob solche Lösungen angestrebt oder gar nicht erst in Erwägung gezogen werden.

Schritt 4: Wie lässt sich Schritt 1 in Abhängigkeit von Schritt 2 praktisch umsetzen?

In Schritt 1 soll Menschen mit Eheschwierigkeiten geholfen werden, dass ihre Ehe wieder heil wird. Bei Schritt 2 wird davon ausgegangen, dass die „Kapazität", dieser Aufgabe nachzukommen, dadurch ausgebaut werden kann, dass aus Ratsuchenden selbst „Seelsorger" (auf unterschiedliche Arten) werden. Die Lösung heißt hier deshalb: Schritt 1 soll nicht nur zum Ziel haben, die Ehe eines einzelnen Paares wiederherzustellen, sondern auch im Blick haben, wie dieses Paar später möglicherweise anderen helfen kann. Die Seelsorger müssen folglich sowohl für ihre seelsorgerliche Arbeit als auch für die Gewinnung von neuen Mitarbeitern angeleitet werden.

Über das Denken nachdenken

Auch hier wollen wir die vorangegangene Übung wieder auswerten, indem wir über unser Denken nachdenken: Wie sind Sie bei Übung 16 auf Ihre Lösung gekommen? Welche Denkstrategien haben Sie angewendet? Wie haben Sie Ihre Lösung überarbeitet und verbessert, vielleicht auch, nachdem Sie unseren Vorschlag gelesen haben?

- ***Übung 24:*** *Nehmen Sie sich mindestens eine Viertelstunde Zeit, um mit Hilfe von Arbeitsblatt 3 (Seite 222) über Ihr gedankliches Vorgehen bei der Lösung von Aufgabe 23 nachzudenken.*

Teil 4: Biotisch denken lernen

Anregungen für gemeinsames Lernen

Auch bei den folgenden Gruppenübungen sollten Sie sich wieder die Leitlinien in Erinnerung rufen, die schon in den vorigen Kapiteln genannt wurden:

1. Bevor die Teilnehmer die Übungen durchführen, sollten sie ein Grundverständnis vom Prinzip des Mehrfachnutzens gewonnen haben.
2. Verwenden Sie Bilder, Vergleiche und Geschichten, wenn Sie den Mitgliedern Ihrer „Lerngruppe" das Prinzip des Mehrfachnutzens erklären, und achten Sie auf Aha-Effekte.
3. Beginnen Sie immer mit einer leichten Übung.
4. Planen Sie bei jeder Übung ausreichend Zeit für die Auswertung ein.

Einstieg

Stellen Sie Ihrer Gruppe in eigenen Worten das Prinzip des Mehrfachnutzens vor. Als Illustration können Sie das Beispiel aus „Die natürliche Gemeindeentwicklung", Seite 72, verwenden: Das Laub, das von einem Baum fällt, verwandelt sich in Humus und sorgt auf diese Weise für Nährstoffe, die dem weiteren Wachstum des Baumes zugute kommen. Auch hier wird Mehrfachnutzen als Kreislauf sichtbar: Der Humus fördert das Wachstum des Baumes inklusive seiner Blätter; die Blätter werden wieder zu Humus – und der Kreis schließt sich. Stellen Sie anschließend, als Überleitung zur ersten Übung, die im Text genannten Beispiele (Seiten 156-158) ausführlich vor.

Hinweise zu Übung 18

Zeichnen Sie den Kreislauf mit den Punkten A und B (siehe Seite 158) auf eine Tafel oder ein Flipchart, damit jeder Teilnehmer diesen Zusammenhang vor Augen hat. Alternativ können Sie auch eine Overheadfolie oder Arbeitsblätter benutzen.
Lassen Sie die Teilnehmer in Dreiergruppen auseinander gehen und bitten Sie sie, beliebige Bereiche aus Ihrer Gemeinde (etwa den Predigtdienst, die Hauskreisarbeit, die Schulung von Mitarbeitern etc.) unter die Lupe zu nehmen: Gibt es hier einen kreisförmigen Mehrfachnutzen? Weisen Sie darauf hin, dass bei dieser Übung noch keine Lösungen gefunden werden sollen; es handelt sich um eine rein „diagnostische" Übung. Die Auswertung kann im Plenum stattfinden, indem jede Gruppe ihre Gedanken vorstellt.

Hinweise zu den Übungen 19-23

Letztlich ist Übung 23 eine Zusammenfassung der Übungen 19-22, nur mit anderen Beispielen. Egal, welche Beispiele Sie verwenden möchten – Sie können in Ihrer Gruppe nach der folgenden Anleitung vorgehen. Am sinnvollsten wird es vermutlich aber sein, die Beispiele aus Übung 23 (und auch die wohl nur in Auswahl) zu verwenden, damit Sie zumindest ein Beispiel für alle biotischen Prinzipien komplett durchgearbeitet haben.

1. Bilden Sie auch für diese Übung wieder Dreiergruppen, aber so, dass alle Dreiergruppen im selben Raum zusammenbleiben und auf

Ihre Anweisungen und Erläuterungen hören können. Jeder Teilnehmer bekommt für jedes Beispiel, das Sie behandeln wollen, eine Kopie des Arbeitsblatts 6 (Seite 225).

2. Stellen Sie Schritt 1 – einschließlich der im Text gegebenen Beispiele – vor. Klären Sie gemeinsam Verständnisfragen. Lassen Sie auf dem Arbeitsblatt die Übung zum ersten Schritt durchführen.
3. Jede Dreiergruppe informiert die anderen Gruppen nach etwa 10 Minuten über ihre Ergebnisse. Nehmen Sie sich einige Minuten Zeit, alle Lösungsvorschläge zu diskutieren und voneinander zu lernen.
4. Gehen Sie für die Schritte 2-4 analog vor: Erklären Sie den jeweiligen Schritt und stellen Sie die Beispiele vor. Klären Sie eventuelle Fragen. Lassen Sie die dazugehörige Übung durchführen und die Ergebnisse den anderen vorstellen.

Die Übung wird also nicht „in einem Rutsch" durchgeführt, sondern schrittweise wie die Übungen 19-22.

Hinweise zu Übung 24

Lassen Sie jeden Teilnehmer diese Auswertung für sich allein durchführen (15 Minuten). Anschließend Austausch in Dreiergruppen mit der Zielsetzung, Listen mit erfolgreichen und erfolglosen Denkstrategien zu erstellen, die jeder in der Dreiergruppe nachvollziehen kann (auch wenn er sie selbst nicht angewendet hat). Im Plenum werden diese Listen dann vorgestellt.

Teil 4: Biotisch denken lernen

Trainingseinheit 5: Symbiose

„Gemeinde kann nach Gottes Plan nur funktionieren, wenn sie symbiotisch lebt."

Testfrage:
Trägt diese Maßnahme zu einer sich befruchtenden Kooperation unterschiedlicher Arbeitsformen bei oder fördert sie eine gemeindliche Monokultur?
Ausführlicher: NGE, S. 74-75

Es gibt Bäume, die so alt sind, dass sie die lebensnotwendigen Nährsalze im Boden nicht mehr aufnehmen können. Ihren Wurzeln fehlen an ihrem Ende die feinen Verästelungen. Für solche Bäume sähe es schlecht aus, gäbe es nicht eine bestimmte Pilzart, die die zu groben Wurzeln der Bäume umspinnt – und ihnen Nährsalze abgibt. Ganz „frei Haus" erfolgt diese Lieferung allerdings nicht, denn die Pilze haben ihrerseits ein Problem: Da ihnen das Blattgrün fehlt, können sie die Salze nicht in Stärke umwandeln – erst in dieser Form können Pflanzen etwas damit anfangen. Folglich erhalten die Pilze von den Bäumen als Gegenleistung einen Teil der Salze zurück: in umgewandelter Form, nämlich Stärke. Dieses Zusammenleben zum gegenseitigen Nutzen wird in der Biologie als „Symbiose" bezeichnet. Beide Teile profitieren davon, ja das Leben beider wird in vielen Fällen auf diese Weise erst möglich.

Vielfalt in Einheit

Das Prinzip der Symbiose wird in der Bibel in immer wieder neuen Worten beschrieben – vielleicht am deutlichsten da, wo Paulus erklärt, wie der Leib Christi, die Gemeinde, funktioniert: „Wenn der ganze Leib Auge wäre, wo bliebe dann das Gehör? Wenn er nur Gehör wäre, wo bliebe dann der Geruchssinn? So aber gibt es viele Glieder und doch nur einen Leib. Das Auge kann nicht zur Hand sagen: Ich bin nicht auf dich angewiesen. Der Kopf kann nicht zu den Füßen sagen: Ich brauche euch nicht" (1. Kor. 12,17-21). Gegenseitige Ergänzung, gegenseitige Abhängigkeit, gegenseitiger Nutzen, Vielfalt in Einheit – das sind die Stichworte, die den biotischen Begriff der „Symbiose" in eine Sprache transportieren, die uns Christen wahrscheinlich besser vertraut ist.

Gemeinde kann nach Gottes Plan nur funktionieren, wenn sie symbiotisch – als Leib mit vielen sich ergänzenden Gliedern – lebt. Wo immer das biotische Prinzip der Symbiose nicht beachtet wird, werden alle Glieder des Leibes darunter leiden.

Ein Leib – viele Glieder – viele Gaben

Das Qualitätsmerkmal, an dem sich am deutlichsten die Bedeutung der Symbiose zeigt, ist die „gabenorientierte Mitarbeiterschaft". Die Christen einer Gemeinde bilden eine ungeheure Vielfalt, da jeder eine andere Gabenkombination besitzt. In dieser Vielfalt arbeiten sie zusammen und befruchten sich gegenseitig: Einer hat die Gabe der Gastfreundschaft und ermöglicht seinem Hauskreis ein gemütliches und warmherziges Beisammensein. Einer hat die Gabe des Lehrens und hilft den Teilnehmern des Kreises dabei, biblische Prinzipien zu erarbeiten und zu vertiefen. Einer hat die Gabe der Musik und führt die Gruppe in eine Zeit der

Anbetung mit Liedern. Einer hat die Gabe der Seelsorge und lässt die Gruppenmitglieder davon profitieren. Einer hat die Gabe des Helfens und unterstützt die Gastgeber bei ihren Vorbereitungen.
Das gleiche Prinzip der gegenseitigen Ergänzung gilt aber nicht nur für unterschiedliche Christen, sondern auch für unterschiedliche Gruppen und Arbeitsformen. Ein schönes Beispiel dafür begegnete uns erst kürzlich: Der Leiter der Hauskreisarbeit einer Gemeinde erkannte die Notwendigkeit, neben den „normalen" Hauskreisen besondere, eher seelsorgerliche Kleingruppen anzubieten. Anstatt solche Gruppen selbst zu initiieren, wandte er sich an den Leiter der Seelsorgearbeit, und in gemeinsamer Absprache und Zusammenarbeit, bei der jeder seine Gaben und Stärken einbrachte, entstand ein neuer Zweig der Seelsorge- und zugleich auch der Hauskreisarbeit.

Voraussetzung: Unterschiedlichkeit

Ergänzung kann nur da stattfinden, wo Unterschiede bestehen. Die eingangs erwähnte „Testfrage" hat es schon anklingen lassen: Der „Feind" jeder Symbiose ist die Monokultur, die inner- oder auch übergemeindliche Gleichmacherei. Viele Christen wünschen sich den Einheitshauskreis mit minutiös festgelegtem Standardablauf, gültig und verbindlich für alle Kleingruppen der Gemeinde – und argumentieren mit der „Einheit", die Jesus will. Andere wünschen sich die „Einheit" der Christen, die sich darin ausdrücken soll, dass alle Gemeinden (zumindest vor Ort) eins werden, das gleiche wollen, gefälligst an allen übergemeindlichen Aktionen teilnehmen, mehr miteinander machen etc. Und statt für eine bestimmte Zielgruppe sollte jede Gemeinde „für alle" dasein. Ein tief technokratisches Verständnis von Einheit, das gegenseitige Befruchtung der unterschiedlichen Teile nahezu unmöglich macht. Bei diesem Verständnis tritt die Monokultur an die Stelle der Vielfalt, die Gleichmacherei an die Stelle der geistlichen Einheit.

- ***Übung 25:*** *Wo gibt es in Ihrer Gemeinde Tendenzen zur „Gleichmacherei"? Können Sie Beispiele wie den gerade erwähnten „Standardhauskreis" finden? Denken Sie dabei an alle Bereiche Ihrer Gemeinde, zum Beispiel auch die Schulung von Mitarbeitern, Gottesdienst, Kinderarbeit, Seelsorge etc.*

Vielfalt ja – Konkurrenz nein!

Der Begriff „Vielfalt" klingt nicht für jeden Christen positiv – man wittert Konkurrenz und die Gefahr gegenseitiger Abgrenzung. Unterschiede können auch bedrohlich wirken (man denke zum Beispiel an die Ursachen von Ausländerfeindlichkeit). Gemeinden, die unterschiedliche Frömmigkeitsstile pflegen, grenzen sich schneller voneinander ab als solche, die den gleichen „Stallgeruch" haben. Menschen in einer Gemeinde, die sich untereinander sympathisch sind, verbringen lieber Zeit miteinander und arbeiten besser zusammen als solche, die „nur" Geschwister sind – nach dem Motto: „Freunde kann man sich aussuchen, Geschwister nicht." Der Leiter der Hauskreisarbeit, der neue Kleingruppenformen einführen möchte, muss damit rechnen, als erste Reaktion seiner Hauskreisleiter zu hören: „Was ist aber, wenn jemand aus unserem Hauskreis dann einen anderen besser findet und wechseln will?" Verschiedenheit macht Angst!

• ***Übung 26:*** *An welchen Stellen gibt es in Ihrer Gemeinde so etwas wie Konkurrenzdenken? Gehen Sie in Gedanken die unterschiedlichsten Bereiche des gemeindlichen Lebens durch und nennen Sie einige konkrete Beispiele.*

____

____

____

____

Sie haben die Wahl!

Da Vielfalt in Form unterschiedlicher Menschen ohnehin in jeder Gemeinde vorhanden ist – egal ob wir das wollen oder nicht –, geht es eigentlich lediglich darum, wie wir mit ihr umgehen: Gleichmachen, konkurrieren – oder eben zusammenarbeiten und sich ergänzen. Sie haben die Wahl. Symbiose ist damit eine von drei möglichen Reaktionen auf die von Gott gegebene Vielfalt in der Gemeinde. Und sie ist das totale Gegenteil sowohl von Gleichmacherei als auch von Konkurrenzdenken.

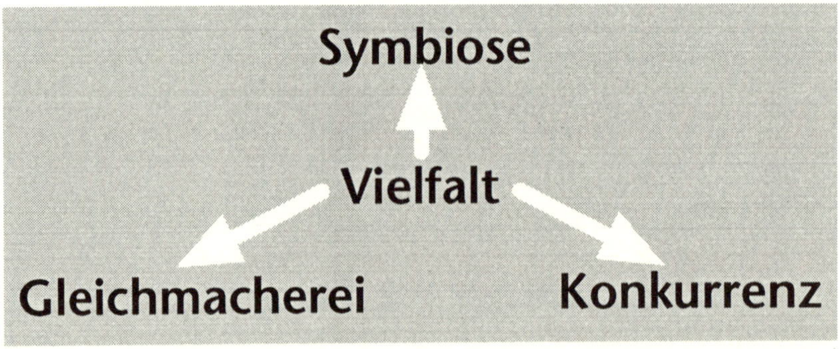

Die Folge von Gleichmacherei ist: Nicht jeder kann sich mit seiner Persönlichkeit und seinen Gaben einbringen, wie Gott das für ihn vorgesehen hat; und nicht jedem wird in der Gemeinde und durch die Gemeinde so gedient, wie es Gottes Plan entsprechen würde. Gleichmacherei widerspricht dem Wesen des Leibes Christi.

Die Folge von Konkurrenzdenken ist, dass unendlich viele Kräfte in die Abgrenzung und bisweilen sogar den Kampf gegeneinander investiert werden, die so dringend für die Arbeit am gemeinsamen Ziel benötigt würden. Es führt dazu, dass „schwächere Glieder" ignoriert oder an die Wand gedrückt werden, anstatt ihre wichtige Funktion für den Gesamtorganismus zu sehen und sie „mit besonderer Ehre" zu umgeben (vgl. 1. Kor. 12,23). Konkurrenzdenken widerspricht dem Wesen des Leibes Christi.

Bei einer Symbiose kommt es indessen zu einer gegenseitigen Befruchtung („Win-win-Situation"): Verschiedenartige Kleingruppen in einer Gemeinde, die nicht protektionistisch auf ihre Mitglieder aufpassen und in einer Konkurrenzsituation zueinander stehen, helfen Gemeindegliedern, diejenige Gruppe zu finden, die wirklich ihren Bedürfnissen entspricht und in der sie am besten geistlich wachsen können (erstes „win"). Wenn eine Gruppe Mitglieder hat, die optimal zu ihr passen und sich dort wohl fühlen, profitiert die ganze Gruppe davon (zweites „win").

• ***Übung 27:*** *Schauen Sie sich noch einmal die Beispiele für Gleichmacherei und Konkurrenz an, die Sie in den beiden vorangegangenen Übungen ausfindig gemacht haben. Was sind die Folgen? Wie könnte hier Symbiose aussehen? Was hätte das für Folgen?*

Ihr Beispiel	**Folgen**	**Symbiose**	**Folgen**
______	______	______	______
______	______	______	______
______	______	______	______
______	______	______	______
______	______	______	______
______	______	______	______
______	______	______	______
______	______	______	______

Das Prinzip der Symbiose nutzen

Nun soll es wieder darum gehen, die drei auf Seite 129 beschriebenen und in den letzten Kapiteln bearbeiteten Probleme zu bearbeiten – diesmal unter dem Aspekt der Symbiose.

• ***Übung 28:*** *Lesen Sie sich nochmals die beiden Beispiele durch und notieren Sie sich auf Arbeitsblatt 7 (Seite 226, bitte für jedes Beispiel einmal kopieren) Ihre Antworten auf die angegebenen Leitfragen. Anschließend sollten Sie die Übung auch für das Beispiel aus Ihrer Gemeinde durchführen, das Sie auf Seite 129 gewählt haben.*

Leitfragen

Gehen Sie jedes Beispiel anhand folgender Fragen durch:

1. *Wenn Sie sich Ihre Lösungsansätze in den vorangegangenen Kapiteln zu diesem Beispiel ansehen: Entdecken Sie irgendwo „Gleichmacherei" in Ihrer eigenen Lösung?*
2. *Unabhängig von Ihrer Lösung: Wie könnte Gleichmacherei hier aussehen? Wie könnten Sie sie vermeiden?*
3. *Besteht in einem Ihrer Lösungsansätze die Gefahr, dass es zum Konkurrenzdenken kommt? Wo?*
4. *Unabhängig von Ihrer Lösung: Wie würde Konkurrenzdenken hier aussehen? Wie könnte man es vermeiden?*
5. *Welche „symbiotischen Elemente" könnten in eine Lösung einfließen?*

So hätten Sie vorgehen können

Hier finden Sie als Illustration, wie sich das Prinzip der Symbiose anwenden ließe, unsere Gedanken zum Beispiel 2.

„Gleichmacherei" könnte bei diesem Beispiel in folgenden Punkten eine Rolle spielen:

- Wenn der Mitarbeiter entgegen seinen Gaben in der Kinderarbeit mitgearbeitet hat („Das kann doch jeder!").
- Wenn der Hauskreis des Mitarbeiters seinen Bedürfnissen nicht gerecht wurde und ihm nicht oder nur unzureichend in seiner Ehekrise beistehen konnte, weil es nur Einheitshauskreise gibt („Singen, Beten, Bibellesen, Singen, Beten, Schluss").
- Wenn ein Seelsorger dem Mitarbeiter gut gemeinte Ratschläge gibt, die nicht zu seiner Situation oder Persönlichkeit passen („Probier' doch mal meine Brille – mir hat sie sehr geholfen").

Diese Tendenzen ließen sich durch gabenorientiertes Arbeiten, Vielfalt bei den Hauskreisen („ganzheitliche Kleingruppen") und gutes Zuhören vermeiden.

Konkurrenz könnte bei diesem Beispiel in folgenden Punkten eine Rolle spielen:

- Wenn der Mitarbeiter an seiner Aufgabe in der Kinderarbeit um jeden Preis festhalten will und sich dadurch bedroht fühlt, dass er die Aufgabe an jemand anderen abgeben soll.
- Wenn Seelsorger, Pastor, Hauskreisleiter und Freunde des Mitarbeiters meinen, ihm besser als die jeweils anderen helfen zu können.
- Wenn im Zuge einer gabenorientierten Lösung sich manche „Begabte" als etwas „Besonderes" herausstellen bzw. Gabenprojektion betreiben.
- Wenn bei einer Lösung, die auf verschiedenartige Kleingruppen achtet, das Verhältnis zwischen den Gruppen auf Konkurrenzdenken beruht.

Folgende „symbiotischen Elemente" könnten in eine Lösung einfließen:

- Gabenorientierte Mitarbeiterschaft, um Burnout und die damit verbundenen Folgeprobleme zu vermeiden.
- Ganzheitliche Kleingruppen (hier zum Beispiel thematische Gruppen zum Thema „Ehe"), um Bedürfnissen und aktuellen Problemen besser gerecht zu werden.
- Schulungen für Seelsorger, die die individuellen Unterschiede bei Ratsuchenden herausstellen und dabei helfen, nicht alle Menschen über einen Kamm zu scheren.
- Schulungen für Mitarbeiter, die den Teamgedanken verdeutlichen und gegen Konkurrenzdenken abgrenzen.

Über das Denken nachdenken

Auch hier wollen wir die vorangegangene Übung wieder auswerten, indem wir über unser eigenes Denken nachdenken: Wie sind Sie bei Übung 28 auf Ihre Lösung gekommen? Welche Denkstrategien haben Sie angewendet? Wie haben Sie Ihre Lösung überarbeitet und verbessert, vielleicht auch, nachdem Sie unseren Vorschlag gelesen haben?

- ***Übung 29:*** *Nehmen Sie sich mindestens eine Viertelstunde Zeit, um anhand von Arbeitsblatt 3 (Seite 222) über Ihr gedankliches Vorgehen bei der Lösung von Aufgabe 28 nachzudenken.*

Teil 4: Biotisch denken lernen

Anregungen für gemeinsames Lernen

Auch bei den folgenden Gruppenübungen sollten Sie sich wieder die Leitlinien in Erinnerung rufen, die schon in den vorigen Kapiteln genannt wurden:

1. Bevor die Teilnehmer die Übungen durchführen, sollten sie ein Grundverständnis vom Prinzip der Symbiose gewonnen haben.
2. Verwenden Sie Bilder, Vergleiche und Geschichten, wenn Sie den Mitgliedern Ihrer „Lerngruppe" das Prinzip der Symbiose erklären, und achten Sie auf Aha-Effekte.
3. Beginnen Sie immer mit einer leichten Übung.
4. Planen Sie bei jeder Übung ausreichend Zeit für die Auswertung ein.

Einstieg

Schaffen Sie bei den Teilnehmern ein Bewusstsein für ihre Individualität und Verschiedenheit, indem Sie das Spiel „Tohuwabohu" (siehe Arbeitsblatt 8, Seite 227) durchführen. Geben Sie dazu jedem Teilnehmer eine Kopie der Arbeitsblattes mit dem Auftrag, in den nächsten zehn Minuten so viele Unterschriften wie möglich von anderen Teilnehmern (nicht von sich selbst) zu sammeln. Die anderen dürfen auf dem Blatt vor jeder Aussage, die auf sie zutrifft, unterschreiben.
Nach dem Spiel können Sie fragen, wer die meisten Unterschriften gesammelt hat. Fragen Sie einige Teilnehmer, wie viele unterschiedliche Unterschriften sie bekommen haben. Konnte eine Person alle Aussagen unterschreiben? Warum wohl nicht?
Die Aussagen sind übrigens dem Fragebogen des „Gabentests" entnommen, weisen also auf unterschiedliche Gaben der Personen hin. Das Spiel ist somit ein deutlicher Hinweis darauf, dass jeder anders ist, seine besonderen Gaben hat und Ergänzung notwendig ist, wenn die Gemeinde als Leib Christi funktionieren soll.

Hinweise zu Übung 25

Fassen Sie, bevor Sie Übung 25 durchführen, in Ihren Worten den Text dieses Kapitels zusammen. Versuchen Sie dann, durch Brainstorming Beispiele für Gleichmacherei in Ihrer Gemeinde ausfindig zu machen (je nach Gruppengröße im Plenum oder in Kleingruppen).

Hinweise zu Übung 26

Diskutieren Sie in Ihrer Gruppe, welche Ängste Vielfalt in einer Gemeinde hervorrufen kann. Wenn die Diskussion ins Stocken gerät, können Sie sie mit Beispielen aus dem Abschnitt „Vielfalt ja – Konkurrenz nein" nähren. Symbiose als Alternative zur Konkurrenz muss sich immer auch mit dem Nutzen von Zusammenarbeit und Teamwork beschäftigen. Um ein Bewusstsein für Teamarbeit zu schaffen, können Sie die folgende Übung durchführen:
Zunächst werden beliebig viele Fünfergruppen gebildet, die sich jeweils um einen Tisch setzen, zusätzlich gibt es Beobachter (mindestens einer pro Fünfergruppe), die auf Einhaltung der Regeln und das Verhalten der Mitspieler achten. Auf jedem Tisch liegt ein großer Umschlag, der wie-

derum fünf kleinere Umschläge enthält: das Spielmaterial der Gruppe. Markiert sind diese jeweils mit einem Buchstaben A, B, C, D und E. In den Umschlägen befinden sich Teile eines Quadrates (siehe Skizze) in folgender Zusammenstellung:

Umschlag A: Stücke I, H und E
Umschlag B: Stücke A, A, A und C
Umschlag C: Stücke A und J
Umschlag D: Stücke D und F
Umschlag E: Stücke G, B, F und C

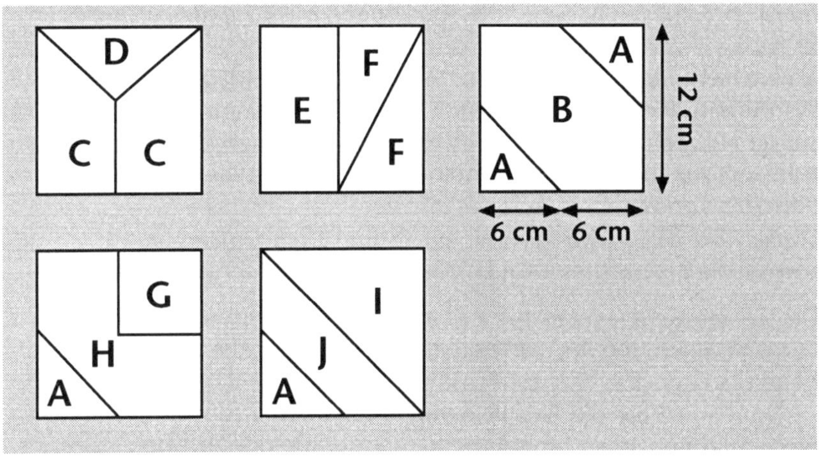

Bei diesem Spiel sollen von den Mitspielern gemeinsam Problemlösungen erarbeitet werden, die alleine nicht zu bewältigen sind. Dazu gibt es ein Blatt mit Anweisungen an die Mitspieler: „In dem Umschlag, der auf Ihrem Tisch liegt, sind fünf weitere Umschläge enthalten. Jeder dieser kleinen Umschläge enthält verschieden geformte Teilstücke, aus denen Quadrate zu bilden sind. Sobald das Startzeichen gegeben wird, ist es die Aufgabe jeder Gruppe, fünf Quadrate von genau gleicher Größe herzustellen. Die Aufgabe ist nicht eher beendet, bis jedes Mitglied ein vollständiges Quadrat von genau der gleicher Größe wie alle anderen vor sich liegen hat."

Während der Übung sind folgende Regeln zu beachten:

1. Kein Spieler darf sprechen.
2. Kein Spieler darf einen anderen um ein Teilstück bitten oder irgendwie signalisieren, dass er ein bestimmtes Teilstück braucht, das ein anderer ihm geben soll.
3. Jedes Mitglied kann, wenn es will, Teile in die Mitte des Tisches legen oder einem anderen Mitglied geben, jedoch darf niemand direkt in die Figur eines anderen eingreifen.

4. Jedes Mitglied darf Teilstücke aus der Mitte nehmen, aber niemand darf Teile in der Mitte des Tisches montieren.

Nachdem der Spielleiter die Regeln erläutert hat und die Beobachter in ihre Aufgaben eingewiesen sind, öffnet ein Gruppenmitglied den großen Umschlag und gibt jedem Teilnehmer einen der verschlossenen Briefumschläge A-E weiter. Auf ein Zeichen der Beobachter hin beginnt das Spiel, die Teilnehmer öffnen ihre Umschläge, die Beobachter stoppen die verstrichene Zeit.
Im Laufe des Spiels wird deutlich werden: Wenn es nach einer gewissen Zeit der Orientierung nicht zu einer Zusammenarbeit kommt, ist es unmöglich, Erfolg zu haben. Teilweise können mit Hilfe dieses Spieles sehr intensive Erfahrungen gemacht werden. Wie fühlt man sich, wenn man alleine nicht mehr vorankommt? Wenn man auf andere angewiesen ist? Wenn man anderen durch seinen Einsatz helfen kann? Wenn ein Mitspieler ein wichtiges Teilstück festhält, ohne zu sehen, dass er damit den Schlüssel zur Lösung in der Hand hält? Welche Gefühle kommen gegenüber den Langsameren auf?
Werten Sie diese Übung in einer ausführlichen Diskussion aus, in die sowohl die Beobachter als auch die Spieler ihre Erfahrungen einbringen.

Hinweise zu Übung 28

Da Sie vermutlich nicht die Zeit haben, alle Beispiele (unsere beiden vorgegebenen und Ihr gemeindliches Beispiel) in der Gruppe durchzugehen, sollten Sie sich zunächst entscheiden, welche Sie verwenden wollen. Wenn Sie die Beispiele von Übung 28 schon für die anderen biotischen Prinzipien im Rahmen einer Gruppenübung behandelt haben, ist es vielleicht interessant, sie auch hier wieder zu verwenden. Alternativ können Sie die unterschiedlichen Beispiele von verschiedenen Teilgruppen bearbeiten lassen. Zunächst aber sollte jeder Teilnehmer das Arbeitsblatt 7 (Seite 226) für das gewählte Beispiel allein ausfüllen. Die so gefundenen Lösungen werden erst in Dreiergruppen besprochen und dann im Plenum vorgestellt.

Hinweise zu Übung 29

Lassen Sie jeden Teilnehmer diese Auswertung für sich allein durchführen (15 Minuten). Anschließend Austausch in Dreiergruppen mit der Zielsetzung, Listen mit erfolgreichen und erfolglosen Denkstrategien zu erstellen, die jeder in der Dreiergruppe nachvollziehen kann (auch wenn er sie selbst nicht angewendet hat). Im Plenum werden diese Listen dann vorgestellt.

Trainingseinheit 6: Funktionalität

Teil 4: Biotisch denken lernen

Testfrage:
Bringt diese Maßnahme Frucht für das Reich Gottes oder ist sie gar nicht darauf ausgerichtet, diesen Zweck zu erfüllen?
Ausführlicher: NGE, S. 76-77

Ein Mädchen fragte einmal seine Mutter: „Warum schneidest du eigentlich immer das eine Ende vom Braten ab, bevor du ihn in den Ofen schiebst, und legst es oben auf den Braten?" Die Mutter überlegte kurz und musste dann zugeben: „Das habe ich von Oma so gelernt. Ich weiß eigentlich nicht genau, warum sie das gemacht hat. Aber ich werde sie fragen." Kurze Zeit später hat die Mutter Gelegenheit nachzufragen: „Warum hast du eigentlich immer das Bratenende abgeschnitten und oben draufgelegt, bevor du den Braten in die Röhre geschoben hast?" Die Antwort der Oma: „Kannst du dich noch daran erinnern, wie klein damals unser Ofen war? Da hat der große Sonntagsbraten für die ganze Familie nie an einem Stück hineingepasst!"

„Aus dem, was einmal sehr funktional war, kann leicht ein ausgesprochen skurriles Verhalten werden."

Manche Dinge sind zu einem bestimmten Zeitpunkt äußerst sinnvoll und angebracht – funktional eben. Wenn sich aber die Situation ändert (und unser Handeln sich nicht gleichzeitig mit verändert), kann aus dem einstmals Funktionalen schnell etwas ausgesprochen Anachronistisches werden: ein geradezu skurriles Verhalten.
Unsere Gemeinden leiden an beidem: An Strukturen, Maßnahmen und Angeboten, die früher einmal sinnvoll waren und es jetzt nicht mehr sind, weil sich die Situation verändert hat. Und gleichzeitig an Strukturen, Maßnahmen und Angeboten, die zu keiner Zeit funktional waren, weil sie von Anfang an so konzipiert worden sind, dass sie überhaupt keine Frucht bringen *konnten*. Ganz andere Motivationen als die, die Entwicklung lebendiger Gemeinde zu fördern, können eine Rolle spielen: Traditionalismus, Angst vor Veränderung, Machtbedürfnisse, falsche theologische Paradigmen, Konsumentenhaltung etc.

Wie Sie bestehende Angebote überprüfen

Stellen Sie sich vor, Ihre Gemeinde würde ein christliches Café ins Leben rufen. Zwei Jahre später möchten Sie überprüfen, ob dieser Arbeitsbereich effektiv ist. Also fragen Sie die Mitarbeiter: „Wie viele Gäste kommen ins Café? Kommen überwiegend Christen oder sind auch Leute dabei, die mit dem christlichen Glauben wenig am Hut haben? Führt ihr evangelistische Gespräche?" Die Mitarbeiter sind sich einig: Das Café ist gut besucht – von Christen der umliegenden Gemeinden und auch aus der eigenen Gemeinde. Würde Sie das frustrieren oder freuen? Ist die Café-Arbeit effektiv oder nicht? Soll die Arbeit weitergehen oder eingestellt werden? Muss etwas geändert werden oder kann alles beim Alten bleiben?
Wie wir eine Arbeit beurteilen, hängt ganz von unseren Kriterien ab. Wurde das Café mit der Zielsetzung ins Leben gerufen, die Beziehungs-

pflege von Christen in einem bestimmten Ort zu fördern, dann dürfte dieser Dienst hoch effektiv sein. Wurde es gegründet, um Kirchendistanzierte zu erreichen, dann ist es ein ausgesprochener Flop.
Es gibt nicht *die* funktionalen Maßnahmen. Funktionalität hängt von den Kriterien ab, die wir verwenden. Funktionalität als biotisches Prinzip wird als wichtigstes Kriterium die Frage nach der geistlichen „Frucht" stellen: Bringt eine bestimmte Maßnahme sichtbare und messbare Frucht für die Entwicklung der Gemeinde? Und zwar qualitativ wie quantitativ: Trägt diese Maßnahme dazu bei, dass die Qualität unserer Gemeinde (im Sinne der acht Qualitätsmerkmale) steigt? Und dass unsere Gemeinde zahlenmäßig wächst bzw. sich multipliziert?

Kriterien definieren

Schritt 1: Definieren Sie geistliche Kriterien.

Auf unser Café-Beispiel angewandt bedeutet das: Beide Zielsetzungen, Kirchendistanzierte erreichen bzw. Beziehungen fördern, könnten dazu beitragen, die Qualität der Gemeinde zu steigern (das eine fällt in den Bereich des Qualitätsmerkmals „bedürfnisorientierte Evangelisation", das andere in den des Qualitätsmerkmals „liebevolle Beziehungen"). Beides hat somit wohlgemerkt auch – direkt oder eher indirekt – positive Auswirkungen auf das zahlenmäßige Wachstum der Gemeinde. Allerdings sollten wir uns davor hüten, im Nachhinein „Beziehungspflege der Christen" als Ziel der Café-Arbeit auszugeben, wenn „Evangelisation" das ursprüngliche Ziel gewesen ist.

• ***Übung 30:*** *Listen Sie hier einmal eine Reihe von Angeboten Ihrer Gemeinde auf. Schreiben Sie daneben, was Ihr „Erfolgskriterium" für dieses Angebot ist (bedenken Sie dabei die Zielsetzung dieser Angebote und achten Sie darauf, dass Ihre Kriterien nicht den biotischen Prinzipien widersprechen).*

Gemeindliches Angebot	**„Erfolgskriterium"**
______________________	______________________
______________________	______________________
______________________	______________________
______________________	______________________
______________________	______________________
______________________	______________________
______________________	______________________

Effektivität überprüfen

Schritt 2: Überprüfen Sie die Effektivität der Angebote anhand der von Ihnen definierten Kriterien.

Bleibt die Frage, ob die Maßnahme „christliches Café" die bestmögliche ist, um das gestellte Ziel der Gemeinde (welches es auch immer sein mag) zu erreichen. Eigentlich sollte man diese stellen, bevor man mit einem solchen Angebot beginnt. Bei bereits bestehenden Angeboten – wie und warum sie auch entstanden sein mögen – sollten Sie aber zumindest regelmäßig prüfen, ob das Angebot „Frucht" im Sinne des gewählten Kriteriums bringt: „Kommen Kirchendistanzierte ins Café und finden auf diese Weise einen Zugang zum Glauben und zur Gemeinde?" Das wäre die Testfrage, wenn das Café für Kirchendistanzierte ins Leben gerufen wurde. Im anderen Fall müsste man fragen: „Werden durch das Café wirklich Beziehungen unter Christen aufgebaut und vertieft?"

• ***Übung 31:*** *Gehen Sie noch einmal Ihre Liste von Übung 30 durch: Welche Angebote sind – im Sinne Ihrer (biotischen!?) Kriterien – funktional, also erfolgreich? Welche sind es nicht? Markieren Sie die funktionalen Angebote mit einem Kreuz.*

Angebote überarbeiten

Schritt 3: Überarbeiten bzw. streichen Sie unfunktionale Angebote.

Wenn Sie bei Übung 31 vor alle Angebote Ihrer Gemeinde ein Kreuz gemacht haben, müssen Sie sich um den dritten Schritt nicht mehr kümmern. Was aber, wenn Sie entdecken, dass ein Angebot im Sinne der definierten Kriterien als Misserfolg oder doch zumindest Teilmisserfolg gesehen werden muss? Wenn das Café Kirchendistanzierte erreichen sollte, aber nur Christen kommen – und auch davon vielleicht nicht viele? Dann haben Sie zwei Möglichkeiten: Sie können solche Programme streichen (ersatzlos oder zugunsten neuer, effektiverer Angebote); oder Sie können Sie überarbeiten und nach einiger Zeit erneut prüfen, ob jetzt die Kriterien erfüllt werden. Unter Umständen können Sie auch die Zielsetzung ändern und das Programm unverändert lassen, bei unserem Café-Beispiel könnte das angebracht sein, wenn Sie schon immer einmal etwas tun wollten, um die Beziehungen zwischen Christen zu vertiefen – und jetzt haben Sie „zufällig" eine Maßnahme entdeckt, die dieses Ziel erreicht. An dieser Stelle sollten wir aber sehr kritisch mit uns selber sein: Die Effektivität einer übergemeindlichen Evangelisationsveranstaltung, bei der sich niemand bekehrt hat, nachträglich dadurch zu rechtfertigen, dass sie die Beziehungen zwischen den Gemeinden verbessert hat, wäre nun wirklich der Selbstrechtfertigung zu viel.

• ***Übung 32:*** *Welche der Angebote, die Sie bei Übung 31 nicht angekreuzt haben, sollten eingestellt werden? Warum? Welche sollten – in überarbeiteter Form – weiterlaufen? Was müsste sich ändern?*

Programme, die eingestellt werden sollten	**Begründung**

Programme, die verändert werden sollten	**Art der Änderung**

Neue, funktionale Angebote schaffen

Vielleicht haben Sie es selbst gemerkt: Es ist gar nicht so einfach, die Effektivität bestehender Programme auszuwerten, wenn man sich nicht bereits bei ihrer Einführung Gedanken über die Effektivitätskriterien gemacht hat. Effektivitätskontrolle beginnt bereits, *bevor* man einen Dienst ins Leben ruft. Nicht, dass Sie die einmal aufgestellten Kriterien später nicht ändern könnten – aber das muss bewusst und reflektiert und unter Zugrundelegung neuer, funktionaler Kriterien geschehen, wenn wir uns selbst nicht etwas in die Tasche lügen wollen.

Die folgenden Schritte können Ihnen helfen, Ihre Angebote und Gemeindeprogramme von vornherein so zu planen, dass eine fortwährende Beurteilung der Effektivität möglich wird.

Bedürfnisorientierte Angebote schaffen

Schritt 1: Entwickeln Sie Angebote, die bei echten Bedürfnissen ansetzen.

Eine Gemeinde besteht aus Menschen – unterschiedlichen Menschen mit unterschiedlichen Bedürfnissen. Deshalb ist es wichtig, dass Sie sich fragen, welche Bedürfnisse welcher Zielgruppe Sie mit Ihrem Angebot ansprechen wollen. Programme, die an den Bedürfnissen der Menschen vorbeigehen, können langfristig nur über Appelle an das schlechte Gewissen aufrechterhalten werden. Sie frustrieren die Teilnehmer solcher Programme (sofern welche kommen), da diese nur aus Pflichtgefühl oder Gewohnheit mitmachen, nicht aber, weil ihnen das entsprechende Programm weiterhilft; und sie frustrieren die Mitarbeiter, weil ein nicht bedürfnisorientiertes Angebot in der Regel nur wenig Zuspruch findet.
Beginnen Sie deshalb damit, die unterschiedlichen Typen von Menschen in Ihrer Gemeinde und Ihrem Umfeld wahrzunehmen. Wie sieht das „typische" Gemeindeglied aus? Gibt es das überhaupt? Oder gibt es verschiedene Untergruppen in der Gemeinde, zum Beispiel eine ältere „traditionelle Gemeinde", die versorgt werden will, und eine „junge Gemeinde", die neue Formen sucht? Wie sieht die Altersstruktur Ihrer Gemeinde aus? Die sozialen Verhältnisse? Gibt es viele Single-Haushalte? Junge Familien? Wer lebt im Einzugsbereich Ihrer Gemeinde? Haben Sie es mit einer gewachsenen Dorfstruktur zu tun? Liegt Ihre Gemeinde in einem Neubaugebiet?
Fragen Sie sich anschließend, welche Bedürfnisse diese Menschengruppen innerhalb und außerhalb Ihrer Gemeinde haben – oder besser: Fragen Sie diese Menschen selbst. Hören Sie zu und beobachten Sie, wo sie der Schuh drückt, was sie beschäftigt, wie sie ihre Zeit verbringen, wie ihr Leben aussieht. Für jeden „Typen" sollten Sie unterschiedliche Bedürfnisse nennen können.
Überlegen Sie dann, welche Angebote diesen Bedürfnissen gerecht werden könnten. Wenn viele Alleinstehende in Ihrer Gemeinde sind, könnte gegebenenfalls eine Kleingruppe speziell für Singles das Richtige sein. Oder Freizeitangebote, die nicht von den Bedürfnissen junger Familien mit kleinen Kindern dominiert werden. Oder ein „Singletreff". Oder ein Vortragsabend zum Thema „Umgang mit Einsamkeit". Für jedes Bedürfnis lassen sich in der Regel eine ganze Reihe von passenden Angeboten ausfindig machen. Dabei sollten Sie Ihrer Phantasie freien Lauf lassen. Welche dieser Ideen Sie schließlich umsetzen können, sollten Sie erst später entscheiden. Erst dann sollten Sie sich an Faktoren wie den vorhandenen Ressourcen und den Rahmenbedingungen Ihrer Gemeinde orientieren.

• ***Übung 33:*** *Notieren Sie hier ein bis zwei Zielgruppen Ihrer Gemeinde. Finden Sie für jede Zielgruppe mindestens drei Bedürfnisse und überlegen Sie, welche Angebote zu jedem Bedürfnis passen. Dabei können Sie sich an unserem „Single-Beispiel" orientieren.*

Zielgruppen	**Bedürfnisse**	**Angebote**
Singles	Beziehung	Singletreff Seminar „Einsamkeit“
	Weiterbildung	Glaubensgrundkurs Kochkurs
	Leben genießen	Sportfreizeit Konzert
____________	____________	____________
____________	____________	____________
____________	____________	____________
____________	____________	____________
____________	____________	____________
____________	____________	____________
____________	____________	____________
____________	____________	____________
____________	____________	____________

Erfolgskriterien definieren

Schritt 2: Legen Sie überprüfbare Erfolgskriterien fest.

Welche Ergebnisse wollen Sie sehen, wenn Sie ein bestimmtes Programm anbieten? Wenn wir über diese Frage nachdenken, begegnen uns immer wieder zwei Probleme: Zum einen tun wir uns oft schwer, überhaupt mess- und sichtbare Kriterien zu formulieren, und zum anderen formulieren wir oft die falschen Kriterien.
Überprüfbar bedeutet: Es gibt einen „empirischen“ Zugang, um das Resultat zu kontrollieren. Ich kann z. B. zählen, wie viele Menschen an einem Angebot teilgenommen haben. Ich kann feststellen, wie viele „Entscheidungen“ getroffen wurden. Ich kann überprüfen, ob eine Schulung zu neuen Mitarbeitern geführt hat. Ich kann messen, ob der Qualitätsindex der Gemeinde gewachsen ist. Kriterien, die diesem Maßstab gerecht werden, könnten also z. B. lauten: „Das Konzert war erfolgreich, wenn dreißig Prozent der Besucher keine Christen waren.“ Oder: „Der Hauskreis hat sein Ziel erreicht, wenn a) die Teilnehmer sub-

jektiv das Gefühl haben ‚Diese Gruppe bringt mir etwas!' und b) er sich innerhalb von 18 Monaten teilt." Oder: „Die Kindergruppe für die Sechs- bis Zehnjährigen ist dann erfolgreich, wenn in ihr regelmäßig Kinder zum Glauben finden, im Glauben wachsen – und sich die Eltern begeistert über die Gruppe äußern."

Wichtig ist im Zusammenhang mit der natürlichen Gemeindeentwicklung, dass die von Ihnen definierten Kriterien den biotischen Prinzipien entsprechen: Ein Hauskreis, der Teilung als Erfolgskriterium definiert hat, hält sich an das Prinzip der Multiplikation. Wenn Eltern das Gefühl haben, dass die Kinderarbeit „super" ist, können Sie sicher sein, dass vorhandene Bedürfnisse angesprochen wurden und man nicht gegen das Prinzip der Energieumwandlung verstoßen hat. Ein Konzert, das einen hohen Prozentsatz an nichtchristlichen Besuchern erreichen will, ist sicher ein gutes und sinnvolles Ziel; die Veranstalter sollten aber, wenn sie an Gemeindeentwicklung interessiert sind, noch einen Schritt weiter denken: Eine funktionale Maßnahme für den Gemeindeaufbau ist das Konzert erst dann, wenn man sich auch Ziele im Blick auf die Nacharbeit und die Integration von Neugewonnenen in die Gemeinde setzt.

- ***Übung 34:*** *Definieren Sie messbare und biotische Kriterien für alle Angebote, die Sie sich in Übung 33 ausgedacht haben.*

Angebot	**Kriterium**
______________________	______________________
______________________	______________________
______________________	______________________
______________________	______________________
______________________	______________________
______________________	______________________
______________________	______________________

Kontrollierbarkeit beachten

Schritt 3: Legen Sie fest, wie Sie die Resultate messen wollen.

Wenn Sie im zweiten Schritt *überprüfbare* Kriterien formuliert haben, dann haben Sie sich sicher bereits Gedanken gemacht, auf welche Weise diese Überprüfung erfolgen kann. Solange sich Ihre Kriterien nicht „operationalisieren" lassen, haben sie ihren Sinn verfehlt.

Wie also finden Sie heraus, ob dreißig Prozent der Konzertbesucher keine Christen waren? Manchmal werden Sie auf Schätzungen angewiesen sein, manchmal ist es aber möglich, eine Aktion so vorzubereiten, dass eine genauere Erfolgskontrolle möglich ist. Beispielsweise könnte der Kartenverkauf für ein Konzert ausschließlich über die Schiene von persönlichen Beziehungen geschehen. Es gibt keine Plakatwerbung oder andere öffentlichen Ankündigungen; nur Gemeindeglieder erfahren davon. Die Eintrittskarten werden ausschließlich im Doppel- oder Mehrfachpack – eine oder mehr für nichtchristliche Freunde – verkauft. Auf diese Weise hat das definierte „Erfolgskriterium" schon Einfluss auf die Art der Werbung. Natürlich sollte keine Veranstaltung allein um die Frage der späteren Erfolgskontrolle herum geplant werden. Mit etwas Phantasie lassen sich aber oft sinnvolle Programme mit geeigneten Auswertungsmechanismen verbinden. Mehrfachnutzen!

• ***Übung 35:*** *Wie können Sie die Kriterien, die Sie gerade festgelegt haben, konkret messen? Können Sie sie überhaupt messen?*

Kriterium	**Art der „Messung"**
______________________	______________________
______________________	______________________
______________________	______________________
______________________	______________________
______________________	______________________
______________________	______________________
______________________	______________________
______________________	______________________

Ergebnisse auswerten

Schritt 4: Werten Sie die Ergebnisse aus.

Ist eine Aktion abgeschlossen, sollten Sie die Kriterien auch anwenden. Bei dauerhaften Programmen sind regelmäßige Auswertungen einzuplanen. Listen Sie mindestens einmal im Jahr (und nach jeder Extra-Aktion) alle Angebote auf: Welche waren erfolgreich? Nennen Sie Gründe dafür und beziehen Sie sich dabei auf Ihre Kriterien. Wo gab es Misserfolge? Warum?

Heilige Kühe schlachten

Schritt 5: Haben Sie Mut, heilige Kühe zu schlachten.

Aktionen, die einmal sinnvoll waren, müssen das nicht automatisch für alle Ewigkeit bleiben. Deshalb sollten wir auch solche Angebote, die bisher ganz offensichtlich erfolgreich waren, immer wieder neu und unbefangen hinterfragen. Wenn Zeltevangelisationen vor zehn Jahren viele Menschen zu Jesus geführt haben – erfüllen sie diesen Zweck auch heute noch? Auch die bewährtesten Methoden müssen auf ihre derzeitige Zweckmäßigkeit überprüft werden. Schrecken Sie bei dieser kritischen Überprüfung auch vor „heiligen Kühen" nicht zurück, jedenfalls dann nicht, wenn Ihnen die Gemeindeentwicklung am Herzen liegt.

Funktionale Maßnahmen entwickeln

Nun soll es, wie schon in den vorangegangenen Trainingseinheiten, wieder darum gehen, die beiden auf Seite 129 erwähnten Beispiele (und Ihr eigenes Beispiel) zu bearbeiten – diesmal unter Anwendung des Prinzips der Funktionalität. Dabei werden Sie feststellen, dass sich dieses Prinzip hervorragend dazu eignet, alle Maßnahmen, die Sie in den vorangegangenen Kapiteln entwickelt haben, zu überprüfen.

• ***Übung 36:*** *Bitte lesen Sie sich nochmals die beiden Beispiele auf Seite 129 durch und notieren Sie sich für jedes Beispiel auf Arbeitsblatt 9 (Seite 228 bitte für jedes Beispiel einmal kopieren) Ihre Gedanken zu den angegebenen Rubriken. Anschließend sollten Sie die Übung für das Beispiel aus Ihrer Gemeinde durchführen, das Sie in der ersten Trainingseinheit gewählt haben.*

Gehen Sie jedes Beispiel anhand folgender Punkte durch:

1. *Stellen Sie alle Maßnahmen, die Sie im Rahmen der letzten fünf Trainingskapitel erarbeitet haben, zusammen.*
2. *Definieren Sie für jede Maßnahme ein „Erfolgskriterium", das mit den biotischen Prinzipien übereinstimmt.*
3. *Beschreiben Sie genau, wie Sie Ihr Kriterium messen wollen.*

So hätten Sie vorgehen können

Auf der folgenden Seite finden Sie im Blick auf einige der Maßnahmen, die wir in den vorangegangenen Trainingseinheiten für die Bearbeitung von Beispiel 2 vorgeschlagen hatten, unsere Gedanken.

Über das Denken nachdenken

Auch an dieser Stelle sollten Sie die vorangegangene Übung auswerten, indem Sie über Ihr eigenes Denken nachdenken: Wie sind Sie bei Übung 36 auf Ihre Lösung gekommen? Welche Denkstrategien haben Sie angewendet? Wie haben Sie Ihre Lösung überarbeitet und verbessert, vielleicht auch, nachdem Sie unseren Vorschlag gelesen haben?

• ***Übung 37:*** *Nehmen Sie sich mindestens eine Viertelstunde Zeit, um mit Hilfe von Arbeitsblatt 3 (Seite 222) über Ihr gedankliches Vorgehen bei der Lösung von Aufgabe 36 nachzudenken.*

Teil 4: Biotisch denken lernen

Arbeitsblatt: Funktionale Maßnahmen entwickeln

Maßnahme:	Kriterium:	Messung:
Begleitung des Mitarbeiters verbessern	1 Supervisor für je 3-4 Mitarbeiter	Anzahl ist sichtbar Supervisoren führen Buch über die Anzahl der Gespräche
Azubi-Seelsorger schulen	Jeder Seelsorger bildet mindestens einen Azubi pro Jahr aus	Durch Zählen
Seelsorgerliches Gespräch mit dem Pastor	1. Vertrauensbeziehung zum Pastor 2. Hilfreich für den MA.	1. Nur subjektiv zu messen 2. Nachfragen
Neuen Mitarbeiter finden	Neuer Mitarbeiter gefunden, er hat folgende Gaben ...	Befähigung kann mit dem Gabentest geprüft werden
Hauskreis schulen	Hauskreis-Teilnehmer haben mehr soziale Kompetenz	Der Erfolg wird sich in zukünftigen „Bewährungsproben" herausstellen
Mitarbeiter leitet später Selbsthilfegruppe	Andere Ehepaare profitieren davon	Umfrage unter den Teilnehmern

Anregungen für gemeinsames Lernen

Auch bei den folgenden Gruppenübungen sollten Sie sich wieder die Leitlinien in Erinnerung rufen, die schon in den vorigen Kapiteln genannt wurden:

1. Bevor die Teilnehmer die Übungen durchführen, sollten sie ein Grundverständnis von „Funktionalität" gewonnen haben.
2. Verwenden Sie Bilder, Vergleiche und Geschichten, wenn Sie den Mitgliedern Ihrer „Lerngruppe" das Prinzip der Funktionalität erklären, und achten Sie auf Aha-Effekte.
3. Beginnen Sie immer mit einer leichten Übung.
4. Planen Sie bei jeder Übung ausreichend Zeit für die Auswertung ein.

Einstieg

Fassen Sie in Ihren eigenen Worten den ersten Abschnitt dieses Kapitels zusammen und erklären Sie – vielleicht unter Verwendung der „Geschichte vom Braten" und der „Testfrage" –, was Funktionalität im Zusammenhang mit der natürlichen Gemeindeentwicklung bedeutet.
Für die weiteren gemeinsamen Übungen sollten Sie grundsätzlich entscheiden, ob Sie an der Überprüfung existierender Angebote arbeiten wollen oder ob Sie ein neu entwickeltes (oder zu entwickelndes) Angebot nach funktionalen Grundsätzen ins Leben rufen wollen.
Stellen Sie in Ihrer Gruppe die entsprechenden Schritte aus den Abschnitten „Wie Sie bestehende Angebote überprüfen" (Seite 177) oder „Neue, funktionale Angebote schaffen" (Seite 180) vor.

Hinweise zu den Übungen 30-32

Wenn Sie sich dafür entschieden haben, bestehende Angebote zu überprüfen, können Sie nach dem Muster von Arbeitsblatt 9 (Seite 228) vorgehen. Diskutieren Sie die einzelnen Punkte in Ihrer Gruppe (wenn Sie mehr als fünf Personen sind, sollten Sie Untergruppen bilden).

- Wählen Sie ein Angebot, eine Maßnahme, eine Aktion aus, die Sie auf ihre Funktionalität hin überprüfen wollen.
- Definieren Sie dafür ein Erfolgskriterium, das im Einklang mit den biotischen Prinzipien steht.
- Beschreiben Sie genau, wie Sie Ihr Kriterium messen wollen.
- Wiederholen Sie die Übung mit weiteren Beispielen.

Hinweise zu den Übungen 33-35

Wenn Sie sich dafür entschieden haben sollten, neue Angebote unter dem Aspekt der Funktionalität ins Leben zu rufen, sollten Sie sich an einer realen Situation orientieren und nicht lediglich eine „Trockenübung" durchführen. Einigen Sie sich in Ihrer Gruppe auf ein Angebot, das ohnehin geplant ist und in der nächsten Zeit durchgeführt werden soll. Besprechen Sie dann in Ihrer Gruppe anhand von Arbeitsblatt 9 (Seite 228) die folgenden Punkte (wenn Sie mehr als fünf Personen sind, sollten Sie Untergruppen bilden):

- Welche Bedürfnisse werden von diesem Angebot/dieser Aktion angesprochen? Ist die Maßnahme wirklich bedürfnisorientiert?
- Legen Sie messbare Erfolgskriterien für dieses Angebot fest, die im Einklang mit den biotischen Prinzipien stehen.
- Wie können Sie diese Kriterien konkret messen? Können Sie sie überhaupt messen?
- Planen Sie die Einführung/Durchführung der Maßnahme.
- Legen Sie einen Termin für die Überprüfung der Resultate fest.

Hinweise zu Übung 36

Da Sie vermutlich nicht die Zeit haben, alle Beispiele (unsere beiden vorgegebenen und Ihr gemeindliches Beispiel) in der Gruppe durchzugehen, sollten Sie sich zunächst entscheiden, welche Sie verwenden wollen. Zunächst sollten Sie für die Beispiele, die Sie zur gemeinsamen Bearbeitung auswählen, die Ergebnisse der vorangegangenen Kapitel für jeden sichtbar zusammenstellen (auf einer Tafel o. ä.). Dann sollte jeder Teilnehmer das Arbeitsblatt 8 für das gewählte Beispiel für sich allein ausfüllen. Die so gefundenen Lösungen werden zunächst in Dreiergruppen besprochen, anschließend im Plenum vorgestellt.

Hinweise zu Übung 37

Lassen Sie jeden Teilnehmer diese Auswertung für sich durchführen (15 Minuten). Anschließend Austausch in Dreiergruppen mit der Zielsetzung, Listen mit erfolgreichen und erfolglosen Denkstrategien zu erstellen, die jeder in der Dreiergruppe nachvollziehen kann (auch wenn er sie selbst nicht angewendet hat). Im Plenum werden diese Listen dann vorgestellt.

Trainingseinheit 7: Lösungen finden und bewerten

Teil 4: Biotisch denken lernen

Wenn Sie alle vorangegangenen Trainingseinheiten bearbeitet haben, liegen Ihnen nun je sechs Teillösungen für verschiedenen Entscheidungssituationen vor. In dieser Einheit soll es darum gehen, zu einer biotischen Gesamtlösung zu kommen, d. h. alle sechs biotischen Prinzipien gleichzeitig zu beachten. Das wird Ihnen zu diesem Zeitpunkt wahrscheinlich gar nicht mehr so schwer fallen.

„Es ist sinnvoll, zunächst intuitiv zu Lösungsansätzen zu gelangen und diese erst dann zu bewerten."

Vielleicht haben Sie gemerkt, dass sich in den vorangegangenen Einheiten viele Ideen und Lösungsansätze wiederholt haben oder doch zumindest in die selbe Richtung wiesen. Schließlich handelt es sich bei den biotischen Prinzipien nicht um voneinander unabhängige oder sogar miteinander konkurrierende Regeln, sondern alle sechs sind unterschiedliche Zugänge für die Beantwortung einer Frage: Was können wir in unseren Gemeinden dafür tun, dass die Wachstumsautomatismen, mit denen Gott selbst seine Gemeinde baut, besser als bisher zum Zuge kommen können?

Vom Ganzen zum Teil zum Ganzen

Bisher haben wir – ausschließlich zu Übungszwecken – bei den einzelnen biotischen Prinzipien begonnen, also bei Teilen des Ganzen. In der Realität vollzieht sich eine biotische Problemlösung aber genau umgekehrt. Es ist wesentlich einfacher, zunächst ganzheitlich und intuitiv zu Lösungsalternativen zu gelangen und diese erst in einem zweiten Schritt daraufhin zu überprüfen, inwiefern sie biotisch sind. Das Beste aus allen Ansätzen kann dann aufgenommen und zu einer neuen Lösung verarbeitet werden. Eine biotische Entscheidungsfindung besteht in der Praxis aus folgenden vier Schritten:

Biotisch denken lernen

Schritt 1: Trainieren Sie biotisches Denken.

Mit diesem Schritt haben Sie bereits begonnen, als Sie sich entschlossen, dieses Trainingsprogramm durchzuarbeiten. Natürlich ist es ein lebenslanger Prozess, immer besser die Gesetzmäßigkeiten von Gottes Handeln – um nichts anderes geht es bei den biotischen Prinzipien – zu verstehen, aber ein Anfang ist gemacht. Wenn wir das Ziel, das wir erreichen wollen – Gemeinde Jesu Christi im Einklang mit Gottes Wachstumsprinzipien zu entwickeln – bildlich mit dem Nordpol vergleichen, dann brauchen Sie fortan nicht mehr an jeder Straßenecke einen Wegweiser, auf dem „Hier geht es zum Nordpol" steht. Vielmehr haben Sie sich jetzt einen Kompass zugelegt, der Ihnen den Weg weist (selbst wenn dieser Kompass am Anfang noch etwas ungenau sein mag).

Intuition ins Spiel bringen

Schritt 2: Entwickeln Sie intuitiv mehrere Lösungsalternativen.

Dieser Schritt fordert Sie zu ganzheitlichem Denken auf: Halten Sie sich am Anfang der Suche nach biotischen Lösungen und Vorgehensweisen nicht mit zu vielen Details (= Wegweisern) auf. Nehmen Sie Ihren inne-

ren Kompass zur Hand und suchen Sie nach mehreren Möglichkeiten, wie Sie Ihr Ziel erreichen können.
Wichtig ist dabei, dass Sie sich nicht auf die erstbeste Möglichkeit als *die* Lösung versteifen. Ein lockeres, für neue und innovative Ideen offenes Brainstorming (vielleicht mit anderen Mitarbeitern zusammen) ist hier viel angebrachter. Der größte Fehler bei Bemühungen um eine Problemlösung ist, zu wenig Alternativen zu sammeln. Denn wenn wir eine (und *nur* eine) gute Lösung finden, kann es sein, dass wir eine ganze Reihe von besseren Lösungen übersehen. Faustregel: Mit weniger als drei alternativen Lösungsmöglichkeiten sollten Sie sich nicht zufrieden geben.

Alternativen bewerten

Schritt 3: Bewerten Sie die Alternativen kritisch.

Bei Schritt 2 hatten Sie das Ganze im Blick. Jetzt kann es angebracht sein, sich den Einzelteilen zuzuwenden – je nachdem, wie geübt Sie im biotischen Denken sind und wie komplex das zu lösende Problem ist. Je mehr Sie sich mit den biotischen Prinzipien beschäftigen, desto leichter wird es Ihnen fallen, die zusammengestellten Alternativen intuitiv zu bewerten und die beste Lösung zu finden, ohne analytisch vorgehen zu müssen. Auch bei „kleinen" Entscheidungen kann dieser Schritt zunehmend automatisiert ablaufen. Anfangs – und bei komplexen Entscheidungen auch später – bietet es sich allerdings an, systematisch vorzugehen. Auf den Arbeitsblättern 10 und 11 (Seiten 229/230) finden Sie deshalb Checklisten, um jede Lösungsalternative daraufhin zu überprüfen, inwieweit sie darauf ausgerichtet ist, das Potential, das Gott bereits in Ihre Gemeinde gelegt hat, freizusetzen.

Teilantworten zusammenfügen

Schritt 4: Fügen Sie die besten Anteile zu einer Gesamtlösung zusammen.

Nach dem Blick auf die Teile müssen wir uns abschließend wieder dem Ganzen zuwenden. Jetzt gilt es, eventuell in einem neuen kreativen Problemlösungsprozess, das Gute der verschiedenen Handlungsalternativen herauszufiltern und zu einer neuen Lösung zusammenzufügen. In der Regel wird es nicht so sein, dass eine der anfangs gesammelten Alternativen die vollkommene, einzig wahre Lösung ist – und alle anderen untauglich. Oft enthält jede Alternative wertvolle Gesichtspunkte. Die Bewertung, die Sie in Schritt 3 mit Hilfe der Checklisten (Arbeitsblätter 10/11) vorgenommen haben, versetzt Sie in die Lage, die wertvollsten Anteile zu identifizieren. Mit Hilfe dieser Checklisten können Sie herausfinden, welche biotischen Prinzipien beachtet bzw. vernachlässigt wurden.
Versuchen Sie nun, diejenige Lösungsalternative, die unter diesem Gesichtspunkt am besten abschneidet, zu verbessern, indem Sie an ihren Schwachstellen die besten (im Sinne von „biotischsten") Aspekte aus den anderen Alternativen einarbeiten. Wenn Ihre beste Lösung allen

Prinzipien bis auf „Multiplikation" Rechnung trägt, können Sie möglicherweise Anregungen aus den anderen Lösungen zu diesem Prinzip übernehmen. Wenn auch die anderen Lösungen nichts zu diesem Prinzip beitragen, müssen Sie allerdings noch einmal nachdenken – am besten systematisch und unter Zuhilfenahme des entsprechenden Trainingskapitels.

Ihre persönliche Lösung

Jetzt ist es an der Zeit, die Theorie in die Praxis umzusetzen. Anhand der drei Beispiele, die Sie in den letzten Kapiteln immer wieder bearbeitet haben, sollen Sie jetzt üben, wie Sie zu einer umfassenden biotischen Lösung kommen können.

• ***Übung 38:*** *Bitte gehen Sie jedes Beispiel anhand der folgenden Arbeitschritte durch:*

1. *Finden Sie intuitiv mehrere Lösungsalternativen für jedes Problem: Sicher haben Sie noch Teillösungen aus den Übungen im Kopf. Versuchen Sie jetzt aber – ohne nochmals nachzuschlagen – ein umfassende Lösung zu finden. Notieren Sie Ihre Maßnahmen auf einem Blatt Papier.*
2. *Bewerten Sie die Alternativen anhand der Checklisten (Arbeitsblätter 10 und 11, Seiten 229/230) und stellen Sie fest, inwieweit Ihre Maßnahmen den biotischen Prinzipien entsprechen.*
3. *Verbessern Sie nun die beste Maßnahme, indem Sie Aspekte aus anderen Alternativen übernehmen oder nochmals neu über eine biotische Lösung nachdenken. Überprüfen Sie die neue Lösung erneut mit Hilfe der Checklisten.*

Über das Denken nachdenken

Auch zum Abschluss unseres Trainingsprogramms wollen wir die vorangegangene Übung wieder auswerten, indem wir über unser Denken nachdenken: Wie sind Sie bei Übung 38 auf Ihre Lösung gekommen? Welche Denkstrategien haben Sie angewendet? Wie haben Sie Ihre Lösung überarbeitet und verbessert? Versuchen Sie, den gesamten Prozess, eine biotische Lösung zu finden, noch einmal nachzuvollziehen.

• ***Übung 39:*** *Nehmen Sie sich mindestens eine Viertelstunde Zeit, um mit Hilfe von Arbeitsblatt 3 (Seite 222) über Ihr gedankliches Vorgehen bei der Lösung von Aufgabe 38 nachzudenken. Fällt Ihnen auf, dass Sie mittlerweile anders vorgehen als noch zu Beginn dieses Trainings?*

Teil 4: Biotisch denken lernen

Anregungen für gemeinsames Lernen

Nach so vielen Einzelübungen haben Sie es verdient, mit Ihrer Gruppe endlich eine umfassende Lösung auszuarbeiten und den Abschluss dieses Trainingsprogramms zu feiern. Doch zunächst die Arbeit:

Hinweise zu Übung 38 Teilen Sie die Gesamtgruppe in Dreiergruppen auf und gehen Sie gemeinsam die in Übung 38 vorgestellten Schritte durch. Sie werden die Erfahrung machen, dass sich im Kontext einer Gruppenarbeit sehr viel leichter mehrere Alternativen finden lassen (besonders, wenn Sie die Technik des Brainstormings einsetzen). Auch die Bewertung der Alternativen wird gründlicher und spannender. Anschließend kann jede Dreiergruppe ihr Ergebnis im Plenum vorstellen – und auch an dieser Stelle können noch Verbesserungen vorgenommen werden.

Hinweise zu Übung 39 Lassen Sie jeden Teilnehmer die Auswertung für sich durchführen (15 Minuten). Anschließend Austausch in Dreiergruppen mit der Zielsetzung, Listen mit erfolgreichen und erfolglosen Denkstrategien zu erstellen, die jeder in der Dreiergruppe nachvollziehen kann (auch wenn er sie selbst nicht angewendet hat). Im Plenum werden diese Listen dann vorgestellt. Achten Sie in dieser Runde besonders auf die Veränderungen, die Sie in Ihren eigenen Denkprozessen im Laufe dieses Trainingsprogramms festgestellt haben.

Quiz Wenn Sie der Meinung sind, dass eine derartig umfassende Aufgabe wie Übung 38 nicht der richtige Abschluss für dieses Trainingsprogramm ist – und vielleicht auch nicht zur feierlichen Stimmung am Ende dieses Prozesses passt –, können Sie als letzte Übung (oder als Alternative) auch das folgende Quiz durchführen.

Bilden Sie Dreiergruppen, die „gegeneinander" antreten. Eine Gruppe beginnt mit Frage 1, die möglichst schnell und intuitiv beantwortet werden soll – natürlich unter Beachtung der biotischen Prinzipien (pro Antwort maximal zwei Minuten Zeit, sonst ist die nächste Gruppe dran). In der Diskussion mit den anderen Gruppen wird anschließend die Lösung bewertet (Checklisten verwenden). Pro Checklistenfrage, die im Sinne biotischer Prinzipien beachtet wurde, gibt es einen Punkt. Beachten Sie, dass auch „richtige" Antworten nicht immer die volle Punktzahl zur Folge haben, da die Lösungen unterschiedlich komplex sind und manche Checklistenfragen nicht bei jeder Lösung greifen (aber es handelt sich hier ja auch nur um ein Spiel!).

Anschließend ist die nächste Gruppe mit Frage 2 an der Reihe usw. Diejenige Gruppe, die am Ende die meisten Punkte gesammelt hat, wird zum „Chefberater für natürliche Gemeindeentwicklung" ernannt.

Die Fragen des Quiz

1. Ihr Hauskreis ist auf 15 Teilnehmer angewachsen. Was machen Sie und wie machen Sie es?
2. Der Gottesdienst Ihrer Gemeinde ist nur ganz mager besucht. Die Gemeindeleitung überlegt sich, wie andere Menschen eingeladen werden könnten. Welche Möglichkeiten sehen Sie?
3. Bei der Erhebung des Gemeindeprofils in Ihrer Gemeinde kam heraus, dass der Bereich „liebevolle Beziehungen" bei Ihnen der Minimumfaktor ist. Wie gehen Sie mit diesem Ergebnis um?
4. Ein Gemeindeglied möchte gerne eine Aufgabe in der Gemeinde wahrnehmen – aber nur unter der Voraussetzung, dass diese ihm „richtig Spaß" macht. Was sagen Sie ihm?
5. Einige Gemeindeglieder, die täglich in der Bibel lesen, beklagen sich, dass Ihnen die Texte oft unverständlich erscheinen und ihnen nur wenig sagen. Ihre Reaktion?
6. Sie wollen in Ihrer Gemeinde das Konzept der gabenorientierten Mitarbeiterschaft einführen. Aber es stellt sich heraus, dass für einige Aufgaben einfach keine Christen mit entsprechenden Gaben dazusein scheinen. Wie gehen Sie damit um?
7. Im Gemeindevorstand wird vorgeschlagen, etliche Formen – zum Beispiel der Gottesdienstgestaltung und der Evangelisation – zu verändern, um die Gemeinde attraktiver für Außenstehende zu machen. Welche Meinung vertreten Sie?
8. Einige Mitarbeiter bestehen darauf, dass ihre Aufgabe auf einen bestimmten Zeitraum befristet wird. Was tun Sie?
9. Immer wieder kommt es vor, dass Mitarbeiter sehr kurzfristig aus ihren Aufgaben aussteigen, weil die Belastung für sie zu groß wird. Was müsste geändert werden, damit das nicht mehr so oft geschieht?
10. In der Kinderarbeit fehlt es an Mitarbeitern. Wie könnten neue gewonnen werden?
11. Eine Teilzeitkraft soll für die Jugendarbeit angestellt werden, aber das Geld ist eigentlich zu knapp dafür. Wie könnte man es trotzdem schaffen?
12. In Ihrer Gemeinde haben fast alle Gemeindeglieder mit Hilfe des Gabentests ihre Gaben entdeckt. Trotzdem kommt es nicht zu den erhofften positiven Veränderungen. Was könnte falsch gelaufen sein und wie könnte man das ändern?

Die häufigsten Fragen zur natürlichen Gemeindeentwicklung

Wo sich Christen auf die natürliche Gemeindeentwicklung einlassen, tauchen immer wieder ähnliche Fragen auf. Auf den folgenden Seiten finden Sie Antworten auf die häufigsten Fragen, die uns – zum Teil in Briefen, zum Teil bei Gemeindeaufbau-Seminaren – gestellt worden sind. Die Antworten basieren zum größten Teil auf Tonbandmitschnitten von realen Frage- und Antwortsituationen.

Häufigste Fehler

Sie haben mit vielen Gemeinden zu tun, die sich bemühen, im Sinne der natürlichen Gemeindeentwicklung zu arbeiten. Was würden Sie als die häufigsten Fehler bezeichnen?

Der häufigste Fehler ist wahrscheinlich, das Reden über die Prinzipien der natürlichen Gemeindeentwicklung mit deren Umsetzung zu verwechseln, das Lesen eines Buches mit konkreten Aktionsschritten, das Durchführen einer Gemeindeanalyse mit der Arbeit an den praktischen Konsequenzen. Die Prinzipien der natürlichen Gemeindeentwicklung werden nicht dadurch lebendig, dass wir in gemeindlichen Gremien oder auch in Predigten über sie reden. Entscheidend ist der langwierige, oft mühsame und nicht selten konfliktbeladene Prozess der stufenweise Umsetzung.
Ein weiterer häufiger Fehler besteht darin, das eine oder andere Segment der natürlichen Gemeindeentwicklung herauszupicken – etwa Teilaspekte der gabenorientierten Mitarbeiterschaft oder der bedürfnisorientierten Evangelisation –, aber nicht zu sehen, dass es hier um ein ganzheitliches System geht, in dem die unterschiedlichsten Bereiche zusammenkommen müssen.
Und drittens begegnet uns immer wieder, dass Gemeinden sich zwar mit viel Engagement ihrem Minimumfaktor zuwenden, dann aber mit einem fragwürdigen – z. B. technokratisch oder spiritualistisch gefärbten – Methodenarsenal daran arbeiten. In vielen Fällen wird versucht, einzelne Techniken der natürlichen Gemeindeentwicklung in ein theologisches Denkmuster zu integrieren, das mit diesem Ansatz nicht kompatibel ist.

Wo bleibt der Erfolg?

Theoretisch leuchten die Prinzipien ja ein. Aber wo sind die Beispiele, dass das Ganze auch funktioniert? Ist es wirklich so, dass alle Gemeinden, die nach diesem Ansatz arbeiten, auch wachsen?

Ihre Frage lässt sich von zwei Seiten her beantworten. Zunächst können wir alle wachsenden Gemeinden auswählen und schauen, inwieweit sie die Prinzipien der natürlichen Gemeindeentwicklung anwenden; und dann können wir umgekehrt vorgehen und alle Gemeinden nehmen, die diese Prinzipien ganz offensichtlich anwenden, und prüfen, inwieweit sie wachsen. Dank des Forschungsprojektes lassen sich beide Fragestellungen relativ exakt überprüfen.
Zur ersten Fragestellung: Dass der allergrößte Teil der Gemeinden, die quantitativ wachsen, nach den Prinzipien der natürlichen Gemeindeentwicklung arbeiten, war ja die spannende Entdeckung unserer Forschungen. Wenn Sie also nach erfolgreichen Beispielen für diesen Ansatz suchen, schauen Sie sich Gemeinden an, die qualitatives und quantitatives Wachstum erleben. Das sind „Modelle" für natürliche Gemeindeentwicklung, auch wenn sie den Begriff noch nicht gehört haben sollten. Bei der natürlichen Gemeindeentwicklung handelt es sich ja nicht um eine abstrakte Theorie, die sich irgendjemand in der Stille seiner Studierstube ausgedacht hätte. Es handelt sich vielmehr um die – nachweisbare – Praxis wachsender Gemeinden rund um den Globus.
Bei der zweiten Fragstellung ist der Ausgangspunkt nicht das Wachstum der Gemeinde, sondern die Anwendung der Prinzipien. Dabei stellt sich die Frage: Was soll als Kriterium gelten, dass man sagen kann: „Diese oder jene Gemeinde wendet die Prinzipien auch wirklich an"? Das einzige ob-

jektiv überprüfbare Kriterium, das mir bekannt ist, ist die Feststellung des Qualitätsindexes. Indem eine Gemeinde zum zweiten, dritten oder vierten Mal ihr Gemeindeprofil erhebt, kann sie herausfinden, inwieweit die Prinzipien auch tatsächlich umgesetzt wurden. Gemeinden, die wir auf diese Weise über längere Zeit beobachten konnten und die die Prinzipien immer konsequenter angewandt haben – sprich: die qualitativ gewachsen sind –, haben durchgehend positive Erfahrungen damit gemacht. Einige objektivierende Zahlen dazu: 84 Prozent aller Gemeinden, die das Profil bisher mehrfach erhoben haben und im Bereich ihres Minimumfaktors einen messbaren Fortschritt erzielt haben, erlebten auch zahlenmäßiges Wachstum. Und ausnahmslos überall, wo in allen acht Bereichen der Qualitätsindex von 65 erreicht wurde – mit anderen Worten: die Prinzipien der natürlichen Gemeindeentwicklung besonders konsequent umgesetzt werden –, wächst die Gemeinde auch quantitativ.
Ich könnte zwar tolle Geschichten von Gemeinden erzählen, die anhand dieser Prinzipien gearbeitet haben und Wachstum erleben. Ich bin an dieser Stelle aber eher zurückhaltend, weil solche Beispiele nichts beweisen. Viele Christen suchen nach Instantrezepten, fast nach Analogie jener populären Schlankheitspülverchen, und sie sind beeindruckt von Zeugnissen wie: „Vorher war ich dick, dann nahm ich das Pülverchen, jetzt bin ich dünn. Dank sei dem Pülverchen.“ Es geht aber nicht um irgendwelche magischen Pülverchen, sondern Prinzipien einer gesunden Lebensführung. Nicht mehr und nicht weniger will die natürliche Gemeindeentwicklung bieten. Wer etwa die Erhebung eines Gemeindeprofils mit so einem Pülverchen verwechselt, wird maßlos enttäuscht sein.
Das, worum es im Gemeindeaufbau geht, ist einfach zu komplex, um es allein anhand der Frage zu bewerten: „Hat diese Maßnahme der Gemeinde Wachstum gebracht?“ In ihrer Entwicklung durchläuft jede Gemeinde einen vielschichtigen Prozess, wobei das Umschlagen von zahlenmäßiger Stagnation in Wachstum nur eine von unzähligen Stufen ist. Das Augenmerk allein auf die Frage zu richten, ob eine Gemeinde von Stagnation zu Wachstum aufbricht, wäre genauso verkürzt, als würden wir zum Beispiel im Bekehrungsprozess eines Menschen allein auf den Akt der Lebensübergabe schauen, aber die so wichtigen Prozesse vorher und nachher ausblenden.
Alle bisher gesammelten empirischen Hinweise bekräftigen die These, dass man jeden – auch noch so unscheinbaren – qualitativen Fortschritt einer Gemeinde als echten „Erfolg“ sehen kann. „Erfolgsgeschichten“, die ich gerne erzähle, beinhalten bewusst auch Gemeinden, deren Qualität nach vielen Konflikten von „weit unterdurchschnittlich“ auf „unterdurchschnittlich“ anstieg, wobei von zahlenmäßigem Wachstum noch keine Rede sein kann. Und sie beinhalten genauso Gemeinden, die bereits seit Jahren schnell wachsen, aber aufgrund einer nur durchschnittlichen Qualität, und die sich nun bewusst den Qualitätsmerkmalen zuwenden.

Reflexion überbewertet

Ist es wirklich so, dass in wachsenden Gemeinden ständig über diese Prinzipien reflektiert wird?

Nein, aber darum geht es auch gar nicht. Entscheidend ist nicht, wie viel oder wenig über diese Prinzipien reflektiert wird, sondern allein, dass sie praktisch umgesetzt werden. Wenn das nur mit einem minimalen Grad an Reflexion gelingen sollte – fast würde ich sagen: umso besser.

Neulich sagte mir ein befreundeter Pastor: „Seitdem wir die Prinzipien der natürlichen Gemeindeentwicklung nicht mehr anwenden, geht es in unserer Gemeinde zahlenmäßig bergauf." Ich habe natürlich genauer nachgefragt und sagte: „Lasst uns einmal prüfen, ob das wirklich stimmt, was du sagst. Schauen wir uns doch einmal einige der acht grundlegenden Prinzipien an, z. B. ‚Liebevolle Beziehungen' und ‚Leidenschaftliche Spiritualität'. Wenn ich deine Worte richtig verstehe, willst du sagen, dass heute in eurer Gemeinde weniger Liebe geübt wird als vorher, weniger gebetet, weniger auf Gottes Willen gehört." Er unterbrach mich: „Natürlich meine ich das nicht. Nein, es geht jetzt liebevoller zu als vorher und das geistliche Leben ist hingegebener geworden." „Das heißt doch", sagte ich ihm, „dass ihr heute die Prinzipien konsequenter anwendet als zuvor. Da wundert es mich nicht, dass es in der Gemeinde auch zahlenmäßig bergauf geht."

Was hatte dieser Pastor gemeint, als er sagte, dass er die Prinzipien jetzt nicht mehr anwende? Schlicht dies, dass man heute weniger darüber redet und reflektiert, sondern sich ganz auf das Praktizieren konzentriert. Ich gehöre nun wirklich nicht zu denen, die die Bedeutung kritischer Reflexion unterschätzen – der Dienst unseres Institutes besteht zu einem erheblichen Teil darin –, aber Reflexion ist bestenfalls ein begleitender „Hintergrunddienst", sie ist in aller Regel nicht der strategische Schlüssel zur Veränderung.

Nur wenige Menschen lassen sich auf eine neue Sache ein, weil die Fakten und Argumente sie rational überzeugen. Die meisten Menschen treffen Entscheidungen aus zutiefst nicht-rationalen Motiven heraus. Wenn wir in der Gemeindeentwicklung versäumen, diesem Sachverhalt Rechnung zu tragen, werden uns die besten biblischen Argumente und die stichhaltigsten Forschungsergebnisse nicht weiterhelfen.

Begriffe zu abstrakt

Ihre Prinzipien leuchten mir ein, wir tun uns aber mit der von Ihnen verwendeten Begrifflichkeit schwer. Lässt sich das Ganze nicht griffiger ausdrücken?

Ja, das lässt es sich. Ich ermutige Gemeinden ausdrücklich, die Begriffe in eine bildhaftere Sprache zu übersetzen, die zu ihrer jeweiligen Kultur und geistlichen Tradition passt. So ist aus „Leidenschaftliche Spiritualität" schon „Freude in Jesus", „Erfülltsein mit dem Heiligen Geist", „Ganzhingabe an den Herrn" und sogar „Frisch, fromm, fröhlich, frei" geworden. Das passt zum Beispiel auf der Ebene von Predigt oder Seelsorge in vielen Fällen besser als das Abstraktum „Leidenschaftliche Spiritualität". Nur: Die griffigen Begriffe der einen Gemeinde treffen nicht die Situation aller anderen Gemeinden. Diesen Übersetzungsprozess muss jede Gemeinde selber leisten. Je weniger abstrakt ein Begriff ist, desto besser kommuniziert er zwar, aber desto enger ist er auch, desto weniger ist er in der Lage, als Symbol für eine Vielfalt unterschiedlicher Umsetzungsmöglichkeiten zu dienen. Wenn es um allgemein gültige Prinzipien geht, liegt es in der Natur der Sache, dass die Begriffe relativ abstrakt sind.

Der geistliche Nutzen statistischer Methoden

Ist es wirklich geistlich, dem Gemeindeaufbau mit statistischen Mitteln nachgehen zu wollen?

Der Hauptgrund, warum viele von uns einen solchen Ansatz als „ungeistlich" verdächtigen, scheint mir zu sein, dass uns diese Arbeitsweise nicht vertraut ist. Die meisten Menschen neigen dazu, alles, was ihnen fremd ist, zunächst einmal negativ zu bewerten. Nichtchristen reagieren vielleicht mit Worten wie „Das mag ich nicht!", Christen eher mit „Das ist doch ungeistlich!" Mir selber ist das im Blick auf Gemeindeanalysen ähnlich gegangen. Mein Denken hat sich an dieser Stelle erst geändert, als ich die Früchte dieser Arbeit sah.
Wozu helfen uns statistische Methoden? Generell dazu, einen schärferen Blick für Regeln zu bekommen, anstatt sich von den Ausnahmen zur Regel leiten zu lassen. Unsere Forschungen zeigen uns, wie Gemeindewachstum „in aller Regel" geschieht, während manche Bücher zu diesem Thema offensichtlich besonders die Ausnahmen im Blick haben. Beides ist legitim, aber es hat nicht beides den gleichen geistlichen Nutzen. Ein großes Problem besteht darin, dass viele Christen, die von einem spiritualistischen Denkmuster geprägt sind, den Ausnahmen zur Regel eine größere geistliche Bedeutung beimessen als den Regeln.
Lassen Sich mich das einmal an einem gemeindefremden Beispiel deutlich machen. Die medizinische Forschung hat ergeben, dass Rauchen gesundheitsschädlich ist, dass es die Lebenserwartung verkürzt. Jetzt könnten Sie aber auf gegenteilige Erfahrungen verweisen und sagen: „Aber unser Onkel Anton hat auch jeden Tag geraucht und ist 94 Jahre alt geworden." Wäre damit die statistische Aussage der Medizin widerlegt? Nein, es handelt sich bei dem zitierten Onkel Anton um eine Ausnahme zur Regel. Und jetzt kommt die eigentliche Pointe. Welche Aussage ist für andere Menschen die wichtigere, die hilfreichere, die relevantere? Dass Raucher im Durchschnitt eher sterben – oder dass Onkel Anton auch mit starkem Tabakkonsum steinalt geworden ist? Die Nutzanwendung aus der ersten Aussage wäre: „Also lasst uns im Blick auf das Rauchen Zurückhaltung üben", die Nutzanwendung aus der zweiten Aussage: „Also lasst uns fröhlich qualmen." Hier zeigt sich, wie verhängnisvoll es wäre, die nur statistisch zu erhebende Aussage über das, was „in aller Regel" richtig ist, durch den Verweis auf bestimmte Einzelerfahrungen zu ersetzen.
Entsprechendes gilt für die Gemeindeentwicklung. Es gibt zwar Ausnahmen zur Regel – also Gemeinden, die wachsen, ohne die Prinzipien der natürlichen Gemeindeentwicklung anzuwenden –, aber es wäre verhängnisvoll, wollten wir uns nun ausgerechnet an ihnen orientieren. Der statistische Ansatz hilft uns, zwischen solchen singulären Fällen und allgemein gültigen Prinzipien scharf zu unterscheiden. Warum das ungeistlicher sein soll, als gemeindliche Erfahrungsberichte nach dem Modell „Onkel Anton" weiterzugeben, will mir nicht einleuchten.

Technokratie

Sie wehren sich zwar gegen den Vorwurf der Technokratie, setzen aber gleichzeitig Computer ein, arbeiten mit statistischen Methoden und mathematischen Formeln. Ist das nicht sehr technokratisch?

Nein. Unser Ansatz ist wohl empirisch, aber er ist keineswegs technokratisch. Beide Begriffe haben nichts miteinander zu tun. Bei der natürlichen

Gemeindeentwicklung geht es ja gerade darum, technokratisches Denken zu überwinden. Das kann aber nicht aus dem Gefühl heraus geschehen, nach dem Motto: „Es ist falsch, weil es mir so schrecklich unsympathisch ist." So etwas will stichhaltig bewiesen werden. Und genau dazu mussten wir rational überprüfbare Methoden einsetzen.
Wir haben uns bemüht, diese Beweisführung auf zwei Ebenen zu leisten: zum einen auf theologisch-grundsätzlicher Ebene, zum anderen mit dem Methodenarsenal der empirischen Sozialwissenschaften. Eine klare, logisch nachvollziehbare und überprüfbare Testkonstruktion hat von Haus aus mit Technokratie nichts zu tun. Und eine generelle Ausklammerung empirischer Methoden ist bestenfalls Hinweis auf ein spiritualistisches Denkmuster, hat aber geistlich gesehen keinerlei Vorteile gegenüber dem empirischen Ansatz.

Objektivität

Sind Ihre Forschungsergebnisse wirklich objektiv? Es kommt doch immer auf die Frage an, mit der man an ein Thema herangeht.

Sie haben Recht. Die Art der Fragestellung beeinflusst das Forschungsergebnis wesentlich. Das gilt übrigens für jede wissenschaftliche Untersuchung, sogar für die angeblich so objektiven Naturwissenschaften. Das alte Wissenschaftsideal, das absolut gesicherte Wissen – *epistéme* – hat sich als ein Idol erwiesen. Selbst die unmittelbarste Sinneswahrnehmung ist bereits gedeutet, basiert auf bestimmten Wertungen und Interpretationen.
Jedes wissenschaftliche Modell hebt ein bestimmten Teil des untersuchten Gegenstandes hervor und lässt andere Teile beiseite. Es wirft Licht auf eine vielschichtige Wirklichkeit, so dass einige Segmente erhellt werden, während andere im Dunkeln bleiben. Die chemisch-physikalische Methode erkennt zum Beispiel nur den chemisch-physikalischen Aspekt des lebendigen Organismus und blendet andere Aspekte aus. Das ist völlig legitim, es ist sogar hilfreich. Auf diese Weise erhält man Antworten auf bestimmte Fragen, während sich andere Fragen – etwa die philosophisch-theologische nach dem „Wesen von Leben" – durch Anwendung dieser Methode nicht beantworten lassen.
Entsprechendes gilt für die Gemeinde. Ich kann dieses Phänomen unter den unterschiedlichsten Fragestellungen betrachten, ich kann mich ihm mit den verschiedensten Methoden nähern, zum Beispiel biblisch-exegetisch, kirchenhistorisch, oder auch mit Hilfe des sozialwissenschaftlichen Methodenarsenals. Jede dieser Blickrichtungen gibt auf bestimmte Fragen Antwort und beantwortet andere Fragen nicht. Unsere Untersuchung gibt Antwort auf die Frage: „Was sind die universell gültigen Qualitätsmerkmale, die in einem positiven Verhältnis zum Wachstum christlicher Gemeinden stehen?" Diese Fragestellung spiegelt also in der Tat unser bereits vor der Forschung feststehendes Interesse wider: Gemeinden zum Wachstum zu verhelfen. Ist das unwissenschaftlich? Nein, denn eine wissenschaftliche Neutralität gibt es gar nicht, es gibt lediglich unterschiedliche Interessen, die anschließend wissenschaftlich bearbeitet werden.
Manche haben schon kritisch angemerkt, wir verspielten unsere Objektivität, indem wir es nicht bei der Forschung bewenden lassen, sondern

gleichzeitig praktische Hilfen für die Gemeindeentwicklung anbieten. Dahinter steckt die weit verbreitete Vorstellung, die Ausklammerung der Anwendungsfragen sei der beste Garant für Objektivität. Um es deutlich zu sagen: Wir wollen nicht zu jener Gattung von Wissenschaftlern gehören, die angeblich „zweckfrei" forschen, während sie sich aus der praktischen Nutzanwendung vornehm heraushalten. Unsere Forschungsarbeit geschieht ausdrücklich im Horizont der praktischen Anwendung. Das sehen wir nicht als Nachteil, sondern als erheblichen Vorteil gegenüber den sogenannten „rein akademischen" Diskussionen.

Lieblingsideen bestätigt

Es fällt auf, dass bei der internationalen Forschung doch im Wesentlichen das Gleiche herauskommt, was Sie auch schon Jahre zuvor gelehrt haben. Es scheint so, als hätten die Prinzipien für Sie bereits vorher festgestanden und Sie haben die Forschung so angelegt, dass das am Ende auch herauskam.

Was Sie sagen, ist nicht ganz falsch. Als wir mit der internationalen Studie begannen, mussten wir ja – Gott sei Dank! – nicht bei Null anfangen, sondern konnten an dem, was sich in unseren vorangegangenen Studien bereits andeutete, anknüpfen. Und bereits unsere erste empirische Untersuchung, die wir 1987 im deutschsprachigen Europa durchführten, begann nicht bei Null, sondern knüpfte an den aktuellen Erkenntnisstand der Gemeindewachstumsforschung an. Bei jeder Stufe unserer Forschungen haben wir neue Fragen auf den Fragebogen genommen, um herauszufinden, ob es nicht auch andere Prinzipien gibt, die in einem positiven Verhältnis zum Gemeindewachstum stehen. Auf diese Weise haben wir in den letzten zehn Jahren viel Neues gelernt.

Die internationale Studie hat das meiste dessen, was wir oder andere vorher entdeckt hatten, bestätigt; manches hat sich aber auch als unzureichend erweisen, einiges sogar als falsch. Jedenfalls haben wir durch das internationale Forschungsprojekt so viel dazu gelernt, dass wir nun alle praktischen Bücher, die wir vor der Studie veröffentlicht hatten, im Lichte der neuen Forschungsergebnisse gründlich überarbeiten.

Allgemein gültig

Wie kommen Sie darauf, dass die Prinzipien, die Sie in den untersuchten Gemeinden entdeckt haben, auch für alle anderen Gemeinden gelten?

Eine spannende Frage, die die Gemeindewachstumsforschung mit jeder empirischen Wissenschaft teilt. Nehmen Sie zum Beispiel einmal folgende naturwissenschaftliche Aussage: „Alles Kupfer leitet Elektrizität." Wollten Sie diesen Satz an der Erfahrung verifizieren, so müsste alles Kupfer im ganzen Universum auf diese Eigenschaft hin überprüft werden, was natürlich unmöglich ist. Der Versuch der Verifikation führt uns also nicht weiter, wohl aber der umgekehrte Ansatz: Wir können versuchen, diese Theorie zu widerlegen, zu falsifizieren. Wann darf also eine empirische Theorie als „wahr" gelten? Karl Popper zufolge dann, wenn sie allen bisherigen Falsifikationsversuchen standgehalten hat. Allerdings gilt eine Theorie nach der Erkenntnislehre Poppers noch nicht als falsifiziert, wenn vereinzelte Beobachtungen ihr widersprechen. Eine Theorie kann erst dann als falsifiziert gelten, wenn sie durch eine bessere abgelöst wird.

Um es auf unsere Frage zu beziehen: Die 65er-Hypothese z. B., die besagt, dass jede Gemeinde, die in allen acht Bereichen einen Qualitätsindex von 65 oder mehr erreicht hat, wachsen wird, konnte bis heute nicht in einem einzigen Fall falsifiziert werden. Angenommen, wir würden morgen die erste Ausnahme zu dieser Regel finden. Wäre damit die ganze Theorie hinfällig? Nein, das wäre sie nur dann, wenn es ein anderes Gesamtsystem gäbe, das das Wachstum von Gemeinden schlüssiger, nachvollziehbarer, hilfreicher erklärt als die von uns benutzte Zugrundelegung der acht Qualitätsmerkmale.
Um sozialwissenschaftlich zu allgemein gültigen Prinzipien zu kommen, ist es entscheidend, dass die untersuchte Stichprobe groß genug ist. Die Auswahl von 1000 Gemeinden weltweit ist mehr als ausreichend, um daraus allgemein gültige Schlüsse für andere Gemeinden abzuleiten. Die Stichproben in den einzelnen Ländern oder innerhalb der beteiligten Denominationen sind dagegen in aller Regel nicht groß genug, um relevante Aussagen über derartige Teilgruppen zu machen. Das ist der Grund, warum wir uns bei der Auswertung mit Einzelbeobachtungen zurückhalten.

Größte Überraschung

Was hat Sie bei Ihren Forschungen selbst am meisten überrascht?

Dass im Durchschnitt kleinere Gemeinden die besseren Gemeinden sind. Vereinfacht gesagt gilt: „Je größer, desto schlechter." Diese Gesetzmäßigkeit ist derartig signifikant, dass es manchem fast unverständlich erscheint, warum vorher noch niemand darauf gestoßen ist, ja, dass etliche Gemeindewachstumsautoren sogar von der umgekehrten These ausgingen: „Je größer, desto besser."
Der bisherige Nebel in dieser Frage hat mit einer etwas verzwickten Tatsache zu tun. Solange wir die aktuelle Gottesdienstbesucherzahl einer Gemeinde zum Maßstab nahmen, ließ sich keine derartige Relation erkennen. Die Negativrelation zwischen zunehmender Gemeindegröße und gemeindlicher Qualität inklusive evangelistischem Potential trat erst in dem Moment ans Tageslicht, als wir die Gottesdienstbesucherzahl von vor fünf Jahren zum Maßstab nahmen. Das hört sich zunächst einmal ein bisschen willkürlich an, macht aber bei näherer Betrachtung Sinn.
Ob wir eine Gemeinde als „wachsend" oder „nichtwachsend" einstufen, hat mit ihrem realen Wachstumsverhalten in der Vergangenheit zu tun. Ob die Gemeinde auch in Zukunft wachsen wird, wissen wir nicht; viele Anzeichen sprechen sogar dagegen, dass wir von real erlebtem Wachstum in der Vergangenheit auch auf Wachstum in der Zukunft schließen können. Mit anderen Worten: Viele Gemeinden, die heute groß sind, verdanken ihr schnelles Wachstum der typischen Dynamik einer kleinen Gemeinde. Und viele Gemeinden, die vor fünf Jahren groß waren, sind heute stagnierend bzw. schrumpfend.
Es ist also irreführend, die augenblickliche Größe als Ausgangspunkt zu nehmen, um die Auswirkungen dieser Gemeindegröße zu bewerten und Aussagen über das zukünftige Wachstumspotential zu machen. Die einzige Möglichkeit, von einer bestimmten Gemeindegröße auf die zukünftige Entwicklung zu schließen, ist es, sich die Gemeindegröße in der Vergangenheit anzuschauen, wobei die derzeitige Gegenwart von diesem Standpunkt aus gesehen ja zur – bereits eingetretenen und des-

halb überprüfbaren! – Zukunft wird. Ohne diese Denkfigur, die mir selbst einige Zeit nicht recht einleuchten wollte, wären wir auf viele unserer neuen Entdeckungen nicht gestoßen.

Größter Irrtum

Was hat sich im Lichte der neuen Forschung als Ihr eigener größter Irrtum herausgestellt?

Die größten Veränderungen ergaben sich im Blick auf das erste Qualitätsmerkmal, das wir heute „Bevollmächtigende Leitung“ nennen. Vorher hieß es „Zielorientierte Leitung“, auf einer früheren Stufe gar „Zielorientierter Pastor“. Die sich wandelnden Begriffe spiegeln jeweils neue Erkenntnisse im Blick auf dieses Qualitätsmerkmal wider. Manches von dem, was ich in der Vergangenheit zu diesem Thema gesagt habe, hatte ich zu unkritisch von anderen Gemeindewachstumsautoren übernommen. Viele von ihnen hatten bei ihrer Beobachtung der Leiterschaft eher große als wachsende Gemeinden vor Augen. Es lässt sich zeigen, dass große Gemeinden durch einen gänzlich anderen Leitungsstil gekennzeichnet sind als kleine. Wenn unsere Matrix allerdings nicht mehr „groß-klein“, sondern „wachsend-nichtwachsend“ ist, ergeben sich andere Prinzipien. Dies ist einer der Gründe, warum ich es für sehr ambivalent halte, Wachstumsprinzipien aus großen Gemeinden ableiten zu wollen.

Entstehung der Fragenliste

Wie ist eigentlich die Fragenliste entstanden, mit deren Hilfe Sie den Qualitätsindex für die verschiedenen Qualitätsmerkmale ermitteln?

Die Fragenliste, mit deren Hilfe wir 1987 unsere erste Untersuchung durchführten, ergab sich weitgehend aus dem Studium der damals erhältlichen Gemeindewachstumsliteratur. In einem allerersten Fragebogeneentwurf versuchte ich, diejenigen Aspekte aufzugreifen, die den meisten Büchern gemeinsam waren. Als Ergebnis dieser ersten Studie kamen wir damals auf sieben Qualitätsmerkmale.

Mit jeder Stufe der Forschungen haben sich dann sowohl die Fragen als auch die Zuordnung der Fragen zu den Qualitätsmerkmalen geändert. Jede Frage, die in die Wertung einbezogen wird – der heutige Fragebogen enthält auch einige Items, die für die Berechnung des Qualitätsindexes keine Rolle spielen –, muss zwei Kriterien standhalten: Sie muss erstens in einer positiven Beziehung zum quantitativen Wachstum stehen (Kriteriumsvalidität) und sie muss zweitens zu den anderen Items, die dem jeweiligen Qualitätsmerkmal zugrunde liegen, passen (Item-Analyse).

Heute ist es so, dass die Zuordnung der Fragen zu den einzelnen Qualitätsmerkmalen der Computer besorgt. Die Fragen werden also nicht dem Qualitätsmerkmal zugeordnet, von dem wir glauben, dass es dort inhaltlich am besten passt, sondern dem Kennzeichen, mit dem es statistisch gesehen den größten Zusammenhang hat. Lassen Sie mich das an einem Beispiel deutlich machen. Eins von 170 Items, die der Berechnung des Qualitätsindexes zugrunde liegen, lautet: „Unser Pastor gibt vielen Gemeindegliedern die Möglichkeit, den Gottesdienst mitzugestalten.“ Wir hatten diesen Satz ursprünglich im Blick auf das Qualitätsmerkmal „Inspirierender Gottesdienst“ formuliert. Die Auswertung von allen 1000 Gemeinden ergab jedoch, dass die positive Antwort auf diese Frage zwar viel mit dem Wachstum der Gemeinde zu tun hat, aber so gut wie gar keinen Zusammenhang zum Qualitätsmerkmal „Inspirierender Gottesdienst". Dagegen hat sie wiederum sehr viel mit der Frage nach „Bevollmächtigender Leitung" zu tun, wird also fortan diesem Qualitätsmerkmal zugeordnet. Ähnliches lässt sich für viele andere Fragen sagen, die in den letzten zehn Jahren mannigfache Veränderungen erfahren haben.

Biblische Prinzipien wichtiger

Wer legt eigentlich fest, was als „Qualität" einer Gemeinde zu bezeichnen ist? Die biblischen Kriterien sind für eine Gemeinde viel wichtiger als Ihre mit empirischen Mitteln gewonnenen Qualitätsmerkmale.

Ich kann Ihnen sagen, wie wir vorgegangen sind, um zu unserem „Qualitätsindex" zu gelangen. Wir gingen von dem – zunächst unbewiesenen – Axiom aus, alles, was in einem positiven Zusammenhang mit dem quantitativen Wachstum einer Gemeinde steht, als „Qualität" zu bezeichnen. Unser Ansatzpunkt für die Bestimmung von Qualität war also zunächst ein quantitativer – aber wohlgemerkt „Wachstum", nicht „Gemeindegröße"! Wir haben das nicht deshalb getan, weil wir das quantitative Kriterium für das intelligenteste halten; die Forschung hat ja gerade gezeigt, dass die Frage nach der Qualität sehr viel aussagekräftiger ist. Aber das wussten wir erst nach Abschluss der Studie, nicht von vornherein. Was wir am Anfang benötigten, war ein einigermaßen objektiv feststellbares Außenkriterium, ähnlich wie bei der Entwicklung des Intelligenzquotienten etwa die Schulzensuren als Außenkriterium herangezogen werden. Dadurch sollte verhindert werden, dass wir aufgrund unseres Bibelverständnisses selbst festlegen, was wir für die Qualität einer Gemeinde halten, um es daraufhin in einigen Gemeinden wiederzufinden und triumphierend zu sagen: „Seht, diese Gemeinden haben eine höhere Qualität."

In einem zweiten Schritt haben wir dann alle Prinzipien, die auf diese Weise ans Tageslicht kamen, anhand der Bibel kritisch überprüft. Lassen Sie es mich etwas übertrieben sagen: Es hätte ja theoretisch herauskommen können, dass in wachsenden Gemeinden mehr Coca-Cola getrunken wird oder alle Pastoren blaue Schuhe tragen oder, vielleicht realistischer, manipulativer gearbeitet wird als in nichtwachsenden. Angenommen, die Forschung hätte Ergebnisse dieser Art ans Tageslicht gebracht, wie wären wir damit umgegangen? Nun, wir hätten es zunächst interessiert zur Kenntnis genommen, wir hätten es wohl auch publiziert. Aber wir hätten es nicht in unsere praktischen Anleitungen für andere Gemeinden aufgenommen, weil keine der drei Beobachtungen einer biblischen Überprüfung standgehalten hätte.

Nur sind derartige Überlegungen rein hypothetisch, denn interessanterweise kamen solche Dinge auch nicht ansatzweise heraus. Alle Faktoren, die in einem positiven Verhältnis zum Gemeindewachstum stehen, stimmen mit der biblischen Gesamtlehre überein. Zumindest die grundlegenden Prinzipien der natürlichen Gemeindeentwicklung – die acht Qualitätsmerkmale – lassen sich mit einigem Recht als „biblische Prinzipien" bezeichnen. Aber die biblischen Aussagen waren wohlgemerkt nicht Ausgangspunkt der Untersuchung, sondern dienten als kritischer Maßstab zur Überprüfung dessen, was auf empirischem Weg erhoben wurde.

Evangelikale Theologie

Sie geben sich zwar betont wertneutral, wenn man sich Ihre Aussagen aber genauer anschaut, transportieren Sie nichts anderes als eine evangelikal gefärbte Theologie. Ohne eine persönliche Beziehung zu Jesus ist doch Ihr ganzes Modell nicht zu haben.

Unserer Ansatz ist die Frage: „Was sind die Gründe, dass manche Gemeinden wachsen, andere nicht?" Diese Fragestellung hat zunächst einmal gar nichts damit zu tun, welche theologischen Auffassungen diejenigen vertreten, die die Forschung gemacht haben. Jetzt können Sie natürlich einige Ergebnisse – etwa das, was sich im Bereich „Leidenschaftliche Spiritualität" oder „Bedürfnisorientierte Evangelisation" als Wachstumsfaktoren zeigte – als „evangelikal" bezeichnen. Das wäre Ihre Interpretation. Aber jede Gemeinde – ganz gleich ob evangelikal oder nicht – wird sich damit auseinandersetzen müssen, dass dies nach allem, was wir heute wissen können, die Prinzipien sind, die auch in ihrer Situation relevant sind, sofern sie daran interessiert ist, neue Menschen zu gewinnen. Wenn jemand trotzig sagt: „Ich will das aber nicht, weil mir das viel zu evangelikal ist", dann ist das gleichbedeutend mit der Aussage: „Ich will keine neuen Menschen gewinnen." Es ist ungeheuer spannend, mit Vertretern unterschiedlicher theologischer Lager über diese These zu diskutieren.

Weitere Wachstumsfaktoren?

Gibt es nicht noch andere Wachstumsfaktoren als die von Ihnen genannten acht Qualitätsmerkmale?

Ja. Es gibt z. B. „kontextuelle Faktoren", die sich förderlich oder hinderlich auf das Wachstum einer Gemeinde auswirken. Da wir diese äußeren Faktoren in der Regel ohnehin nicht beeinflussen können, spielen sie in unseren strategischen Überlegungen keine sehr große Rolle. Wir wollen uns auf diejenigen Faktoren konzentrieren, die wir sehr wohl beeinflussen können, und das sind die acht Qualitätsmerkmale.
Bisweilen werde ich gefragt, ob es nicht möglich ist, dass wir in Zukunft so etwas wie ein neuntes oder zehntes Qualitätsmerkmal entdecken. Natürlich ist das generell möglich. Aber bisher sind uns, von kontextuellen Aspekten abgesehen, noch keine Faktoren begegnet, die in einem positiven Verhältnis zum Wachstum der Gemeinde stehen und sich nicht als Unterpunkte einem der acht Qualitätsmerkmale zuordnen lassen.
Und schließlich gibt es eine ganze Reihe Aspekte, die sich innerhalb einer Ortsgemeinde mit gutem Recht als „Wachstumsfaktoren" bezeichnen lassen. Das könnte z. B. die kunstvolle Orgelmusik sein, es könnte ein „Seeker service" sein, es könnte eine ganz bestimmte Evangelisationsform sein. Aber bei keinem dieser Faktoren handelt es sich um allgemein gültige Prinzipien. In der natürlichen Gemeindeentwicklung wollen wir uns jedoch ausschließlich auf solche Wachstumsfaktoren konzentrieren, von denen sich nachweisen lässt, dass sie universelle Gültigkeit haben.

Säkulare Prinzipien

Das, was Sie Gemeindeaufbau-Prinzipien nennen, haben Sie doch lediglich aus säkularen Managementbüchern abgeschaut und auf die Gemeinde übertragen.

Angenommen, es wäre so – würde das diese Prinzipien diskreditieren? Nur dann, wenn sie in Spannung zu biblischen Kriterien stünden. Für

einen Teil der heute akzeptierten Managementprinzipien muss man das wohl in der Tat sagen – z. B. da, wo sie unausgesprochen einer pausbäckigen Kapitalismus-Gläubigkeit huldigen oder auf einem fragwürdigen Menschenbild basieren. Aber es gibt andere Managementprinzipien, die der geistlichen Überprüfung standhalten. Es ist nach meiner Überzeugung überhaupt nichts dagegen einzuwenden, wenn jemand säkulare Managementbücher studiert und sich dann überlegt, was davon für den gemeindlichen Bereich übertragen werden kann und was nicht.
Nur war das nicht mein Ansatz. Ich habe die Prinzipien durch das Studium christlicher Gemeinden entdeckt. Erst in einem zweiten Schritt sind mir Parallelen zu Teilen der Managementliteratur aufgefallen. Dass in meinem Fall die Reihenfolge der Erkenntnis so herum lief, ist allerdings reiner Zufall. Es hätte genauso gut auch anders herum laufen können. An der geistlichen Gültigkeit der Prinzipien würde das nichts ändern.

Gemeindeauswahl repräsentativ?

Sind Ihre Untersuchungen überhaupt repräsentativ? Das hängt doch ganz von der Art der Gemeinden ab, die Sie untersucht haben.

Bei keiner Studie lässt sich pauschal sagen, ob sie repräsentativ ist oder nicht, sondern immer nur, *wofür* – also für die Beantwortung welcher Frage – sie repräsentativ ist. Unsere Studie ist repräsentativ für die Beantwortung der Frage nach den universell gültigen Wachstumskriterien christlicher Gemeinden. Sie ist nicht repräsentativ für unzählige andere Fragen, z. B. nach der geistlichen Situation der Christenheit weltweit, nach dem Gemeindewachstumspotential eines bestimmten Landes oder nach der strukturellen Qualität der nichtcharismatisch geprägten Baptistengemeinden im flämischsprachigen Belgien.
Für die Beantwortung der Frage, auf die die Studie eine Antwort gibt, ist die Vielfalt der untersuchten Gemeinden – insgesamt 20 verschiedene Denominationen, außerdem eine Vielzahl unabhängiger Gemeinden –, ausreichend. Wenn wir 10 Denominationen aus der Auswertung herausnehmen, ändern sich die Ergebnisse nur geringfügig. Umgekehrt würden sie sich kaum ändern, wenn wir weitere 20 Denominationen dazunehmen würden. Bei der Publikation der Ergebnisse haben wir uns auf das beschränkt, was für wachsende Gemeinden (bzw. Gemeinden mit hoher Qualität) rund um den Globus als repräsentativ gelten kann.

Von Deutschland lernen?

Im Blick auf den Gemeindeaufbau ist Deutschland, wie Sie selber sagen, eher ein geistliches Entwicklungsland als ein Vorbild für andere. Ist es da nicht fragwürdig, gerade ein deutsches Modell in andere Länder zu exportieren?

Ja, das wäre es in der Tat. Die natürliche Gemeindeentwicklung ist aber kein deutsches Modell. Sie beruht auf Prinzipien, die Gott nachweislich auf allen fünf Kontinenten gebraucht, um seine Gemeinde zu bauen. Sie erklärt das Wachstum von Gemeinden in Russland genauso gut wie zum Beispiel in Brasilien, in den USA, in Deutschland oder Korea. Bei vielen populären Gemeindewachstumsmodellen ist es tatsächlich so, dass neben dem einen oder anderen allgemein gültigen Prinzip unzählige kulturell geprägte Eigenheiten der jeweiligen Modellgemeinde vermittelt werden. Diesen Fehler wollen wir nicht machen.

Sie behaupten, Ihre Qualitätsmerkmale seien universell gültig. Aber sie sind doch auch kulturell und zeitlich bedingt. Mir scheint es fraglich, ob vor 200 Jahren das Gleiche herausgekommen wäre.

Kulturell bedingte Ergebnisse

Ich kann nur für die heutige Zeit reden, da sich Gemeinden, die vor 200 Jahren existiert haben, unserem empirischen Zugriff entziehen. Und die Literatur, die es aus dieser Zeit gibt, bezeugt ja lediglich die Selbstwahrnehmung dieser Gemeinden und nicht die durch Forschung feststellbaren Wachstumsprinzipien. Wenn wir heute wissen, dass die Diskrepanz zwischen literarisch belegter Selbstwahrnehmung und empirischen Untersuchungen bisweilen sehr groß ist, kann wohl davon ausgegangen werden, dass das auch für die Vergangenheit gilt.
Aber wenn wir uns darauf beschränken, für die heutige Zeit zu sprechen, lässt sich sagen: Die Prinzipien, die der natürlichen Gemeindeentwicklung zugrunde liegen, gelten nachweislich von Alaska bis Wladiwostok, von Grönland bis Feuerland, vom Nordkap bis zum Kap der Guten Hoffnung. Mit anderen Worten: Sie sind kulturübergreifend gültig. Die Art, wie diese allgemein gültigen Prinzipien dann praktisch umgesetzt werden, unterscheidet sich natürlich von Kultur zu Kultur ungeheuer stark. Und das ist auch gut so.

Sie reden viel von „wachsenden" und „nichtwachsenden" Gemeinden. Es kann aber doch sein, dass eine Gemeinde in den letzten Jahren viele Gemeindeglieder abgegeben hat, um neuen Gemeinden zum Leben zu verhelfen. In Ihrer Statistik würde sie dann möglicherweise als „stagnierend" oder gar „schrumpfend" eingestuft, und doch hat sie genau das getan, was nach Gottes Willen getan werden sollte.

Definition für Wachstum

Um das zu vermeiden, haben wir eine relativ komplexe Formel für Wachstum entwickelt, in die die Gemeindeglieder, die im Zusammenhang mit Gemeindegründungen abgegeben wurden, einbezogen sind. Eine Gemeinde etwa, die vor fünf Jahren 200 Gottesdienstbesucher hatte und heute 180, aber einmal 40, einmal 20 und ein anderes Mal 60 Menschen abgegeben hat, erscheint in unserer Statistik als wachsend.

Sie sagen einerseits, dass die statistische Wahrscheinlichkeit, mit der eine Gemeinde, die in allen acht Bereichen einen Qualitätsindex von 65 oder mehr erreicht hat, wächst, bei 99,4 Prozent liegt. Andererseits sagen Sie, dass es zu dieser Regel unter den 1000 untersuchten Gemeinden noch keine einzige Ausnahme gegeben habe. Wie passt das zusammen?

65er-Hypothese

In der Statistik gibt es nur Wahrscheinlichkeitsangaben, in die bereits eine gewisse Fehlerquote – zum Beispiel im Blick auf die Genauigkeit der Erhebung – mit eingerechnet ist. Die Statistik sagt uns also: Es ist wahrscheinlich, dass rund jede 200. Gemeinde, die in allen acht Bereichen den Wert 65 erreicht hat, nicht wachsen wird. Dass dies statistisch wahrscheinlich ist, bedeutet nicht, dass es auch so ist. Es könnte sein, dass wir 500 Gemeinden sammeln, auf die die 65er-Hypothese zutrifft, und immer noch keine einzige Ausnahme zu dieser Regel gefunden haben. Dass wir bislang noch auf keine Ausnahme gestoßen sind, liegt sicherlich auch daran, dass unter den 1000 bisher untersuchten Gemeinden weitaus weniger als 200 waren, auf die die 65er-Hypothese überhaupt zutrifft.

Warum nur 30 Fragebögen?

Wären die Ergebnisse des Gemeindeprofils nicht genauer, wenn alle Gemeindeglieder einen Fragebogen ausfüllten – und nicht nur, wie von Ihnen vorgeschlagen, 30 Personen?

Nein. Die Ergebnisse würden sogar ungenauer. Und zwar deshalb, weil das Fragebogenmaterial nicht für eine Vollerhebung entwickelt wurde. Der Auswahl von 30 Gemeindegliedern, die nach Ansicht des Pastors am stärksten im Zentrum des gemeindlichen Lebens stehen, liegt die Annahme zugrunde, dass die in diesem Kreis messbare Qualität Rückschlüsse zulässt auf das Wachstumspotential der Gesamtgemeinde. Diese Annahme konnte mittlerweile durch die Untersuchungen bestätigt werden. Der Fragebogen, den wir verwenden, enthält eine ganze Reihe Fragen, die außerhalb dieses „harten Kerns" nicht mehr recht kommunizieren. Und nur beim Einsatz von 30 Fragebögen sind die Ergebnisse auch mit denen anderer Gemeinden vergleichbar.

Logischer Zirkelschluss

In den meisten Grafiken Ihres Buches „Die natürliche Gemeindeentwicklung" stellen Sie dar, dass Gemeinden mit hoher Qualität im Blick auf bestimmte Testfragen besser abschneiden als Gemeinden mit niedriger Qualität. Es handelt sich aber doch um die gleichen Testfragen, mit deren Hilfe Sie den Qualitätsindex einer Gemeinde bestimmen. Liegt hier nicht ein logischer Zirkelschluss vor, nach dem Motto: „Gemeinden mit hoher Qualität haben eine hohe Qualität"?

Das ist genau eine solcher Fallen, die bei einer sauberen Testkonstruktion umgangen werden müssen. Man nennt das entsprechende Verfahren „Part-Whole-Korrektur" und das Ganze funktionierte in unserem Fall so: Um den Zusammenhang zu bestimmen, den ein bestimmtes Item mit dem – aus insgesamt 170 Items bestehenden – Qualitätsindex der Gemeinde hat, wird jeweils für die Berechnung des Qualitätsindexes das eine zur Diskussion stehende Item herausgerechnet. Weil es sich nur um eines von 170 Items handelt, das in den Qualitätsindex einfließt, macht das zwar praktisch keinen großen Unterschied, stellt aber sicher, dass sich kein logischer Zirkelschluss ergibt.

Grafiken verwirrend

Ich habe Schwierigkeiten, einen Zugang zu den meisten Ihrer Grafiken zu bekommen, wo Sie Forschungsergebnisse anhand Ihrer „Vierermatrix" darstellen. Zum Beispiel ist mir nicht richtig klar, worauf sich die vier Prozentzahlen, die sie in jeder dieser Grafiken angeben, genau beziehen.

Es ist wahr, dass dieser Typus von Grafiken kaum auf den ersten Blick kommuniziert, sondern erst, nachdem man sich bereits in das eingearbeitet hat, was sich hinter den in jeder dieser Grafiken abgebildeten Gemeindekategorien verbirgt. Dann allerdings sind sie sehr aussagekräftig.

Zunächst einmal: Dass die einzelnen Items, die auf diesen Grafiken dargestellt werden, einen positiven Zusammenhang sowohl zum Wachstum als auch zur Qualität der Gemeinden haben, lässt sich nicht durch diese Form von Diagrammen beweisen, sondern nur durch einen Korrelationskoeffizienten. Dieser ist aber so abstrakt, dass er sich kaum grafisch darstellen lässt und als bloßer Zahlenwert für die meisten Menschen überhaupt nicht kommuniziert. Also mussten wir nach einer grafischen Darstellungsform suchen, die das Wesentliche dessen, worum es bei der natürlichen Gemeindeentwicklung geht, zum Ausdruck bringt. Wir konnten uns nicht auf eine zweidimensionale Sicht („In wachsenden Gemeinden ist das so und in schrumpfenden so") beschränken, sondern brauchten eine grafische Form mit einer „dritten Dimension", der Gemeindequalität. Um die Bedeutung jedes einzelnen Items zu illustrieren, haben wir vier Extremgruppen selektiert: 1. Gemeinden mit hoher Qualität, die gleichzeitig quantitativ wachsen. 2. Gemeinden mit hoher Qualität, die gleichzeitig schrumpfen (ein äußerst seltenes Phänomen!). 3. Gemeinden mit niedriger Qualität, die wachsen. 4. Gemeinden mit niedriger Qualität, die schrumpfen.

Wenn man einmal die Gemeinden selektiert hat, auf die eines dieser vier Doppelkriterien zutrifft, dann lässt sich für jedes Item darstellen, wie viel Prozent der Gemeindeglieder, deren Gemeinde zu einer dieser Kategorien gehören, die jeweilige Frage positiv beantwortet haben. Das hört sich zunächst komplizierter an, als es ist.

Schauen Sie sich einmal die Beispielgrafik links unten an. Sie sehen hier unsere vier ausgewählten Gemeindekategorien: vorne schrumpfende mit niedriger Qualität, ganz hinten wachsende mit hoher Qualität, links schrumpfende mit hoher Qualität, rechts wachsende mit niedriger Qualität. Die Höhe des Balkens und die darauf stehende Prozentzahl gibt an, wie viel Prozent der Gemeindeglieder, die zur jeweiligen Gemeindekategorie gehören, der oben stehenden Aussage „Ich bin von meiner Gemeinde begeistert" entweder „stark" oder „sehr stark" zugestimmt haben. In unserem Beispiel heißt das: 76 Prozent aller Gemeindeglieder, die zu wachsenden Gemeinden mit hoher Qualität gehören, haben der Aussage zugestimmt. In schrumpfenden Gemeinden mit niedriger Qualität lag dieser Prozentsatz nur bei 33 Prozent, usw. Wohlgemerkt: Hier antworten nicht „Gemeinden", wie manche irrtümlich glaubten und folglich Schwierigkeiten mit den Zahlenwerten bekamen; hier antworten einzelne Gemeindeglieder und sie antworten in aller Regel recht unterschiedlich, auch wenn sie zu ein und derselben Gemeinde gehören.

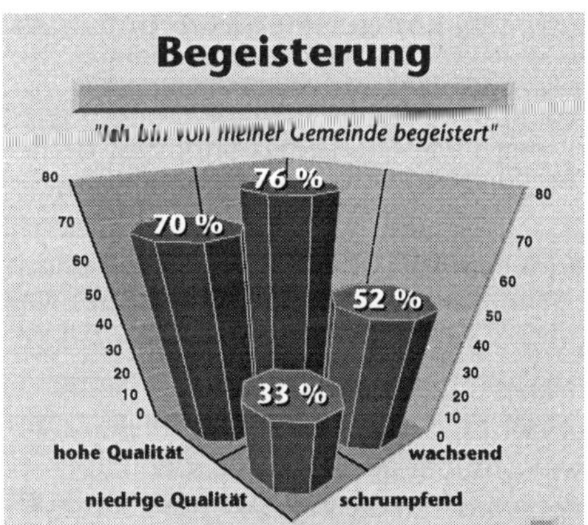

Dass diese Grafiken relativ komplex sind, liegt daran, dass sie alle drei Dimensionen – Gemeindequalität, quantitatives Wachstum und Stellungnahme zu einer bestimmten Frage – in einem einzigen Diagrammtypus darstellen mussten. Wenn jemand eine Darstellungsform weiß, die diese Sachverhalte besser illustriert, wäre ich für einen Hinweis dankbar. Bisher ist mir noch keine wirklich einleuchtende Alternative begegnet. Jedenfalls wäre es nicht hilfreich, Sachverhalte, die vom Wesen her dreidimensional sind – das biotische Denkmodell ist zweidimensional nicht darstellbar –, um der Einfachheit willen auf eine zweidimensionale Sicht zu reduzieren. Es kommt nicht ganz von ungefähr, dass besonders innerhalb des technokratischen Denkmodells zweidimensionale Darstellungsformen bevorzugt werden, während das spiritualistische Denkmodell mit solchen Computergrafiken an sich auf Kriegsfuß steht.

4,2 Millionen Antworten

Können Sie genauer aufschlüsseln, wie die knapp 4,2 Millionen Antworten, die Sie während des Forschungsprojektes gesammelt haben, zustande kamen?

Es haben sich insgesamt 1188 Gemeinden an der Studie beteiligt, wobei 34.314 Personen einen Fragebogen ausfüllten, laut Vorgabe pro Gemeinde 30 Gemeindeglieder plus der Pastor. In einigen Fällen erhielten wir weniger als 30 Fragebögen, in einigen ein paar mehr. Der verwendete Pastorenbogen enthielt 108 Items, der Mitarbeiterbogen 91. So kamen wir auf insgesamt rund 3,1 Millionen verschiedener Antworten. Darüber hinaus hatten wir 194 Gemeinden, die das Profil zum wiederholten Male erhoben hatten und Fragebögen aus 238 Gemeinden, die unvollständige oder fehlerhafte Angaben enthielten. Beide Gruppen konnten bei der Auswertung nach Gemeinden nicht einbezogen werden. Wohl aber konnten viele der Einzelantworten bei einigen Selektionen berücksichtigt werden, insgesamt knapp 1,1 Millionen weiterer Antworten.

Das wichtigste Qualitätsmerkmal

Bei Ihnen scheinen alle acht Qualitätsmerkmale gleich wichtig zu sein. Das ist aber irreführend. Die Spiritualität und insbesondere das Gebet ist doch das Wichtigste.

Ich halte es für eher kontraproduktiv als hilfreich – und obendrein biblisch kaum zu begründen – mit einer statisch festgelegten Liste der Wichtigkeit zu arbeiten, nach dem Motto: Gebet ist wichtiger als Liebe und beides zusammen wichtiger als der Gottesdienst, aber unwichtiger als Evangelisation – oder umgekehrt. Ich habe die Erfahrung gemacht, dass fast alle Christen dazu neigen, eines der acht Qualitätsmerkmale herauszugreifen und es mit großem Pathos als „das wichtigste" zu deklarieren.

Wenn wir uns einig sind, dass jede Gemeinde alle acht Qualitätsmerkmale benötigt und wenn wir uns weiterhin einig sind, dass der jeweilige Minimumfaktor das Wachstum einer Gemeinde am nachhaltigsten blockiert, dann wirft das auch ein neues Licht auf die Frage, welches Qualitätsmerkmal denn nun das wichtigste ist. Das kann sich nämlich von Gemeinde zu Gemeinde ganz unterschiedlich darstellen. Was heißt schon „das wichtigste", wenn wir auf keines der acht verzichten können? Lebensnotwendig sind sie alle. Ist nun für den Organismus Vitamin C oder Vitamin B wichtiger? Da mag es zwar Leute geben, die zu dem Ergebnis kommen, Vitamin C sei wichtiger als Vitamin B; wenn aber jemand an Vitamin-B-Mangel leidet, wird ihm die verabreichte Vitamin-C-Dosis nicht helfen. Kurz: In unterschiedlichen Gemeinden und zu unterschiedlichen Zeiten können die unterschiedlichen Qualitätsmerkmale „am wichtigsten" werden. Wir sollten uns hüten, unsere Erfahrungen auf andere zu projizieren.

Quantität schlecht?

Sie polemisieren zwar kräftig gegen einen quantitativen Ansatz, haben aber selber einen. Den acht Qualitätsmerkmalen liegt doch die Frage zugrunde: Was machen wachsende Gemeinden anders? Also steht auch für Sie am Anfang ein quantitatives Kriterium.

Dass für uns am Anfang unserer Untersuchungen ein quantitatives Kriterium stand – nämlich das zahlenmäßige Wachstum der Gemeinde –, ist richtig. Nachdem wir dann aber, von diesem quantitativen Kriterium ausgehend, auf die acht Qualitätsmerkmale gestoßen sind und gelernt haben, dass diese Merkmale sehr viel aussagekräftiger sind, gehen wir heute von einem qualitativen Ansatz aus. Im Blick auf das zukünftig zu erwartende quantitative Wachstum sprechen alle Hinweise für die Annahme: Eine Gemeinde, die heute stagniert, aber eine hohe Qualität hat, wird in Zukunft mit größerer Wahrscheinlichkeit wachsen als eine heute wachsende Gemeinde mit niedriger Qualität.
An meinen Worten sehen Sie schon, dass mich die Quantität einer Gemeinde ganz elementar interessiert. Was heißt denn Quantität? In unserem Kontext bedeutet das: Menschen, die neu für Jesus und die Gemeinde gewonnen werden. Wer darüber verächtlich redet, hat nicht verstanden, dass hinter jeder Zahl ein Mensch steht, den Gott unendlich liebt und der, wenn er Gottes Liebe persönlich begegnet, die Ewigkeit in Gemeinschaft im Gott verbringen wird.
Es kann also überhaupt nicht darum gehen, quantitatives Wachstum madig zu machen. Ich halte es lediglich für kontraproduktiv, quantitative Wachstumszahlen zum strategischen Ziel der Gemeindeentwicklung zu erklären. Das Wachstum ist gerade das, was wir Menschen nicht machen können, und es ergibt keinen Sinn, gerade das, was wir nicht machen können, als Zielsetzung auszugeben. Wenn unser Ziel dagegen die Steigerung der gemeindlichen Qualität ist – nicht in einem nebulösen Verständnis, sondern im Sinne einer Erhöhung des Qualitätsindexes in jedem der acht Bereiche und insbesondere im Bereich des Minimumfaktors –, dann befinden wir uns auf einem Gebiet, das wir Menschen sehr wohl beeinflussen können. Und die Forschung zeigt: Wenn wir uns mit aller Kraft auf diesen Bereich konzentrieren, können wir die Frage des quantitativen Wachstums Gott überlassen. Diese Aussage ist keine billige Entschuldigung für ausbleibendes Wachstum, sondern beruht auf einer theologischen Interpretation der Daten, die wir während des Forschungsprojekts gesammelt haben.

Erweckung und die 65er-Hypothese

Sie sagen, dass Gemeinden, deren Qualitätsindex unter 50 liegt, unterdurchschnittlich sind und Gemeinden, die alle Werte über 50 haben, überdurchschnittlich. Würden Sie sagen, dass man dann, wenn alle Werte über 65 liegen, von Erweckung reden kann?

Genau so würde ich es sehen. Meines Erachtens ist das die präziseste und gleichzeitig hilfreichste Definition von Erweckung, die mir bislang begegnet ist.

Schrumpfen trotz hoher Qualität

Wie erklären Sie sich, dass auch Gemeinden mit hoher Qualität bisweilen schrumpfen? Das dürfte es doch nach Ihrer Theorie eigentlich gar nicht geben.

Na ja, in „unserer Theorie" darf es alles geben, was es in der Wirklichkeit gibt. Wir haben uns ja nicht eine Theorie ausgedacht, an die wir die Wirklichkeit anpassen, sondern unsere Theorie beruht auf der Beobachtung der Wirklichkeit und ändert sich in dem Maße, wie wir neue Entdeckungen machen. Und in der empirischen Wirklichkeit gibt es tatsächlich Gemeinden, die zwar eine überdurchschnittliche Qualität haben, aber gleichwohl schrumpfen. Allerdings ist dieses Phänomen äußerst selten: Es trifft lediglich auf 2 Prozent aller von uns untersuchten Gemeinden zu, es ist eine sehr seltene Ausnahme zur Regel.

Wie lassen sich diese Ausnahmen erklären? Grundsätzlich sind eine Fülle von Gründen vorstellbar. Es könnte zum Beispiel sein, dass ungünstige kontextuelle Faktoren sich massiv bemerkbar machen (z. B. durch steigende Arbeitslosenzahlen hervorgerufene Wegzüge). Es könnten bestimmte innergemeindliche Faktoren vorhanden sein, die sich dem Zugriff einer Computerauswertung entziehen, aber gleichwohl das Wachstum blockieren (z. B. räumliche Blockaden). Es wäre aber auch denkbar, dass die Gemeinde – das gibt es auch bei sehr hoher Qualität! – eine ganze Reihe Mitglieder an eine neu entstandene Nachbargemeinde verloren hat, die einen anderen Frömmigkeitsstil pflegt, den viele als attraktiver empfinden. Und schließlich könnte es sein, dass schlicht eine natürliche „Wachstumsbarriere" erreicht ist und Gott gar nicht möchte, dass diese Gemeinde weiterwächst. Das könnte ein Hinweis sein, dass sie sich verstärkt Gedanken über die Multiplikation machen sollte.

Aber selbst wenn wir uns solche extrem seltenen Ausnahmen zur Regel anschauen – alles Fälle, die den qualitativen Ansatz ja auf den ersten Blick in Frage zu stellen scheinen –, würde man doch wohl in keinem einzigen Fall ernsthaft die Probleme dadurch lösen wollen, dass man fortan weniger auf die Qualität achtet, also weniger betet, weniger Liebe übt, weniger das Evangelium weitersagt etc. Vielleicht muss man in diesen Fällen andere Dinge zusätzlich tun als an den acht Qualitätsmerkmale zu arbeiten, aber ganz sicher nicht auf Kosten der gemeindlichen Qualität.

Wachstum mit niedriger Qualität

Wie erklären Sie, dass offensichtlich viele Gemeinden, die nach Ihren Untersuchungen eine niedrige Qualität haben, dennoch Wachstum erfahren?

Auch hier sind es nach meiner Erfahrung in erster Linie kontextuelle Faktoren, die dieses Phänomen erklären. Besonders häufig ist folgende Konstellation: Ein begabter Prediger, der ein Gottesdienstpublikum aus einer weiten Region anzieht, in der Nachbarschaft kaum attraktive Gemeinden. Die Leute besuchen die Gottesdienste, hören die Predigt, gehen nach Hause, kommen am nächsten Sonntag wieder – und das ist schon fast das gesamte „Gemeindeleben". Eine solche Gemeinde würde in unserer Statistik als „wachsend" erscheinen – schließlich steigt ja der Gottesdienstbesuch –, während zumindest sieben der acht Qualitätsmerkmale möglicherweise kaum existent sind. Ein Beispiel mehr,

dass der Qualitätsindex weitaus aussagekräftiger ist als der Blick auf das reine Wachstumsverhalten der Gemeinde.
Es gibt in dieser Kategorie aber auch ganz andere Fälle. Manche Gemeinden – wir konnten das z. B. in Lateinamerika studieren – wachsen quantitativ derartig rasant, dass sie mit der qualitativen Arbeit einfach nicht schnell genug hinterher kommen. In solchen Fällen weist der niedrige Qualitätsindex auf ein echtes Problem hin, das sich bereits mittelfristig in quantitativen Wachstumsproblemen bemerkbar machen kann.

Groß = schlecht?

Dass Sie sich gegen die in der Gemeindewachstumsliteratur übliche Gleichsetzung „groß = gut" zur Wehr setzen, verstehe ich. Dass aber bei Ihnen der Umkehrschluss „groß = schlecht" gezogen wird, scheint mir weit übers Ziel hinaus geschossen zu sein.

Zunächst einmal ist es objektiv einfach wahr, dass mit zunehmender Gemeindegröße sowohl die gemeindliche Qualität als auch ihr evangelistisches Potential abnimmt. Im Durchschnitt stimmt also die verallgemeinernde Gleichung: „Je größer, desto schlechter." Solche Durchschnittswerte werden aber natürlich nicht jedem Einzelfall gerecht. Ich selber kenne eine ganze Reihe großer Gemeinden – und wir hatten etliche bei der Forschung dabei –, die trotz enormer Größe eine hohe gemeindliche Qualität aufweisen. Das ist deshalb umso bemerkenswerter, weil es in einer großen Gemeinde sehr viel schwieriger zu erreichen ist als in einer kleinen.
Wogegen ich mich allerdings wende, ist zweierlei. Erstens: Dass sich jede Gemeinde zum Ziel setzen sollte, groß werden zu müssen. Die – unausgesprochene oder auch explizite – Orientierung an diesem Leitbild scheint mir eine der größten Schwächen der bisherigen Gemeindewachstumsliteratur zu sein. Und zweitens kritisiere ich, dass die Prinzipien des Gemeindeaufbaus vor allem aus großen Gemeinden abgeleitet werden. In großen Gemeinden herrschen nun einmal andere Gesetzmäßigkeiten als in kleinen.
Große Gemeinden, die gleichwohl eine hohe Qualität haben und Wachstum erleben, sind Ausnahmen zur Regel; nach meiner Überzeugung Ausnahmen, zu denen Gott durchaus berufen kann. Solange wir das nicht für andere zum Leitbild machen, ist dagegen gar nichts einzuwenden. Es gibt Pastoren, die von Gott eine klare Berufung verspüren, eine große Gemeinde zu leiten, und die auch Schritt für Schritt erleben, wie das immer mehr Wirklichkeit wird. Solange wir uns klar machen, dass das eine höchst individuelle und äußerst seltene Berufung ist, haben wir allen Grund, uns darüber zu freuen.

Gründe für sinkende Qualität

Woran liegt es Ihrer Meinung nach, dass Gemeinden mit zunehmender Größe qualitativ immer schlechter werden?

Der wichtigste Grund scheint mir zu sein, dass unbegrenztes Größenwachstum unbiotisch ist. Viele Arbeitsansätze, die diesem Leitbild folgen, basieren stärker auf dem Prinzip der Addition als der Multiplikation. Und wenn wir uns die wenigen Megagemeinden anschauen, die eine hohe Qualität haben und kontinuierliches Wachstum erleben, dann fällt auf, dass sie fast durchgehend von einer „Meta-Struktur" geprägt sind, auf gut

Deutsch: eine konsequente Einteilung in sich selbst tragende Subsysteme – kleine, qualitativ hochwertige Gemeinden, wenn Sie so wollen.
Die Gemeindewachstumsforschung ist ja schon vor vielen Jahren auf das Phänomen von „Wachstumsbarrieren" gestoßen. Dahinter steht die Erfahrung, dass bei bestimmten Größen – der klassische Fall ist eine Gottesdienstbesucherzahl von 180 bis 200 – das Wachstum aufhört, ohne dass ein offensichtlicher Grund dafür vorhanden zu sein scheint. Und es gibt mittlerweile viele Angebote zu dem Thema „How to break the 200 barrier". Dahinter steckt unausgesprochen der Gedanke, es sei eigentlich ein Defizit, dass das quantitative Wachstum zum Stillstand kommt. Aber könnte es nicht sein, dass es sich in vielen dieser Fälle geradezu um „Gnadengrenzen" handelt? Dass Gott uns damit sagen möchte: „Es ist gar nicht dran, dass eure Gemeinde weiter ins Unendliche hinein wächst. Statt diese Grenzen zu überwinden, solltet ihr euch lieber fragen, wie ihr das Prinzip der Multiplikation anwenden könnt."
Denn so viel ist sicher: 10 Gemeinden mit je 100 Gottesdienstbesuchern sind – was ihre nachweisbare evangelistische Effektivität angeht – 16 mal effektiver als eine Megagemeinde mit 1000 Gottesdienstbesuchern. Und das, obwohl – oder vielleicht gerade weil? – in diesen kleinen Gemeinden vieles sehr viel weniger „professionell" abläuft als in den großen. Professionalität sollte niemals mit „Qualität" im Sinne der acht Qualitätsmerkmale verwechselt werden.

Kampf gegen Gemeindewachstumsbewegung?

Bei Ihren Ausführungen weiß man gar nicht so recht, ob Sie die Gemeindewachstumsbewegung attackieren wollen oder ob Sie sich selbst als Teil dieser Bewegung verstehen.

Wir verstehen unsere Arbeit in keiner Weise als Alternative zur Church-Growth-Bewegung. Der Dienst unseres Instituts basiert auf den grundlegenden Erkenntnissen von Persönlichkeiten wie Donald McGavran, C. Peter Wagner, Win Arn und anderen. Ich selber habe unendlich viel von ihnen gelernt. Von ihnen kamen die stärksten Impuls zu Arbeit, die wir heute tun. Viele von ihnen haben uns im Blick auf unsere Forschungsvorhaben leidenschaftlich unterstützt.
Allerdings bin ich davon überzeugt, dass wir nicht da stehen bleiben dürfen, wo wir vielleicht Anfang der neunziger Jahre waren. Ich gehe davon aus, dass wir – in der Gemeindewachstumsbewegung wie in der Christenheit überhaupt – ein neues geistiges Paradigma brauchen, um den Herausforderungen der Zukunft gewachsen zu sein. Wenn man sich für ein neues Paradigma engagiert, heißt das ja nicht, das alle vorhergehenden Arbeiten falsch waren. Die einzelnen Bausteine, die uns die Gemeindewachstumsforschung bereit gestellt hat, bleiben auch innerhalb eines andere Paradigmas gültig. Ein neues Paradigma bietet lediglich einen neuen Deuterahmen. Es wird das gleiche Paket Daten wie vorher behandelt, die Daten werden aber in ein neues System gegenseitiger Beziehungen gestellt. Versuchen Sie einmal, bestimmte theologische Aussagen – zum Beispiel über die „Machbarkeit von Gemeindewachstum" – mit den Augen eines Technokraten, eines Spiritualisten und eines Menschen zu sehen, der in den biotischen Kategorien der natürlichen Gemeindeentwicklung zu denken gewohnt ist, und Sie werden verstehen, was ich meine.

Praxis statt bloßer Theorie

Sie setzen sich kritisch mit Modellgemeinden auseinander. Uns hat es aber sehr geholfen, unsere Arbeit an einer erfolgreichen Modellgemeinde zu orientieren. Was mir dabei besonders gefällt, ist, dass man hier von der Praxis ausgeht und nicht, wie bei der natürlichen Gemeindeentwicklung, von der Theorie.

Einspruch! Das ist nun wirklich nicht die Schublade, die zur natürlichen Gemeindeentwicklung passt. Wir sind ja gerade nicht von der Theorie ausgegangen, sondern von der Praxis. Der Gegenstand unseres Forschungsprojektes war Praxis pur: nicht wie sie sich in unseren Köpfen darstellen mag – auch nicht in den Köpfen erfolgreicher Pastoren (was bisweilen mit „Praxis" verwechselt wird) –, sondern wie sie sich an der Basis wachsender Gemeinden rund um den Globus nachweisen lässt. Wir haben unsere Prinzipien, wenn Sie so wollen, durchgehend von „Modellgemeinden" gelernt. Aber wohlgemerkt nicht von einer einzigen Modellgemeinde, sondern von Hunderten sehr unterschiedlicher Gemeinden. Der Unterschied zwischen prinzipien- und modellorientiertem Ansatz ist also nicht der zwischen Theorie und Praxis, sondern zwischen der Praxis einer einzigen erfolgreichen Gemeinde und der Praxis der verschiedenartigsten erfolgreichen Gemeinden. Wir verstehen natürliche Gemeindeentwicklung, um es mit einem Wort von Helmut Gollwitzer zu sagen, als „Theorie zwischen Praxis und Praxis". Sie hat ihre Entstehung in der Praxis und sie will in die Praxis hineinwirken – und zwischen diesen beiden Praxisbezügen steht die theoretische Reflexion.
Wenn Sie mit unseren Angeboten in Berührung kommen – Seminare, Gemeindeprofile, Arbeitsbücher –, dann enthalten diese natürlich die „Theorie", zwar eine Theorie, die auf der Praxis beruht und in die Praxis hineinwirken will, aber eben Theorie. Und ich weiß, dass die Beschäftigung mit dieser Theorie zwar sehr hilfreich sein kann, aber in der Regel nicht der alleinige Motor praktischer Veränderung ist. Da kann die persönliche Begegnung mit einer Modellgemeinde bisweilen Wunder wirken. Deshalb kann ich nur von ganzem Herzen empfehlen, sich andere Gemeinden gründlicher anzuschauen. Nur: Je stärker Ihnen daran gelegen ist, dass es in Ihrer eigenen Gemeinde dauerhaft zur Veränderung kommt, werden Sie nicht dabei stehen bleiben können, die bewunderte Modellgemeinde zu imitieren, sondern werden Ihrerseits fragen müssen, welche Aspekte Sie übernehmen, welche Sie abwandeln, welche Sie vielleicht ganz weglassen wollen. Mit anderen Worten: Sie werden selber umschalten von einem modell- auf einen prinzipienorientierten Ansatz. Sie kommen gar nicht daran vorbei. Und dieses „Umschalten" erfordert theoretische Reflexion. Theorie ist ja nichts Böses, sondern kann äußerst hilfreich sein – jedenfalls da, wo sie sich in den Dienst der Gestaltung von Praxis stellt.

Modelle oder Prinzipien?

Wenn Sie selber sagen, wie hilfreich Modellgemeinden sind, warum übernehmen Sie dann nicht stärker deren Konzepte?

Dass wir in unserem eigenen Dienst dem prinzipienorientierten Ansatz den Vorzug geben, hat vor allem drei Gründe: Erstens wissen wir, dass die Prinzipien, die auf diese Weise zustande kommen, universelle Gültigkeit haben. Zweitens wissen wir, dass diese Prinzipien eine positive

Beziehung zum Wachstum der Gemeinde haben. Und drittens wissen wir, dass sie in die unterschiedlichsten gemeindlichen Situationen hinein übertragen werden können. Bei allem, was man zum modellorientierten Ansatz Positives sagen kann, diese drei Aussagen gelten im Blick auf die Angebote von Modellgemeinden nicht.

Häufigste Kritik

Welche Kritik im Blick auf Ihre Publikationen zur natürlichen Gemeindeentwicklung kommt Ihnen am häufigsten zu Ohren?

Es sind drei verschiedene Kategorien, denen sich fast alle kritischen Stimmen zuordnen lassen:

1. Die allermeisten Kritiker beanstanden keineswegs die Aussagen, die sie in den verschiedenen Büchern finden, sondern setzen sich kritisch mit dem auseinander, was sie *nicht* in einem bestimmten Buch finden. Mehr als 90 Prozent aller Kritik, die ich bisher in Rezensionen gelesen habe, gehört in diese Kategorie. Zum Beispiel wurde beim Buch „Die natürliche Gemeindeentwicklung" bemängelt, dass es die biblisch-theologischen Grundlagen des biotischen Ansatzes nur ungenügend aufarbeite, dass die wissenschaftliche Methodologie des Untersuchungsverfahrens nicht ausreichend dargestellt werde oder aber dass die praktische Nutzanwendung für die einzelne Gemeinde zu kurz komme. Diese Kritik ist fast immer richtig. Es stimmt, dass nicht jedes Buch alles bringt, was zu den Themen zu sagen wäre. In aller Regel ist es aber so, dass die Aspekte, die Kritiker in einem bestimmten Buch vermissen, in einem anderen Baustein zur natürlichen Gemeindeentwicklung ausführlich aufgearbeitet werden. Bei unseren Arbeitsmaterialien handelt es sich ja um ein organisches System; jedes Buch ist nur ein Baustein. Wenn jeder Baustein alles bringen würde, wäre es kein System mehr. Umgekehrt: Wenn nicht in jedem Baustein der Blick auf das Ganze zumindest keimhaft enthalten wäre, wäre das System nicht mehr organisch.

2. Die zweite Kategorie von Kritik hat etwas mit den unterschiedlichen Paradigmen zu tun, zwischen denen die Verständigung so schwierig ist. So höre ich immer wieder, bei der natürlichen Gemeindeentwicklung handle es sich doch um ein ziemlich „technokratisches Programm", und andere wiederum kritisieren, der biotische Ansatz sei eine recht nebelige Absage an strategisches, programmatisches, zielgerichtetes Arbeiten. Wenn wir uns die natürliche Gemeindeentwicklung mit den Augen eines „Spiritualisten" oder eines „Technokraten" anschauen, macht diese unterschiedliche Einschätzung tatsächlich Sinn.

3. Die dritte Kategorie ist gänzlich anderer Art. Hier handelt es sich um kritische Stimmen von Menschen, die sich auf die natürliche Gemeindeentwicklung eingelassen haben, dabei auf Probleme stoßen und folglich Verbesserungen, Korrekturen, Revisionen anmahnen. Das ist die Quelle von Kritik, aus der wir selbst am meisten lernen. Ja, man könnte geradezu sagen: Das ist neben den biblischen Texten und der empirischen Forschung die wichtigste Quelle, aus der sich unsere Arbeitsmaterialien speisen.

Paradigmenwechsel

Ihre praktischen Vorschläge halte ich für hilfreich. Nicht hilfreich finde ich, dass Sie sie mit theologischen Grundsatzpositionen verbinden, wie Sie es in dem Teil über das neue Paradigma tun. Das stößt viele Leute nur unnötig vor den Kopf.

Ich gestehe zu, dass diese Aussagen manchen Leser vor den Kopf stoßen mögen, glaube aber nicht, dass das unnötig sei. Die eigentlichen Hindernisse für die Gemeindeentwicklung bestehen doch nicht auf der Ebene des fehlenden Know-how, sondern beruhen auf tief verwurzelten theologischen Blockaden. Ich bin davon überzeugt, dass ohne einen Paradigmenwechsel unser Reden über Gemeindeentwicklung bloße Kosmetik bleibt.
Solange jemand in technokratischen oder spiritualistischen Gleisen denkt und fühlt und lebt, kann ich ihn vielleicht mit viel Überzeugungskraft für die eine oder andere Aktion gewinnen, aber sicherlich nicht zu einem leidenschaftlichen Engagement für die natürliche Gemeindeentwicklung. Zu einem Paradigmenwechsel kommt es so gut wie nie auf dem Wege der „Salamitaktik", wie uns manche Diplomaten weißmachen möchten. Um es kurz zu sagen: Ohne Provokation, ohne emotionales Aufgewühltsein, ohne Krise kein Paradigmenwechsel.
Mir ist sehr wohl bewusst, dass wir uns hier auf einem äußerst dünnen Eis bewegen. Alles, was ich bislang zum Thema „Wie gewinne ich andere Menschen für einen Paradigmenwechsel?" gelesen habe – es gibt da ja mittlerweile unglaublich viel Literatur –, hat mich nicht so wahnsinnig überzeugt. Mit das Beste finde ich noch, was der Physiker Max Planck gegen Ende seines Lebens im Blick auf diese Gesetzmäßigkeiten gesagt hat: „Eine neue wissenschaftliche Wahrheit pflegt sich nicht in der Weise durchzusetzen, dass ihre Gegner überzeugt würden und sich als belehrt erklären, sondern vielmehr dadurch, dass die Gegner allmählich aussterben und dass die heranwachsende Generation von vornherein mit der Wahrheit vertraut gemacht ist."
Ich fürchte, Planck hat mit diesen Worten Recht. Wenn das aber stimmt, dann heißt doch die Konsequenz: Lasst uns, wo es uns um die Rekrutierung von Multiplikatoren für die Gemeindeentwicklung geht, nicht zu sehr auf diejenigen konzentrieren, die in einem völlig anderen Paradigma denken. Sondern lasst uns mit denen beginnen, die bereits in den Dimensionen des neuen Paradigmas zu denken begonnen haben. Und wenn ich mir die Welt mit diesen Augen anschaue, ob auf Ortsgemeindeebene oder international, dann merke ich plötzlich: „Mensch, das sind ja gar nicht einmal so wenige."

Anhang 1:

Arbeitsblätter als Kopiervorlagen

In diesem Teil finden Sie die unterschiedlichsten Arbeitsblätter, die Ihnen bei Ihren Bemühungen um die Gemeindeentwicklung behilflich sein können. Sie sollten die Bögen als Kopiervorlage benutzen, so dass Sie sie immer wieder verwenden können. Eine Vergrößerung der Vorlagen auf 120 Prozent ergibt das Format A 4.

Arbeitsblatt 1 (Anleitung Seiten 108/109)

Arbeitsblatt: Meine erweiterte Familie

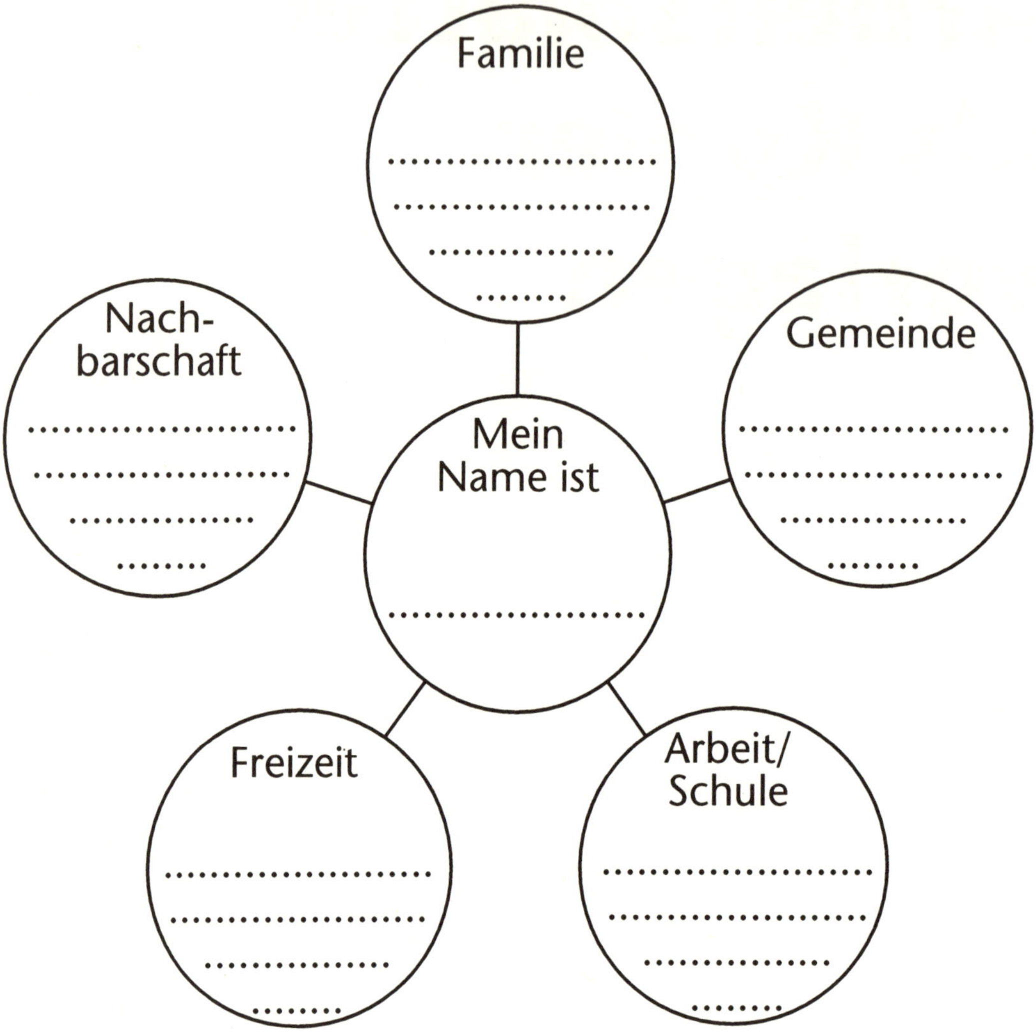

Arbeitsblatt: Vernetzte Maßnahmen entwickeln

Arbeitsblatt 2 (Anleitung Seiten 129-132)

Problem: ____________________

____

Betroffener Bereich:	**kurzfristig:**	**langfristig:**
Leitung	____________	____________
	____________	____________
Mitarbeiterschaft	____________	____________
	____________	____________
Spiritualität	____________	____________
	____________	____________
Strukturen	____________	____________
	____________	____________
Gottesdienst	____________	____________
	____________	____________
Kleingruppen	____________	____________
	____________	____________
Evangelisation	____________	____________
	____________	____________
Beziehungen	____________	____________
	____________	____________

Arbeitsblatt 3 (Anleitung Seite 130)

Arbeitsblatt: Über das Denken nachdenken

Nehmen Sie sich mindestens eine Viertelstunde Zeit, um Ihr gedankliches Vorgehen bei der Lösung der verschiedenen Aufgaben nachzudenken.

So bin ich vorgegangen:

Das war besonders „erfolgreich":

Das hat in eine Sackgasse geführt:

Arbeitsblatt: Multiplikative Maßnahmen entwickeln

Arbeitsblatt 4 (Anleitung Seiten 143/144)

Welche auf Multiplikation zielenden Elemente könnte eine Lösung für diese Situation enthalten? Entwickeln Sie konkrete Vorschläge für die drei Aspekte „Wachstumspotential", „langfristige Wirkung" und „Erweiterung der Produktionskapazität".

____

____

____

____

____

____

Überprüfen Sie Ihre Vorschläge noch einmal sorgfältig:

- **Wie sähe die additive Lösung aus? Hat Ihre Lösung ein größeres Wachstumspotential?**

____

____

____

- **Ist die langfristige Wirkung Ihrer Lösung größer (selbst wenn sie einen längeren Anlaufweg hat)?**

____

____

____

- **Was ist bei diesem Beispiel die „Produktion"? Was ist die „Produktionskapazität"? Wird letztere tatsächlich erweitert?**

____

____

____

Arbeitsblatt 5 (Anleitung Seite 151)

Arbeitsblatt: Energieumwandlung

Maßnahme:	Möglicher Widerstand:	Energieumwandlung:

Arbeitsblatt: Mehrfachnutzen

Arbeitsblatt 6 (Anleitung Seiten 163-165)

Gehen Sie für jedes Beispiel der Reihe anhand der folgenden vier Fragen durch:

- **Schritt 1: Was ist der Ausgangspunkt? Was ist das angestrebte Ziel?**

____

____

____

____

- **Schritt 2: Was ist hier der Ausgangspunkt? Was ist hier das angestrebte Ziel?**

____

____

____

____

- **Schritt 3: Wie könnte man Schritt 2 konkret umsetzen?**

____

____

____

____

- **Schritt 4: Wie lässt sich Schritt 1 in Abhängigkeit von Schritt 2 praktisch umsetzen?**

____

____

____

____

Arbeitsblatt 7 (Anleitung Seiten 172/173)

Arbeitsblatt: Symbiose

Gehen Sie jedes Beispiel anhand folgender Punkte durch:

- **Wenn Sie sich Ihre Lösungsansätze in den vorangegangenen Kapiteln zu diesem Beispiel ansehen: Entdecken Sie irgendwo „Gleichmacherei" in Ihrer eigenen Lösung?**

- **Unabhängig von Ihrer Lösung: Wie könnte Gleichmacherei hier aussehen? Wie könnten Sie sie vermeiden?**

- **Besteht in einem Ihrer Lösungsansätze die Gefahr, dass es zum Konkurrenzdenken kommt? Wo?**

- **Unabhängig von Ihrer Lösung: Wie würde Konkurrenzdenken hier aussehen? Wie könnte man es vermeiden?**

- **Welche „symbiotischen Elemente" könnten in eine Lösung einfließen?**

Arbeitsblatt: Das Tohuwabohu-Spiel

Arbeitsblatt 8 (Anleitung Seite 174)

Dieses Spiel gibt Ihnen die Gelegenheit, andere kennen zu lernen und ihr Verhalten zu beobachten. Die folgende Liste umfasst verschiedenen Fähigkeiten und Begabungen. Suchen Sie Teilnehmer, auf die diese Eigenschaften zutreffen. Fragen Sie einfach danach und lassen Sie sich – wenn der andere diese Eigenschaft hat – von ihm eine Unterschrift (bzw. Namenskürzel) vor dem entsprechenden Punkt geben.

Ziel: Sammeln Sie innerhalb der nächsten 10 Minuten möglichst viele Unterschriften.

Unterschrift:	Eigenschaft:
______________________	Ich kann mich gut an die Lebensart anderer Kulturen anpassen.
______________________	Es macht mir Freude, mit Nichtchristen über Jesus zu reden.
______________________	Ich verbringe gerne eine Stunde oder länger im Gebet.
______________________	Ich habe eine positive Lebenseinstellung, auch wenn die Umstände unangenehm sind.
______________________	Es fällt mir leicht, falsche Motive hinter geistlich klingenden Worten zu erkennen.
______________________	Ich plane meinen Tag und überlasse möglichst wenig dem Zufall.
______________________	Gerne helfe ich Menschen, die in Not sind, auf ganz praktische Art und Weise.
______________________	Es fällt mir leicht, theoretisches Wissen auf konkrete Situationen anzuwenden.
______________________	Ich habe gerne Gäste.
______________________	Es macht mir Spaß, umfangreiche Aufgaben zu organisieren.
______________________	Ich habe große Freude daran, andere Christen zu schulen.
______________________	Ich übernehme auch Aufgaben, die andere als eher unangenehm empfinden.

Arbeitsblatt 9 (Anleitung Seite 186)

Arbeitsblatt: Funktionale Maßnahmen entwickeln

Maßnahme: **Kriterium:** **Messung:**

Arbeitsblatt: Maßnahmen überprüfen (Checkliste 1)

Arbeitsblatt 10 (Anleitung Seite 191)

Die folgenden beiden Checklisten sollen Ihnen helfen, verschiedene Alternativen zu bewerten und so die „biotischste" zu entdecken. Die „Positiv-Checkliste" (Seite 229) prüft, inwieweit bei einer bestimmten Maßnahme die biotischen Prinzipien beachtet worden sind. Die „Negativ-Checkliste" (Seite 230) identifiziert Elemente, die biotische Prinzipien missachten. Hier bekommen Sie Kriterien für die Überprüfung von Lösungen an die Hand, die Sie – mit etwas Übung – auch schon bei der Entwicklung von Maßnahmen berücksichtigen können.

Positiv-Checkliste für folgende Maßnahme:

____

Folgende Aussage trifft auf diese Maßnahme zu:	Eher ja	Eher nein
1. Wird es auch langfristig positive Auswirkungen geben?	❐	❐
2. Werden auch andere Bereiche des gemeindlichen Lebens positiv beeinflusst?	❐	❐
3. Wird die „Produktionskapazität" erweitert?	❐	❐
4. Wurde die Möglichkeit von Multiplikation bewusst eingeplant?	❐	❐
5. Werden Bedürfnisse und Gaben der beteiligten Personen beachtet?	❐	❐
6. Werden Widerstände konstruktiv aufgegriffen?	❐	❐
7. Wirkt das angestrebte Ziel positiv auf den Ausgangspunkt zurück?	❐	❐
8. Erhält sich die Maßnahme selbst am Leben?	❐	❐
9. Gibt es gegenseitige Ergänzung von Mitarbeitern, Arbeitsbereichen etc.?	❐	❐
10. Wird die Vielfalt an Formen, Stilen, Methoden etc. gefördert?	❐	❐
11. Gibt es klare Erfolgskriterien für diese Maßnahme?	❐	❐
12. Wurde festgelegt, wie und wann der Erfolg der Maßnahme ausgewertet werden soll?	❐	❐

Arbeitsblatt 11 (Anleitung Seite 191)

Arbeitsblatt: Maßnahmen überprüfen (Checkliste 2)

Negativ-Checkliste für folgende Maßnahme:

____

Folgende Aussage trifft auf diese Maßnahme zu:	**Eher ja**	**Eher nein**
1. Handelt es sich um eine isolierte „Insellösung"?	❐	❐
2. Wird hier ohne Rücksicht auf langfristige Folgen etwas „durchgezogen"?	❐	❐
3. Liegt Angst vor einem langsamen Anfang zugrunde?	❐	❐
4. Heißt das Motto „Lieber Addition als gar kein Wachstum"?	❐	❐
5. Wird an das schlechte Gewissen der Beteiligten appelliert?	❐	❐
6. Werden Widerstände mit entsprechender Gegenkraft beantwortet?	❐	❐
7. Handelt es sich um eine „Einbahnstraßen-Maßnahme"?	❐	❐
8. Muss mehrfach Kraft aufgewandt werden, weil nicht beachtet wird, wie man „mehrere Fliegen mit einer Klappe" schlagen kann?	❐	❐
9. Gibt es Tendenzen zu Gleichmacherei?	❐	❐
10. Gibt es Konkurrenzdenken zwischen Mitarbeitern, Bereichen etc.?	❐	❐
11. Stehen andere Motive als der Gemeindeaufbau im Vordergrund?	❐	❐
12. Werden „heilige Kühe" eher gepflegt statt geschlachtet?	❐	❐

Auswertung:

Ihre Maßnahmen sind umso „biotischer", je öfter Sie in der Positiv-Checkliste „eher ja" und in der Negativ-Checkliste „eher nein" ankreuzen. Wenn Sie genau wissen wollen, welche biotischen Prinzipien jeweils beachtet bzw. missachtet werden, können Sie folgenden Schlüssel verwenden: In beiden Checklisten entsprechen die angegebenen Fragen den folgenden Prinzipien:

Fragen 1/2: Vernetzung
Fragen 3/4: Multiplikation
Fragen 5/6: Energieumwandlung
Fragen 7/8: Mehrfachnutzen
Fragen 9/10: Symbiose
Fragen 11/12: Funktionalität

Anhang 2:

Zur Wissenschaftlichkeit des Gemeindeprofils

Die Prinzipien der natürlichen Gemeindeentwicklung sind durch empirische Studien in Gemeinden rund um den Globus erhoben worden. Was für ein wissenschaftlicher Ansatz verbirgt sich aber dahinter? Da die meisten Pastoren und Gemeindeglieder, die sich auf die natürliche Gemeindeentwicklung einlassen, mit dem sozialwissenschaftlichen Methodenarsenal nicht sonderlich vertraut sind, hier einige grundlegende Anmerkungen.

Anhang 2: Hintergründe

Warum ein wissenschaftliches Verfahren?

„Jede Gemeinde lässt sich nur eine begrenzte Zeit als Versuchskaninchen missbrauchen."

In Deutschland, Österreich und der Schweiz gibt es mittlerweile ein großes Angebot von zum Teil widersprüchlichen Modellen, Rezepten, Theorien und Tipps zum Thema Gemeindewachstum. Und je mehr man sich in der weiten Welt informiert, desto verwirrender werden die Angebote. Wer soll sich da noch auskennen? Was stimmt denn nun – und was stimmt nicht? Und schließlich die wichtigste Frage: Was lässt sich von all diesen Ratschlägen in der konkreten Situation unserer Gemeinde wirklich anwenden?

Sicher ist: Jede Gemeinde lässt sich nur eine begrenzte Zeit lang als Versuchskaninchen missbrauchen. Irgendwann führt „Gemeindeentwicklung by trial and error" zu Unzufriedenheit und Frust und zerstört die beste Motivation der Mitarbeiter.

Unser Institut hat es sich zur Aufgabe gemacht, Zusammenhänge der Gemeindeentwicklung wissenschaftlich und systematisch zu erforschen. Unser Ziel ist ein neuer Qualitätsstandard für gemeindebezogene Forschung. Aussagen, die Sie in Büchern zur natürlichen Gemeindeentwicklung finden, sollen nicht nur Vermutungen widerspiegeln, die „aus dem Bauch" kommen. Wir wollen nur solche Prinzipien lehren und an weitere weitergeben, die sich als allgemein gültige Gemeindewachstumsprinzipien beweisen lassen.

Das Ziel der Forschungen

Unsere Forschung hat sich in den letzten zehn Jahren schwerpunktmäßig auf zwei Fragestellungen konzentriert:

*Der **Qualitätsindex** stellt dar, wie stark die Qualität einer Gemeinde entwickelt ist. Er beruht auf einer Bewertung anhand der „8 Qualitätsmerkmale wachsender Gemeinden".*
Ausführlicher: NGE, S. 20

1. Wie können wir ein Instrumentarium zur Analyse von Gemeinden entwickeln, das wissenschaftlichen Kriterien entspricht? Solch ein „Gemeinde-Test" ist notwendig, um entscheiden zu können, welche Maßnahmen für eine Gemeinde in ihrer momentanen Situation sinnvoll sind. Ohne eine zutreffende Diagnose lässt sich keine wirksame Therapie beginnen.

2. Nach welchen Gesetzmäßigkeiten baut Gott tatsächlich seine Gemeinde? Negativ formuliert: Welche Empfehlungen für die Gemeindeentwicklung erweisen sich im Lichte einer wissenschaftlichen Untersuchung möglicherweise als unhaltbar oder sogar kontraproduktiv?

Unsere Forschungen in 32 Ländern der Welt mit inzwischen weit über 1000 Gemeinden haben uns mittlerweile in die Lage versetzt, auf beide Fragen Antworten zu finden.

Was bedeutet „wissenschaftlich"?

Anhang 2: Hintergründe

Um nicht im Dschungel gut gemeinter Ratschläge umzukommen, ist es wichtig, dass wir uns mit der Seriosität von Hilfsangeboten für die Gemeindeentwicklung auseinandersetzen. Ein Kriterium für Seriosität ist die Wissenschaftlichkeit dieser Angebote. Lässt sich empirisch nachweisen, dass eine bestimmte Maßnahme in einer konkreten Situation die gewünschte Wirkung hat? Oder hat hier lediglich eine bestimmte, vielleicht bekannte Gemeinde eine schöne Erfahrung gemacht, die sie jetzt mit missionarischem Eifer dem Rest der Christenheit als Patentrezept verkauft?

„Lässt sich nachweisen, dass eine bestimmte Maßnahme in einer konkreten Situation die gewünschte Wirkung hat?"

Wenn im Folgenden von „Wissenschaft" die Rede ist, meinen wir das sozialwissenschaftliche Methodenarsenal. Es geht also – in diesem Zusammenhang – weder um naturwissenschaftliche noch um geisteswissenschaftliche Forschung. Die geistliche Realität „Gemeinde" ist nämlich eine Wirklichkeit, die nicht nur der Theologie, sondern auch den Sozialwissenschaften zugänglich ist.

Wie wissenschaftliche Aussagen entstehen

Welche Kriterien bietet nun die Wissenschaft, um ein Verfahren wie z. B. die Erhebung eines Gemeindeprofils auf eine wissenschaftliche Grundlage zu stellen?

Der Zweig der Wissenschaft, der sich mit diesem Bereich beschäftigt, nennt sich Testtheorie. Er lässt sich der organisationspsychologischen Diagnostik zuordnen und hat es sich zur Aufgabe gemacht, die Beantwortung von Testfragen (sogenannten „Items") in ihrer Abhängigkeit von den Eigenheiten der antwortenden Personen, von den Eigenschaften der Items selbst und von der Situation, in der die Items beantwortet werden, zu erforschen.

Wenn es in dem von uns verwendeten Fragebogen heißt: „In unserer Gemeinde wird es bewusst gefördert, dass sich Kleingruppen durch Teilung vervielfältigen", dann hängt der Grad der Zustimmung zu dieser Aussage nicht nur von der tatsächlichen Kleingruppen-Multiplikation in dieser Gemeinde ab. Ebenso spielen die Verständlichkeit der Fragestellung und die momentane Situation eine Rolle (z. B. kann das theoretische Wissen, dass Multiplikation gut wäre, zu Wunschvorstellungen und damit zu einer Überschätzung der Situation führen).

Jede Aussage enthält Ungenauigkeiten

Auch wenn uns eigentlich nur das „wahre" Ausmaß an Kleingruppenmultiplikation interessiert, müssen wir zunächst damit rechen, dass sich zu jeder Antwort auf unsere Testfragen ein Fehler hinzuaddiert. Der Fehler, der sich aus der momentanen Situation, in der geantwortet wird, ergibt, ist unsystematisch und zufällig. Das hat den Vorteil, dass er sich – gemessen über mehrere Personen – selbst aufhebt.

Anhang 2: Hintergründe

Wie genau ist das Gemeindeprofil?

„Es galt einen Fragebogen zu entwickeln, der die Qualitätsmerkmale einer Gemeinde messen und zuverlässig ihren Minimumfaktor bestimmen kann."

Was ist aber mit Fehlern, die den Fragen selbst anhaften, zum Beispiel weil sie von verschiedenen Leuten unterschiedlich verstanden werden oder weil sie etwas abfragen, das sich ständig ändert? Hier setzt ein Gütekriterium von Tests an, das sich Reliabilität nennt. Auf Deutsch: Zuverlässigkeit oder Genauigkeit eines Tests. Wiederholt man einen Test und kommt dabei zum selben Ergebnis (vorausgesetzt, dass sich tatsächlich nichts geändert hat und dass man mit Daten von vielen Personen arbeitet), dann ist der Test reliabel. Kommt man zu einem anderen Ergebnis, dann geht die Differenz zwischen den beiden Messungen allein auf das Konto der Ungenauigkeit des Tests.

Im Falle des Gemeindeprofils hilft uns das aber noch nicht viel, da es wohl keine Gemeinde gibt, die der Forschung zuliebe wie ein erstarrter Eisblock eine bestimmte Zeit lang unverändert bleibt, damit sich an ihr die Reliabilität des Gemeindeprofils überprüfen lässt. Aber auch hier weiß die Statistik weiter und bietet andere, zum Teil recht komplizierte Wege an, die Reliabilität zu berechnen.

Die Reliabilität des Gemeindeprofils

In einer Untersuchung, die an der Universität Würzburg begonnen und dann von unserem Institut weitergeführt wurde, haben wir das getan. Beteiligt waren 201 Gemeinden. Aus diesen Gemeinden haben 211 Pastoren und 3.413 Gemeindeglieder den bis dahin von uns verwendeten Fragebogen ausgefüllt. Nach Analyse der Daten, Erstellen einer überarbeiteten Zwischenversion des Fragebogens und erneuter Analyse mit einem professionellen Statistikprogramm war es möglich, einen neuen Fragebogen zu entwickeln, der exakt und reliabel die entscheidenden Qualitätsmerkmale einer Gemeinde messen und somit auch zuverlässig ihren Minimumfaktor bestimmen kann.

Anmerkung für Fachleute: Die einzelnen Skalen des Gemeindeprofils haben eine Reliabilität, die je nach Skala zwischen r=0.75 und r=0.89 liegt. Für einen Test mit organisationsdiagnostischer Zielsetzung sind das sehr hohe Werte.

Inzwischen wurden diese Ergebnisse an 34.314 Personen aus 1188 Gemeinden in 32 Ländern überprüft.

Was misst das Gemeindeprofil wirklich?

Anhang 2: Hintergründe

„Der Zusammenhang zwischen Wachstum und den acht Qualitätsmerkmalen ist statistisch hoch signifikant."

Ein weiteres Gütekriterium für jeden wissenschaftlichen Test ist die Validität. Während die Reliabilität angibt, wie genau der Test etwas misst, aber keine Aussage darüber macht, was eigentlich gemessen wird, ist genau dies die Frage, um die es bei der Validität geht. Theoretisch könnte das Gemeindeprofil trotz hoher Reliabilität etwas völlig anderes als die Qualitätsmerkmale einer Gemeinde messen: anstatt der Fähigkeit des Pastors, seine Mitarbeiter zu bevollmächtigen, zum Beispiel seinen Sympathiewert bei den Gemeindegliedern. Die Validität des Gemeindeprofils haben wir auf drei Arten sichergestellt:

1. Zunächst einmal geht es um die Frage, ob es die von uns verwendeten acht Qualitätsmerkmale (siehe Teil 3 dieses Buches) auch tatsächlich gibt oder ob sie nur ein Denkmodell darstellen. Eine Voraussetzung für die Validität unseres Tests ist nämlich, dass die Unterteilung der Qualität einer Gemeinde in ausgerechnet diese acht Merkmale nicht nur theoretisch einleuchtet, sondern auch empirisch begründet ist. Ein sehr kompliziertes mathematisches Verfahren, die „konfirmatorische Faktorenanalyse", kann überprüfen, ob eine theoretisch angenommene Datenstruktur auch tatsächlich in den Daten aufzufinden ist. Ergebnis: Die acht Qualitätsmerkmale stellen nicht nur auf dem Papier eine sehr sinnvolle Einteilung dar, sie lassen sich auch wissenschaftlich belegen.

2. Weiter bedeutet Validität, dass das Messergebnis eine hohe Übereinstimmung mit einem „verwandten" Außenkriterium haben muss. Ein Intelligenztest wäre beispielsweise dann valide, wenn er bei Schülern mit guten Noten zu hohen Intelligenzquotienten führen würde, bei schlechten Schülern dagegen zu niedrigen Werten. Als Außenkriterium haben wir das Wachstum einer Gemeinde gewählt und die an der Untersuchung beteiligten Gemeinden in die beiden Extremgruppen „wachsend" und „schrumpfend" unterteilt. Die Abbildung veranschaulicht, wie groß der Unterschied zwischen wachsenden und schrumpfenden Gemeinden in den acht Qualitätsbereichen ist (Durchschnittswerte aller untersuchten Gemeinden, normiert auf den Mittelwert 50 mit einer Standardabweichung von 15). Der Zusammenhang zwischen Wachstum und den acht Qualitätsmerkmalen ist also sehr hoch (was übrigens auch – neben diesem Extremgruppenvergleich – rechnerisch exakt anhand eines Validitätskoeffizienten nachweisbar ist).

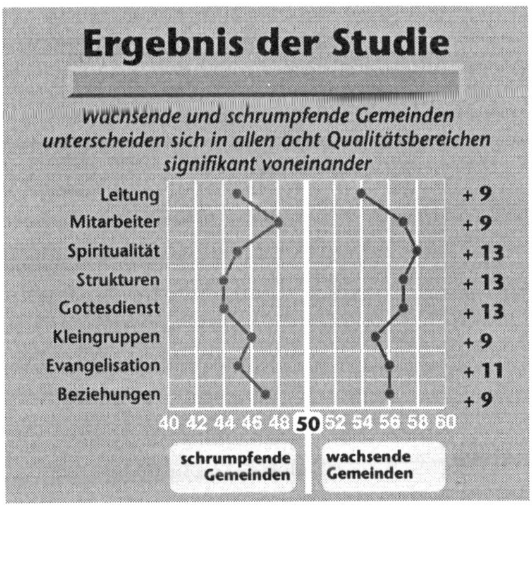

3. Jedem Qualitätsmerkmal sind bestimmte Items des Fragebogens zugeordnet. Zum Merkmal „Bevollmächtigende Leitung" gehören beispielsweise 15 Items, darunter: „Die Mitglieder der Gemeindeleitung konzentrieren sich auf die Aufgaben in der Gemeinde, für die sie begabt sind" und: „Von den Leitern (Pastor, Gemeindeleitung, sonstige Leiter) unserer Gemeinde geht ein ansteckender Optimismus aus." Bei „Inspirierender Gottesdienst" lautet eine von neun Aussagen: „Ich erlebe, dass mich der Gottesdienst aufbaut." Nehmen wir einmal an, dass – über viele Gemeinden gerechnet – ein hoher Prozentsatz der Gemeindeglieder auf dem Fragebogen immer dann, wenn sie der Meinung sind, dass ihr Pastor Optimismus ausstrahlt, gleichzeitig auch ankreuzen, dass er sich auf seine Gaben konzentriert. Und dass sie dann, wenn er wenig Optimismus ausstrahlt, auch seine Gabenorientierung gering einschätzen. In diesem Fall spricht man von einem gleichsinnigen bzw. positiven Zusammenhang zwischen diesen beiden Items.

Der Korrelationskoeffizient

Statistisch wird dieser Zusammenhang als Korrelationskoeffizient aus den Antworten der Befragten errechnet. Dieser drückt durch einen Wert zwischen -1 und +1 aus, welche Richtung ein Zusammenhang zwischen zwei Aussagen hat (gegensinnig oder gleichsinnig) und wie stark dieser Zusammenhang ausgeprägt ist. Je mehr Gemeindeglieder zwei Aussagen gleichzeitig zutreffend oder unzutreffend finden, desto stärker nähert sich der Wert +1. Sind die meisten aber der Meinung, dass ihr Pastor eher pessimistisch ist, obwohl sie den Gottesdienst als erbaulich erleben, wird die Korrelation gegen -1 gehen. Ein Korrelationskoeffizient von null oder nahe um null herum bedeutet, dass es keinen systematischen Zusammenhang zwischen diesen beiden Items gibt.
Soll der Test nun valide sein, müssen alle Items, die zu einem bestimmten Merkmal gehören, untereinander einen hohen positiven Zusammenhang haben. Mit den Items eines anderen Merkmals hingegen dürfen sie keinen oder nur einen geringen Zusammenhang aufweisen. Das würde für die eben genannten Items bedeuten, dass der Optimismus des Pastors und seine Gabenorientierung im Schnitt immer gleichzeitig positiv oder gleichzeitig negativ gesehen werden müssten, während die Erbaulichkeit des Gottesdienstes unabhängig davon mal so, mal so eingeschätzt wird.

Messinstrument für gemeindliche Qualität

Unsere Analyse hat nun ergeben, dass die Fragen eines Qualitätsmerkmales untereinander einen hohen Zusammenhang haben (bis zu +0.82), während die Korrelationen zu den Fragen der jeweils anderen Merkmale niedrig sind. Praktisch heißt das, dass die Items in unserem Fragebogen geeignet sind, die acht Qualitätsmerkmale erfassen und zu unterscheiden. Mit dem Gemeindeprofil ist es also in der Tat möglich, die Qualität einer Gemeinde zu messen.

Anhang 3:

Die Edition „Kirche für morgen“

Alle Bücher und Arbeitsmaterialien, die in der Edition „Kirche für morgen“ erscheinen, wollen dabei helfen, die Prinzipien der natürlichen Gemeindeentwicklung praktisch umzusetzen. Im Folgenden eine Übersicht über einige der bisher vorliegenden Materialien.

Anhang 3: Edition „Kirche für morgen"

Materialien zu den Qualitätsmerkmalen

„Statt Standardprogramme Hilfen zu Originalität, Kreativität, Individualität – das ist das Profil der Edition ‚Kirche für morgen'."

Bisher liegen zu fünf der acht Qualitätsmerkmalen wachsender Gemeinden „Kirche für morgen"-Bücher vor: zum Qualitätsmerkmal „Bevollmächtigende Leitung" das Buch *Das Geheimnis der Gemeindeleitung,* zu „Gabenorientierte Mitarbeiterschaft" *Der Gabentest,* zu „Leidenschaftliche Spiritualität" *Leidenschaft einüben,* zu „Bedürfnisorientierte Evangelisation" *Grundkurs Evangelisation,* zu „Liebevolle Beziehungen" *Der Liebe-Lern-Prozess.*

Arbeitsbücher zu den Qualitätsmerkmalen „Zweckmäßige Strukturen" (Arbeitstitel: *Die Löwenzahn-Struktur),* „Inspirierender Gottesdienst" (Arbeitstitel: *Gottes Liebe feiern,* erscheint Januar 1998) und „Ganzheitliche Kleingruppen" (Arbeitstitel: *Das Hauskreis-Lern-Programm)* sind in Vorbereitung. Aktuelle Informationen, welche Bücher jeweils neu erschienen sind, können Sie über die „Kirche für morgen"-Seiten im Internet abrufen: http://www.CundP.de.

Christian A. Schwarz
Der neue Gabentest
17 x 24 cm, 160 Seiten

Geradezu ein Grundbaustein der natürlichen Gemeindeentwicklung ist die Freisetzung der geistlichen Gaben, mit denen Gott jede Gemeinde beschenkt hat. Die „Kirche für morgen"-Materialien helfen, diesen Ansatz praktisch werden zu lassen: Das Buch *Der neue Gabentest* zeigt jedem Christen, wie er seine geistlichen Gaben ausfindig machen kann. Das Leiterhandbuch zum Gabentest gibt Anleitung, wie das Thema innerhalb einer Kleingruppe praktisch werden kann. Das Materialpaket „Das Gaben-Netzwerk" beschreibt, wie geistliche Gaben in der Gesamtgemeinde zum Einsatz kommen können.

Christian A. Schwarz
Der Liebe-Lern-Prozess
17 x 24 cm, 124 Seiten

Während es im Gabentest um das Entdecken und Einsetzen von geistlichen Gaben geht, konzentriert sich der *Liebe-Lern-Prozess* auf die „Frucht des Geistes", von der in Galater 5,22 die Rede ist. Das Buch enthält u. a. den mittlerweile recht populär gewordenen „Galater-5-Test", mit dessen Hilfe jeder Christ ausfindig machen kann, auf welche Bereiche er sich besonders konzentrieren sollte, um in der Liebe zu wachsen. Das Buch ist eine Einladung zu neuen Schritten im Glauben, bei denen wir uns selbst, unsere Mitmenschen und Gott besser kennen lernen werden!

Der *Grundkurs Evangelisation* bezieht den gabenorientierten Ansatz auf ein Gebiet, das dem Herzen Gottes besonders nahe steht: Wie können Menschen, die Gottes Liebe noch nicht begegnet sind, einen Zugang zum Glauben finden? Das Buch bietet praktische Schritte für Christen, die den marktschreierischen Ansatz nicht mögen, aber gleichwohl ihre Gaben in den evangelistischen Dienst stellen möchten. Im Unterschied zu anderen Evangelisationstrainings wird hier sorgfältig unterschieden zwischen Christen, die die Gabe der Evangelisation haben – und denjenigen, denen Gott andere Gaben gegeben hat.

Christian A. Schwarz
Grundkurs
Evangelisation
DIN A 4, 120 Seiten

Unter dem Titel *Leidenschaft einüben* hat Manfred Beutel ein „geistliches Energieprogramm" zusammengestellt, das einzelnen Christen, christlichen Gruppen und ganzen Gemeinden zu neuer Leidenschaft im Glauben verhilft. Das Wohltuende: Er appelliert nicht an das schlechte Gewissen, sondern zeigt umsetzbare Schritte, wie Hingabe an Christus praktisch wird – und Freude macht. Das Buch enthält u. a. ein „Gebetstraining" in zwölf Einheiten, das schon vielen Christen zu einer vertieften Kommunikation mit Gott und neuem geistlichen Schwung verholfen hat.

Manfred Beutel
Leidenschaft einüben
DIN A 4, 110 Seiten

An alle Christen, die in der Gemeinde leitende Verantwortung tragen, wendet sich *Das Geheimnis der Gemeindeleitung.* Das Buch wurde von zwei der renommiertesten Vertreter der internationalen Gemeindewachstums-Bewegung verfasst: Carl George und Bob Logan. Es bietet genau das Handwerkszeug, das jeder Leiter fast täglich benötigt, aber so gut wie nirgendwo lernen kann. Darüber hinaus enthält es eine Fülle von Formularen, Arbeitsblättern und Aktionsvorschlägen, die dabei helfen, die Prinzipien auf die eigene gemeindliche Situation zu beziehen.

Robert Logan /
Carl George
Das Geheimnis der
Gemeindeleitung
DIN A 4, 164 Seiten

Anhang 3: Edition „Kirche für morgen"

Zum Ganzen der natürlichen Gemeindeentwicklung

Christian A. Schwarz Die natürliche Gemeindeentwicklung Hardcover, 128 Seiten

Während „Die Praxis der natürlichen Gemeindeentwicklung" als Arbeitsbuch für Gemeinden konzipiert ist, die diesen Ansatz in ihrem eigenen Dienst zur Geltung bringen wollen (Schwerpunkt: praktische Umsetzung), konzentriert sich *Die natürliche Gemeindeentwicklung* auf die Vermittlung der Prinzipien selbst (Schwerpunkt: Information). Alle Prinzipien werden anhand der neuesten internationalen Studie zum Gemeindeaufbau illustriert. Etwa 100 vierfarbige Bilder helfen dabei, die komprimierte Informationsfülle aufzunehmen und anderen weiterzugeben.

Christian A. Schwarz Das 1x1 der Gemeinde-entwicklung, Broschüre, 36 Seiten

Die wichtigsten Gemeindewachstumsprinzipien werden in dem Heft *Das 1x1 der Gemeindeentwicklung* auf 36 Seiten zusammengefasst. Die in einfachen Worten geschriebene Broschüre (Lesezeit: 20 Minuten) beschränkt sich bewusst auf diejenigen Faktoren, mit denen jeder Christ vertraut sein sollte – auch wenn er keine leitende Verantwortung hat. Sie wurde geschrieben, um Gemeinden dabei zu helfen, die Prinzipien der Gemeindeentwicklung – z. B. im Zusammenhang mit der Erhebung eines Gemeindeprofils – einem weiteren Kreis von Menschen bekannt zu machen.

Christian A. Schwarz Paradigmenwechsel in der Kirche Hardcover, 327 Seiten

In den praktischen Arbeitsbüchern werden theologische Grundsatzfragen der Gemeindeentwicklung weitgehend ausgeklammert. Nicht deshalb, weil sie etwa unwichtig wären, im Gegenteil: Sie sind für eine verantwortliche Reflexion des Gemeindeaufbaus derartig zentral, dass es nicht möglich ist, sie auf den wenigen Seiten eines Praxisbuches auch nur einigermaßen verantwortlich zu behandeln. *Paradigmenwechsel in der Kirche* ist ein Grundsatzbuch, das sich ausführlich der Frage stellt, welche theologischen Prämissen sich hinter der natürlichen Gemeindeentwicklung verbergen.